111 GRÜNDE, DEN HAMBURGER SV ZU LIEBEN

Jörn von Ahn | Thorsten Eikmeier
Malte Laband | Philipp Markhardt

111 GRÜNDE, DEN HAMBURGER SV ZU LIEBEN

Eine Liebeserklärung an den
großartigsten Fußballverein der Welt

Aktualisierte und erweiterte Neuausgabe
mit elf Bonusgründen

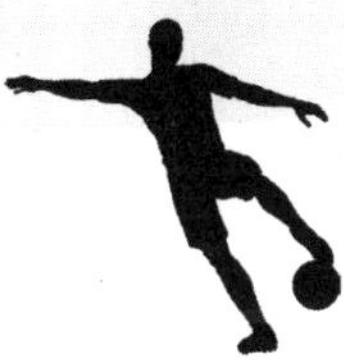

WIR SIND DER ZWÖLFTE MANN,
FUSSBALL IST UNSERE LIEBE!

INHALT

Vorwort zur erweiterten Neuausgabe

»Der HSV ist 'n reiner Weltverein, das sach ich dir«, wusste schon Imbissphilosoph Dittsche. Wenn der Arbeitslose am Sonntagabend zu Ingo und Schildkröte in die Eppendorfer Grillstation nahe der Hamburger Hoheluftchaussee gedackelt kommt, um sein Leergut abzugeben und die Themen der Woche – wie Horst Hrubesch einst sagte – Paroli laufen zu lassen, dann ist der HSV ziemlich oft Thema. Und das, lieber Leser, in einer WDR-Produktion! Ist das nicht schon Beweis genug für die Größe und Schönheit des Vereins? Wir finden schon. Und wir schließen uns der Meinung des Mannes in Bademantel, Trainingshose und Adiletten an: Bundesliga-Gründungsmitglied, Meister, Pokalsieger, Europapokalgewinner – die Rothosen sind einer der erfolgreichsten Vereine in Deutschland und vor allem UNSER Verein und der von Millionen anderen Menschen in ganz Deutschland.

In ganz Deutschland? Ganz recht! Denn wenn die Rothosen unterwegs sind, dann reist ihnen nicht nur eine große Schar treuer Fans aus der Hansestadt hinterher. Nein, er wird auch an den jeweiligen Spielorten begrüßt von zahlreichen Fanclubs aus der jeweiligen Region. Ganz gleich, ob es sich um den Ruhrpott handelt, das Rheinland, Hessen, Baden, Württemberg, München oder die neuen Bundesländer, wo der Verein von der Elbe bereits vor der Wende einer der beliebtesten Zweitclubs ostdeutscher Fanatiker von der Ostsee bis ins Erzgebirge war. Wer sind schon Bayern, Dortmund, Stuttgart oder Köln? Selbst in Bremen und auf St. Pauli gibt es sie, die Jünger der Raute, mitten im Feindesland also. Sie alle eint die bedingungslose Liebe zu einem ganz besonderen Verein und ihre Leidensfähigkeit.

Denn anders als zum Beispiel die Bayern vermag es dieser unser Verein, seine Anhänger auch in tiefste Depression und Fassungslosigkeit zu versetzen. Das Auf und Ab des Clubs bringt seine Fans an den Rand des Wahnsinns. Zwischen himmelhoch jauchzend und zu Tode betrübt gibt es keine Kompromisse beim Traditionsclub von der Alster. Apropos Tradition! Die wird hier groß geschrieben und ist neben der ruhmreichen Vergangenheit der große Halt für die nach Titeln dürstende Fanschar. Die Medien reden im Zusammenhang mit dem Bundesliga-Dino von einem schlafenden Riesen und liegen damit trefflich daneben, denn der HSV ist einfach das Größte. Auf der ganzen Welt. Basta!

2018/19: Fünf Jahre nach der Erstausgabe dieses Buches: Ausgliederung, Anteilsverkauf, Lautsprecher-Investor und sogar ein Abstieg – das Leben mit dem HSV ist nicht leichter geworden. Und trotzdem ist die Leidenschaft nicht erloschen. Im Gegenteil: die Mitgliederzahlen steigen, die Zahl der offiziellen Fanclubs auch. Wo gibt es das schon? Eben, nur beim HSV! Und deshalb ist er weiterhin das Nonplusultra! Sehen Sie es endlich ein!

Die Autoren

1. KAPITEL

»DEUTSCHER MEISTER WIRD NUR DER HSV ...«

Vereinsrekorde des HSV

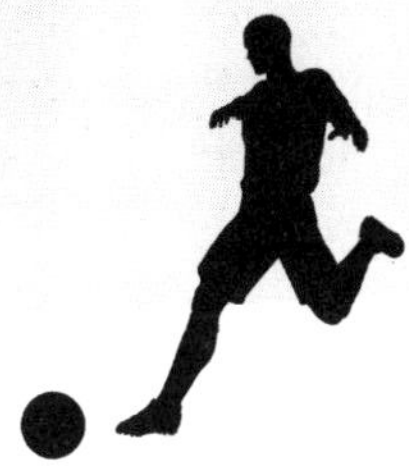

1. GRUND

Weil beim HSV nicht die Null, sondern die 36 steht!

125 Jahre Hamburger Sport-Verein! Dieses stolze Jubiläum feierte der HSV am 29. September 2012. Der große Tag fiel passenderweise auf einen Sonnabend und das bei der DFL zu diesem Anlass beantragte Heimspiel wurde gegen Hannover 96 mit 1:0 gewonnen. Zum Glück, angesichts der umfangreichen Festivitäten rund um dieses historische Ereignis! Natürlich hätten die HSV-Fans und Mitglieder ihren Verein auch bei einem anderen Spielausgang standesgemäß gefeiert, aber nicht wenige befürchteten hinter vorgehaltener Hand eine Niederlage und somit deutlich gedämpfte Stimmung.

Ein Selbstgänger waren diese drei Geburtstagspunkte nämlich keinesfalls. Ganz im Gegenteil. Der HSV war in diese doch so bedeutende Saison 2012/13 desaströs mit vier Niederlagen in Folge gestartet: 2:4 und damit das blamable Erstrundenaus im DFB-Pokal beim Drittligisten Karlsruher SC. Gefolgt von drei Bundesligapleiten: 0:1 zu Hause gegen Nürnberg, 0:2 in Bremen und 2:3 bei Eintracht Frankfurt. Damit stand man ohne Punkte bereits wieder am Tabellenende – und das ausgerechnet eine Woche vor dem großen Jubiläumswochenende. Es war also wirklich an der Zeit, das Ruder jetzt langsam einmal herumzureißen. Und zwar gegen keinen Geringeren als den Deutschen Meister Borussia Dortmund. Der amtierende Champion hatte aus seinen ersten drei Spielen zwei Siege und ein Unentschieden geholt und knüpfte damit fast nahtlos an die grandiosen Leistungen der beiden Vorjahre an. Doch nicht nur das. Der BVB war in der Bundesliga mittlerweile saisonübergreifend seit unglaublichen 31 Spielen in Folge unbesiegt – und damit verdammt nah dran, einen ausgerechnet vom HSV aufgestellten und eigentlich für die Ewigkeit geltenden Rekord zu brechen.

Von Januar 1982 bis Januar 1983 waren die Rothosen insgesamt 36 (!) Spiele in Folge ungeschlagen geblieben. Beendet wurde diese epische Serie dann – man möchte heute fast schon sagen »natürlich« – vom damals gerade wieder aufstrebenden Nordrivalen aus Bremen.

Aber auch die knappe 2:3-Niederlage an der Weser konnte den HSV letztendlich nicht stoppen. Neben der Deutschen Meisterschaft holte das Team von Ernst Happel kurz vor dem Ende der Spielzeit 1982/83 auch noch den Europapokal der Landesmeister und sorgte somit für die erfolgreichste Saison der Vereinsgeschichte. Den Titel »Beste Mannschaft Europas« konnte man im Folgejahr nach einem überraschenden Ausscheiden gegen Dinamo Bukarest nicht verteidigen. Und Deutscher Meister wurde der HSV 1983 auch zum bisher letzten Mal. Der Glanz jener Meistermannschaft strahlt allerdings bis zum heutigen Tag und die »Helden von Athen« werden von den Fans nach wie vor fast schon andächtig verehrt und besungen.

Der einzige »Titel« aus jener glorreichen Ära jedoch, der nicht an einen anderen Verein abgetreten werden musste, war die 36-Spiele-Serie. Keinem anderen Club sollte es in der Folgezeit gelingen, diese Leistung zu wiederholen. Und je länger der Rekord Bestand hatte, desto offensichtlicher wurde, dass dem HSV damals etwas wirklich Sensationelles gelungen war. Etwas Einmaliges. Etwas, was wohl niemals zu wiederholen sein würde. Und vor allem etwas, was leidgeplagte HSV-Fans in Diskussionen mit anderen Anhängern in die Waagschale werfen konnten: »Seht her, wir haben zwar jahrzehntelang nichts mehr gewonnen, aber diese Serie kann und wird uns niemand nehmen.«

Die »36« hatte sich zu einer festen Konstante im Leben vieler HSVer entwickelt. Sie war nicht so fragil und immer mal wieder latent gefährdet wie der ebenso einmalige Status als ewiger Bundesligist und Urgestein der Liga. Eher würde der HSV wohl irgendwann einmal absteigen, als dass irgendein anderer Verein eine derartige Serie hinlegen würde, so die einhellige Überzeugung im Lager der Rothosen.

Nicht wenigen HSV-Fans dürften daher am 22. September 2012 einige Gesteinsbrocken vom Herzen gefallen sein, als Doppeltorschütze Heung Min Son und Ivo Iličević mit ihren Treffern den BVB mit 3:2 in die Knie zwangen. Nicht nur, dass der HSV damit den befürchteten Katastrophenstart in die Jubiläumswoche abgewendet und mit einer guten Leistung zudem etwas für das eigene Selbstbewusstsein getan hatte. Die Mannschaft um Rafael van der Vaart hatte vor allem ein historisches Alleinstellungs- und Identifikationsmerkmal erhalten: Man hatte den BVB geschlagen und damit aus eigener Kraft das Erbe von Hrubesch, Magath und Co. gerettet. Selten war eine Mannschaft so dicht dran wie die Borussia. Aber 36 Spiele in Folge nicht zu verlieren kann eben doch nicht jeder. Das kann nur der HSV!

Naja... und die Bayern. Die stellten den Rekord im Herbst 2013 nämlich ein, was aber die Schuld der DFL-Spielplaner war. Diese hatten dem HSV die Begegnung beim FCB erst am vorletzten Spieltag der Hinrunde zukommen lassen und somit verhindert, dass die Rothosen die mit den Krachledernen noch stoppen. Was sie ganz sicher getan hätten!

2. GRUND

Weil Ivica Olić den ersten lupenreinen HSV-Hattrick in der Bundesliga erzielte

Lautstarker Applaus brandete auf, als sich Ivica Olić beim Spiel gegen Bayern München zum Aufwärmen hinter das Tor vor der Nordtribüne begab. Der kroatische Stürmer galt in Hamburg als einer der absoluten Publikumslieblinge. Von daher waren derartige Sympathiebekundungen keine Seltenheit und eigentlich auch nichts Besonderes. In diesem Fall war das aber anders. Denn Olić trug das Trikot des HSV gar nicht mehr. In der Sommerpause war er zum

FC Bayern gewechselt und kehrte nun zum ersten Mal mit seinem neuen Arbeitgeber an die alte Wirkungsstätte zurück.

Und Spieler des Rekordmeisters werden in Hamburg normalerweise eher unfreundlich empfangen, um es einmal vorsichtig auszudrücken. Die Zeiten, in denen sich der HSV und die Münchner im Kampf um den Meistertitel auf Augenhöhe begegneten, sind schon lange vorbei. Dennoch ist der FCB für viele Fans nach wie vor ein rotes Tuch und ein Wechsel zu ebenjenem Verein ein absoluter Tabubruch. Daniel van Buyten, der ein Jahr zuvor den gleichen Weg gewählt hatte wie Olić, wurde seitdem bei jeder Rückkehr nach Hamburg gnadenlos ausgepfiffen und bepöbelt.

Es war also naheliegend, dass die HSV-Anhänger auch dem untreu gewordenen Torjäger die Hölle genauso heiß machen würden wie dem belgischen Abwehrrecken. Doch weit gefehlt. Stattdessen skandierten die HSV-Fans seinen Namen und feierten ihn wie einen verlorenen Sohn. Mit seinem unbändigen Siegeswillen und Kampfgeist verkörperte er Charaktereigenschaften, die der blutleer und leblos aufspielenden HSV-Mannschaft völlig abgingen. Für viele Hamburger war er nach wie vor ein Sympathieträger und eine Identifikationsfigur.

Doch in positiver Erinnerung geblieben ist Ivica Olić in Hamburg nicht nur wegen seiner kraftraubenden Spielweise und seiner schönen Tore. Er war auch direkt beteiligt, als am 20. Oktober 2007 ein historisches Kapitel in der Bundesligageschichte des Hamburger Sport-Vereins geschrieben wurde. Beim 4:1 gegen den VfB Stuttgart erzielte Olić in der 7., 23. und 35. Minute die Tore zum 1:0, 2:0 und 3:0 und damit einen lupenreinen Hattrick. Lupenrein bedeutet, dass die Tore alle von einem einzigen Spieler ohne Unterbrechung innerhalb einer Halbzeit erzielt werden. Statistisch gesehen passiert so etwas nur alle 300 Spiele und damit eher selten. Noch seltener war so etwas allerdings bis dato beim HSV vorgekommen: Nämlich noch gar nicht. Anfangs konnte und wollte es ja kaum jemand glauben, aber die Statistik log tatsächlich nicht. Keinem Uwe Seeler, keinem

Kevin Keegan und auch keinem Horst Hrubesch war dieses Kunststück in der langen Bundesligageschichte des Vereins zuvor gelungen. Manche dieser HSV-Legenden hatte zwar drei Tore und somit einen »normalen« Hattrick erzielt, aber eben keinen lupenreinen. Unter all den Legenden und Stars, die schon für den HSV aufgelaufen waren, war Ivica Olić nach knapp 44 Jahren Ligazugehörigkeit damit der erste Spieler, der das geschafft hatte.

Ob und wie weit sich diese Information im breiten Fußballallgemeinwissen festgesetzt hat, erscheint dennoch fraglich. Ohne Ivica Olić jetzt zu nahe treten zu wollen, dürfte die Mehrzahl der Stammtischbundestrainer in den heimischen Eckkneipen wahrscheinlich weiterhin auf Seeler und Co. setzen, wenn die Frage auf dieses Thema gelenkt wird. Hier bietet sich die Chance, mit dieser Lektüre als Beweismittel das eine oder andere Freigetränk als Wettgewinn abzustauben. Ein weiterer Grund also, dem sympathischen Kroaten auch nach seinem Wechsel mit Respekt und Anerkennung zu begegnen.

3. GRUND

Weil der HSV Serienmeister war

Barça oder Real? Diese Frage stellt sich in Spanien alljährlich wenn es um die Ermittlung des Meisters in der Primera División geht. Mit wenigen Ausnahmen machen die beiden großen Erzrivalen den Titel auf der Iberischen Halbinsel seit Jahrzehnten quasi unter sich aus. Solche »spanischen Verhältnisse« befürchtet Uli Hoeneß nun auch für die Bundesliga. Mit dem FC Bayern und Borussia Dortmund haben sich aktuell zwei Vereine deutlich vom Rest der Liga abgesetzt. Das zeigte sich in der Tabelle und sicherlich auch beim ersten rein deutschen Champions-League-Finale zwischen den beiden Kontrahenten in London. Für den deutschen Fußball ist dieser

Erfolg gerade auf internationaler Bühne ein absoluter Image- und Prestigegewinn. Mittelfristig gesehen könnte eine sich anbahnende Dominanz zweier Vereine auf Dauer allerdings zu Langeweile und rückläufigem Zuschauerinteresse führen und damit der Liga nachhaltig Schaden zufügen. Und tatsächlich lebt die Bundesliga wie keine andere der großen europäischen Topligen von ihrer Spannung und Ausgeglichenheit. Klar, der FC Bayern geht spätestens seit den 1970er-Jahren jedes Jahr als Meisterschaftskandidat in die Saison. In 50 Jahren Bundesliga gewann der FCB den Titel 26 Mal. Die restlichen Meistertitel teilten immerhin elf andere Vereine unter sich auf. Bisher schaffte es aber kein Verein, sich dauerhaft als Bayern-Konkurrent Nummer eins zu etablieren.

Der HSV lieferte sich von Ende der 1970er- bis Mitte der 1980er-Jahre Duelle auf Augenhöhe mit den Münchnern. Nach der Meisterschaft 1983 und der Vizemeisterschaft 1984 verabschiedete man sich aber leider dauerhaft aus dem Kreise der ernsthaften Titelanwärter. Auf einen Meistertitel warten die Anhänger des HSV seitdem bekanntlich vergebens und von der großen Ära unter Branko Zebec und Ernst Happel ist man mittlerweile meilenweit entfernt. Ganz zu schweigen von der Zeit, als der HSV die Liga wirklich nach Belieben dominierte. Das war allerdings noch vor der Einführung der Bundesliga, in der damals noch erstklassigen alten Oberliga Nord. Dort spielten von 1947 bis 1963 unter der Aufsicht des Norddeutschen Fußballverbandes die besten Mannschaften der Landesverbände Schleswig-Holstein, Hamburg, Niedersachsen und Bremen. Der Oberliga- oder auch Nordmeister qualifizierte sich dann für die Endrundenspiele um die Deutsche Meisterschaft gegen Teams aus den anderen Oberligen Süd, West, Südwest und der Berliner Stadtliga.

Der HSV dominierte die Oberliga Nord fast nach Belieben. Für den Rest der Liga ging es höchstens darum, zumindest etwas am Thron des Abonnementmeisters zu kratzen. Aber ähnlich wie später bei den Bayern in der Bundesliga konnte sich auch in der Oberliga

Nord keine Mannschaft dauerhaft als erster Herausforderer des HSV an der Spitze festsetzen. In den Jahren nach dem Zweiten Weltkrieg kristallisierte sich zunächst der braun-weiße Stadtteilverein vom Millerntor als Hauptrivale heraus. Und der war sogar durchaus ernst zu nehmen. Bei aller Dominanz des HSV waren insbesondere die ersten Spielzeiten noch sehr hart umkämpft und der punktgleiche Arbeiterverein zwang den HSV beide Male in ein Entscheidungsspiel. Diese gewannen die Rothosen dann aber jeweils standesgemäß mit 6:1 und 5:3.

Auf nationaler Ebene sollte es aber zunächst nicht ganz so gut klappen. Der HSV scheiterte zumeist in der Vorrunde, eine Endspielteilnahme um die Deutsche Meisterschaft gelang einfach nicht. In der Saison 1953/54 gab es dann den einzigen wirklichen negativen Ausreißer. Aufgrund eines nicht ordnungsgemäßen Spielerwechsels wurden dem HSV zur Strafe vier Punkte abgezogen. Nach Streitigkeiten in der Mannschaft und einigen lustlosen Spielen beendete man die Saison nur auf dem elften Tabellenplatz. So bitter diese Spielzeit für die erfolgsverwöhnten Männer vom Rothenbaum auch verlaufen war, so stand sie auch für einen Neustart in eine noch erfolgreichere Zeit. In der Mannschaft wurde der heute noch so gerne zitierte Umbruch vollzogen. Mit Günter Mahlmann kam ein neuer Trainer. Und der setzte vor allem auf junge Spieler aus der eigenen Jugend. Darunter waren Klaus Stürmer sowie ein gewisser Uwe Seeler.

Bereits in der darauf folgenden Saison kehrte der HSV in die Erfolgsspur zurück und sollte diese auch nicht mehr verlassen. Dem hatten auch die zwischenzeitlichen Hauptkonkurrenten Holstein Kiel und später Werder Bremen nichts entgegenzusetzen. Die Nordmeisterschaft geriet für den HSV fast schon zu einer obligatorischen Pflichterfüllung. Ernsthaft gefordert wurden die Rothosen meistens erst bei den Endrundenspielen um die Deutsche Meisterschaft. Und auch dort stellten sich nun die gewünschten Erfolge mit den ersten Endspielteilnahmen ein. Nachdem es 1957 gegen

Dortmund und 1958 gegen Schalke noch bittere Niederlagen zu verdauen gab, folgte 1960 dann endlich der lang ersehnte Triumph. Der HSV wurde durch ein 3:2 im Endspiel gegen den 1. FC Köln zum ersten Mal nach 1928 wieder Deutscher Meister. Er krönte damit seine Oberliga-Dominanz auch mit einem nationalen Titel.

1963 startete dann die neu gegründete Bundesliga in ihre erste Saison und löste die Oberligen als höchste Spielklassen ab. Die Oberliga Nord war in ihrer ursprünglichen Form damit Geschichte. In Erinnerung bleiben wird sie aber vor allem als die Liga, die vom HSV dominiert wurde. In unglaublichen 15 von 16 Spielzeiten hieß der Serienmeister Hamburger Sport-Verein. Von einer solchen unglaublichen Dominanz können selbst Barça oder Real bis heute nur träumen. Von Uli Hoeneß und den Bayern ganz zu schweigen …

4. GRUND

Weil der HSV einen Torwarttorjäger hatte

»Rumgolzen«! Dieses Verb erfanden einige HSVer in den 1990er-Jahren. Unfreiwilliger Namensgeber dieser neuen Wortkreation war Torwart Richard Golz. Der lange »Richie« war zwar ein durchaus solider Bundesligatorwart, fiel aber auch immer wieder durch seine eher hölzerne Balltechnik auf. Golz' Markenzeichen waren vor allem seine Abschläge: Gefühlt jeder zweite von ihnen ging knapp hinter der Mittellinie ins Seitenaus. Wirklich daran gestört hatte sich aber kaum jemand so richtig. Die HSV-Anhänger waren in diesen tristen Zeiten des Mittelmaßes einfach viel Kummer gewohnt.

Dann kam der 14. März 1997. Das Hamburger Lokalderby. St. Pauli gegen den Hamburger SV im Volksparkstadion. Als Sven Kmetsch in der 84. Minute das 1:2 für die Rothosen erzielt, scheint das Spiel gelaufen und der obligatorische Sieg gegen den braun-weißen Rivalen in trockenen Tüchern. In der 90. Minute fängt Golz eine Flanke ab und bringt zunächst Ruhe ins Spiel. Sein Versuch, den Ball nach vorne zu spielen, endet dann im Desaster. Völlig unbedrängt »golzt« er die Kugel dem einzigen Gegenspieler weit und breit in die Füße. Dieser braucht nur quer zu legen und das Spiel endet 2:2. Für viele HSVer kommt dieser Ausgleich einer Niederlage gleich. Hauptverantwortlicher für diese Demütigung ist Richard Golz. Wenig später leistet sich der Torwart beim Pokalhalbfinale in Stuttgart beim Herauslaufen einen weiteren »Klops« und der HSV scheidet aus. »Golz raus!«, heißt es daher wenig später auf einem viel diskutierten Fan-Plakat.

Dieser Wunsch erfüllt sich allerdings erst in der darauf folgenden Saison 1997/98. In der Sommerpause hatte der neue Cheftrainer Frank Pagelsdorf das Ruder übernommen. Und mit Pagelsdorf kam eine ganze Flut neuer Spieler nach Hamburg. Darunter war mit Hans-Jörg Butt vom VfB Oldenburg auch ein neuer Torwart. Der neue Trainer krempelte die Mannschaft ordentlich um und zur Freude vieler Fans machte er den jungen Butt zur neuen Nummer eins im Tor. Zunächst mit eher mäßigem Erfolg, denn der HSV fand sich zum Ende der Hinserie plötzlich am Tabellenende wieder. Das lag zwar nicht an Butt, aber im ersten Spiel nach der Winterpause beim FC Bayern holte Pagelsdorf den erfahreneren Golz zurück in den Kasten. Der erhoffte positive Effekt dieses Wechsels blieb allerdings aus. Ganz im Gegenteil, Golz kassierte das schnellste Tor der Bundesligageschichte. Der HSV lag nach elf Sekunden bereits hinten. Nach dem Spiel, das der FC Bayern klar mit 3:0 gewann, war der HSV auf einmal Tabellenletzter. Damit hatte sich das Golz-Experiment endgültig erledigt. Butt kehrte zurück und der HSV landete am Ende noch auf Rang neun. Richard Golz' Zeit in Hamburg war abgelaufen. Er wechselte nach der Saison zum SC Freiburg.

Hans-Jörg Butt hingegen entwickelte sich in Hamburg schnell zum neuen Publikumsliebling. Mit sehr guten Leistungen hatte er maßgeblichen Anteil daran, dass dem HSV eine erneute Zittersaison erspart blieb und die Mannschaft auf einem stabilen siebten Platz ins Ziel ging. Doch der ambitionierte Torhüter zeigte noch ein ganz anderes Talent: Er hielt nicht nur hinten seinen Kasten immer öfter sauber, sondern er sorgte auch vor dem gegnerischen Tor zunehmend für Gefahr. Und zwar als Elfmeterschütze. Am 12. September 1998 trat Butt im Bundesligaspiel gegen den VfL Wolfsburg zu seinem ersten Elfmeter für den HSV an und traf zum zwischenzeitlichen 1:0. Doch was wie eine einmalige Aktion aussah, wurde in der Folgezeit zu einem festen Ritual. Jedes Mal, wenn die Schiedsrichter einen Elfmeter für den HSV gaben und der Torwart sich auf den langen Weg in den gegnerischen Strafraum machte, brandeten ohrenbetäubend laute »Buuutt, Buuutt, Buuutt, Buuutt«-Rufe durch das Stadion. Dieser langgezogene Schlachtruf wurde für Butt zu einem richtigen Markenzeichen und bescherte ihm landesweit einen hohen Bekanntheitsgrad.

Und die Formkurve zeigte sowohl bei Butt als auch seiner Mannschaft weiterhin nach oben. In der Saison 1999/2000 qualifizierte sich der HSV als Tabellendritter erstmals für die Champions League. Hans-Jörg Butt hatte an diesem Erfolg maßgeblichen Anteil. Dem »Torwarttorjäger« gelangen in dieser Saison unglaubliche neun Tore – allesamt vom Elfmeterpunkt und allesamt natürlich begleitet und gefeiert von den Rufen der Fans. Damit hatte Butt genauso viele Treffer erzielt wie seine beiden nominellen Stürmerkollegen Roy Präger und Anthony Yeboah. Platz eins in der internen Torschützenliste für einen Torwart, so etwas hatte es noch nie gegeben. Hans-Jörg Butt war damit sein Eintrag in die Geschichtsbücher des HSV sicher. In seiner vier Jahre dauernden Zeit als Spieler der Rothosen sollte er insgesamt 21 Mal vom Punkt antreten und davon 19 Mal treffen. Einen der lediglich zwei Fehlschüsse leistete er sich ausgerechnet beim ersten Aufeinandertreffen mit Richard Golz in Freiburg. Beim Stande von 0:0 parierte Golz den Strafstoß seines Nachfolgers Butt.

5. GRUND

Weil der HSV ein Ziel hat, das für Real Madrid, Liverpool und Inter Mailand für immer unerreichbar ist

Ja, Sie haben das schon richtig gelesen! Unser HSV könnte tatsächlich etwas schaffen, was diesen Weltvereinen vorenthalten bleiben wird. Und zwar für immer. Der HSV hat nämlich nach wie vor die Chance, als einer der ganz wenigen Vereine in seiner Geschichte alle drei Europapokalwettbewerbe mindestens einmal zu gewinnen. Vorausgesetzt man holt irgendwann endlich einmal den UEFA-Pokal. Beziehungsweise die Europa League, denn so heißt dieser Wettbewerb ja seit 2009.

Die beiden anderen europäischen Trophäen können bekanntlich schon in der Schatzkammer des HSV-Museums bewundert werden. 1983 gewann der HSV den Europapokal der Landesmeister und 1977 den Europapokal der Pokalsieger.

Letzterer wurde 1999 zum letzten Mal ausgespielt und danach abgeschafft. Seither nehmen die nationalen Pokalsieger im UEFA-Pokal beziehungsweise der Europa League teil. Und genau hier liegt dann auch des Rätsels Lösung. Denn sowohl Real Madrid als auch Liverpool, Inter Mailand, der FC Porto, Feyenoord Rotterdam und zu guter Letzt PSV Eindhoven fehlt genau dieser Europapokal der Pokalsieger noch in ihrer Sammlung. Sie alle haben bisher »nur« den Europapokal der Landesmeister/Champions League und den UEFA-Pokal/Europa League gewonnen. Und dabei wird es auch bleiben, denn die Chance, auch den dritten fehlenden Pott noch zu holen, ist seit 1999 unwiederbringlich verstrichen. Bisher ist dieses Kunststück ohnehin erst sehr wenigen Vereinen gelungen: Juventus Turin, Ajax Amsterdam, Bayern München, dem FC Barcelona (wenn man den Messepokal dazurechnet) und gerade erst kürzlich Chelsea FC.

Der HSV hätte sich bereits 1983 mit dem Triumph von Athen in diese namhafte Liste einreihen können. Dafür hätte man allerdings ein Jahr zuvor den UEFA Cup gewinnen müssen. Und diese Chance wurde 1982 in den beiden Finalspielen gegen den schwedischen Underdog IFK Göteborg leider leichtfertig verspielt.

Nach dem 0:1 im Hinspiel in Göteborg schien die Welt beim HSV sogar noch in allerbester Ordnung zu sein. Schatzmeister Kallmann jubilierte sogar. Schließlich würde den Zuschauern jetzt im Rückspiel im Volksparkstadion sogar noch ein bisschen Spannung geboten. Auch Trainer Ernst Happel ließ sich zu einigen überheblichen Äußerungen hinreißen: »Der Pokal bleibt hier. Die Schweden waren ja schon im Hinspiel kaputt.« Aber Hochmut kommt bekanntlich vor dem Fall. Und so sollte das Rückspiel in Hamburg für den HSV zu einem einzigen Desaster werden. 0:3 hieß es am Ende gegen die souverän aufspielenden Skandinavier. Tausende mitgereiste Anhänger der »Änglarna« kamen aus dem Jubeln gar nicht mehr heraus, während die enttäuschten HSV-Anhänger ihre Mannschaft mit Pfiffen verabschiedeten.

Die Chance, diese Schmach vergessen zu machen, hat sich dem HSV bis heute noch nicht wieder geboten. Zumindest blieb den Hanseaten bisher ein erneuter Einzug in das Finale verwehrt. Zweimal schaffte es der HSV seitdem wieder in das Halbfinale. Beide Male musste man sich knapp geschlagen geben. Und beide Niederlagen sind bis heute für jeden HSV-Fan mit äußerst schmerzhaften Erinnerungen verbunden. 2009 scheiterte man ausgerechnet am ewigen Nordrivalen Werder Bremen. Und das, nachdem man sich durch einen 1:0-Sieg an der Weser eigentlich eine hervorragende Ausgangsposition verschafft hatte. Auch im Rückspiel lag der HSV bereits mit 1:0 in Führung und gab das Spiel dennoch aus der Hand. Am Ende stand ein 2:3 und die HSV-Gemeinde trauerte über das verpasste Endspiel in Istanbul.

Doch es sollte noch schlimmer kommen. In der darauffolgenden Saison 2009/10 firmierte der Wettbewerb zum ersten Mal als Europa League. Als Endspielort hatte die UEFA das Hamburger Volksparkstadion gewählt. Die gesamte Europapokalsaison stand daher unter dem Motto »Eine Stadt, ein Verein, ein Finale«. Der große Traum vom Finale im eigenen Stadion endete jedoch erneut im Halbfinale gegen Fulham FC. Nach einem torlosen Unentschieden zu Hause ging der HSV in London durch ein fulminantes Freistoßtor von Mladen Petrić mit 1:0 in Führung. Wie schon gegen Bremen hatte man alle Trümpfe in der Hand und wieder verspielte man diese große Chance. Fulham gelang in den letzten zehn Minuten zwei Tore und aus dem großen Traum war ein einziger Albtraum geworden.

Es war zugleich das bisher letzte Europapokalspiel des HSV, denn seither konnte man sich nicht mehr für einen internationalen Wettbewerb qualifizieren. Sehr zum Leidwesen der HSV-Fans. Aber so trostlos die aktuelle Lage auch sein mag, die Chance auf den dritten noch fehlenden Europacup besteht ja weiterhin. Was würden Fans von Real Madrid bloß dafür geben?

6. GRUND

Weil man mit der Fanchoreografie zum 125-jährigen Vereinsjubiläum einen Weltrekord aufstellte

Es war der 26. April 2012, als die Jubiläumschoreografie zum 125. Geburtstag des HSV konkret wurde: »Wir schenken unserem Verein und der Fan-Szene zum Geburtstag einfach einen Weltrekord«, so die Idee der Choreografiegruppe der Ultras von Chosen Few. Die besondere Herausforderung war, dass die Aktion nur gemeinsam mit der gesamten Fan-Szene umsetzbar sein würde, sowohl was den Arbeitsaufwand als auch die Kostendeckung anging. 45.000 Doppelhalter sollten das ganze Stadion in blau-weiß-schwarz tauchen, dabei auch noch durch die Motive den Verein HSV darstellen und mithilfe ein gigantisches Spruchband abrunden. Das Problem waren die Kosten von 70.000 Euro. Sie mussten durch Spenden finanziert werden. Bei der Verwaltung der Spenden und des gesamten Geldverkehrs half der Club, was die Verhandlungsposition mit Lieferanten stärkte sowie größtmögliche Transparenz gegenüber den Spendern schuf und ihnen eine bequeme Online-Überweisung ermöglichte.

Die Dimensionen dieser Choreografie waren gigantisch. Lieferanten fragten ungläubig nach, ob man sie auf den Arm nehmen wollte. Wollte man nicht, und so lieferte ein Hersteller von Sprühlack eine komplette Wochenproduktion an Sprühdosen, andere Quellen wurden angezapft, um 36.000 Quadratmeter Stoff zu beschaffen. Nicht ganz einfach und sehr zeitintensiv, da die Ware teilweise aus Asien verschifft wurde. Aus dem Stoff selbst entstanden 45.000 Doppelhalter mit insgesamt rund 400 unterschiedlichen Motiven, die durch Schablonen aufgesprüht werden sollten.

Einziges Problem hierbei: Das Schiff mit den Stoffen, den Doppelhalter-Rohlingen, konnte nicht ablegen. Ein Unwetter zwang die Aktivisten, den Container wieder ausladen zu lassen und die Ware in kleineren Verpackungseinheiten per Luftfracht liefern zu lassen. Es war immerhin schon fast Ende August und nicht ein Doppelhalter war fertig. Doch auch hier kam die Ware, die eigentlich vor dem ersten Septemberwochenende in Hamburg sein sollte, zu spät. Dazu kam die bittere Erkenntnis, dass acht geplante Basteltermine nicht ausreichen würden. Am Ende wurde fast vier Wochen von zehn bis 20.00 Uhr in der Ü-Wagen-Halle des Stadions gebastelt.

Und alle halfen mit: Spieler, Spielerfrauen, Vorstände, Aufsichtsräte, Ultras, Hooligans, Kutten, Amateursportler und Mitarbeiter. Am Ende wurde die Choreografie fertig: »just in time«, wie man so schön sagt. Zwei Tage vor dem 125-jährigen Jubiläum war der letzte Doppelhalter beendet. Nun mussten »nur noch« in zwei Tagen die 90.000 Stangen in die 45.000 Doppelhalter gesteckt und mit dem Aufbau des Spruchbandes begonnen werden. Dieses war 380 Meter lang und zwischen fünf und acht Meter hoch. Es beinhaltete den Satz: »Ob Titel, Triumphe und Legenden, ob Zafirov, Autowachs und rosa Hemden, unsere Geschichte ist einmalig und wird niemals enden! 125 Jahre Hamburger Sport-Verein e. V.«. Danach mussten sämtliche Doppelhalter im Stadion verteilt werden. Rund 300 Leute halfen hierbei teilweise ab acht Uhr am Morgen mit. Am Ende standen rund 17.000 Arbeitsstunden zwei Minuten entgegen, die das Spektakel dauern sollte, allerdings waren es zwei Minuten für die Ewigkeit. Als Lotto King Karl seine Hymne anstimmte, knisterte die Luft. Erste Doppelhalter wurden hochgereckt und als schließlich die Mannschaften einliefen und wirklich jeder verteilte Doppelhalter in die Höhe gehalten wurde, erlebten wohl fast alle Anwesenden eine Gänsehaut. Selbst die Ersatzspieler des HSV beteiligten sich an der Aktion. Eine Weltrekordaktion übrigens – niemals vorher kamen derart viele Doppelhalter zum Einsatz – für einen reinen Weltverein!

Doch am Ende liegt der Mehrwert im geschaffenen Wir-Gefühl und der Gewissheit, dass man zusammen alles schaffen kann. Nur rund 150 Doppelhalter blieben nach dem Spiel zurück. Alle anderen wurden wie geplant mit nach Hause genommen. Alexander Laux, Sportchef beim *Hamburger Abendblatt,* schrieb am 1. Oktober 2012: »Wenn etwas von diesen Feierlichkeiten zum 125. Geburtstag hängen bleiben sollte, dann dass als Stars des HSV längst nicht mehr die Spieler dienen, sondern die vielen Fans, die den HSV noch immer zu einer besonderen Gemeinschaft machen und die dafür stehen, dass der Club etwas Einzigartiges ist. Ohne sie wäre der HSV nichts.«

7. GRUND

Weil Barbie Torschützenkönig wurde

Ernst Kuzorra, Fritz Szepan, Sergej Barbarez. So oder ähnlich hätte die Ahnengalerie der Spieler lauten können, die Schalke 04 nach dem Zweiten Weltkrieg einmal zum Deutschen Meistertitel geschossen haben. Aber der Name Barbarez taucht dort bis heute ebenso wenig auf wie ein weiterer Meistertitel. Seit 1958 warten die »Knappen« nun schon vergeblich auf die »Schale«. So dicht dran wie am letzten Spieltag der Saison 2000/01 waren sie allerdings nie wieder. Mit 5:3 hatten die Schalker im letzten Spiel im alten Parkstadion gegen Unterhaching gewonnen. Bei einer zeitgleichen Niederlage des FC Bayern in Hamburg würde das den lange ersehnten Titel für Königsblau bedeuten. Doch in Hamburg läuft alles auf ein Unentschieden hinaus, die Bayern scheinen das 0:0 beim HSV über die Zeit zu bringen. Bis in der 89. Minute Marek Heinz nach innen flankt und Sergej Barbarez den Ball per Kopf im Gehäuse von Oliver Kahn versenkt. Der Rest ist Geschichte. Während in Gelsenkirchen bereits gefeiert wird, nimmt HSV-Keeper Schober einen vermeintlichen Rückpass mit der Hand, Patrick Andersson versenkt den Freistoß zum 1:1 und den Dolch in das Herz des FC Schalke 04.

Unabhängig von diesem Ergebnis und dem späten Ausgleich verläuft diese Saison für den HSV völlig enttäuschend. Die Mannschaft quält sich mehr schlecht als recht durch die Spielzeit und landet am Ende auf dem 13. Tabellenplatz. Einer der ganz wenigen Lichtblicke in dieser Ansammlung geballten Mittelmaßes ist Sergej »Barbie« Barbarez. Auch wenn sein Treffer gegen die Bayern letztendlich kein »Meistermachertor« war, so sichert er sich persönlich damit zumindest einen anderen Titel. Ganz kurz vor Toresschluss gelingt es ihm noch, in der Torjägerliste mit dem Schalker Stürmer Ebbe Sand gleichzuziehen. Gemeinsam mit dem Dänen teilt sich Barbarez nach 34 Spieltagen den Titel des Bundesligatorschützenkönigs. Beide Spieler haben jeweils 22 Tore erzielt. Damit ist Barberez zugleich etwas gelungen, was vor ihm erst zwei HSV-Legenden erreicht hatten. In der Bundesligageschichte des Hamburger Sport-Vereins war es bis dato nur Uwe Seeler und Horst Hrubesch gelungen, die Torjägerkanone nach Hamburg zu holen. Seeler schaffte das gleich in der Premierensaison 1963/64 mit 30 Treffern, Hrubesch netzte 1981/82 immerhin 27 Mal ein.

Vielen Fans des HSV dürfte das allerdings wahrscheinlich erst beim Blick in die Statistikbücher bewusst geworden sein. Etwas unheimlich war ihnen Barbarez' Treffsicherheit wohl trotzdem. Schließlich haben die klassischen Knipser in den Jahren davor und auch danach lange Zeit einen großen Bogen um die Elbe gemacht. Keinem Spieler ist es in der jüngeren Vergangenheit gelungen, auch nur annähernd so viele Tore in einer Saison für den HSV zu schießen, wie dem bosnischen Nationalspieler. 1990/91 bejubelte der Pole Jan Furtok im Zusammenspiel mit Thomas Doll einmal 20 Tore. Ansonsten herrschte vor dem Tor oftmals Flaute.

Wie außergewöhnlich die Leistung von Sergej Barbarez war, zeigt sich bei einem Blick auf die internen Torschützenlisten des HSV in den letzten Jahren. Bernardo Romeo in der Saison 2002/03 und Ivica Olić in der Saison 2007/08 können mit 14 Treffern noch die beste Einzelbilanz vorweisen. Absoluter Tiefpunkt waren die sieben Saisontore von Mladen Petrić 2011/12. Mit so wenigen Treffern war es vereinsintern zuletzt Peter Wulf 1964/65 gelungen, treffsicherster Schütze beim HSV zu werden.

Sergej Barbarez hing in seiner gesamten Karriere immer der Ruf einer launischen Diva an. Auch in Hamburg war er nie ganz unumstritten und polarisierte die Anhänger aufgrund seiner zum Teil aufreizend lässigen Spielweise und zahlreichen und zudem unnötigen Verwarnungen wegen Meckerns. Seine Bilanz vor dem gegnerischen Tor lässt hingegen kaum Spielraum für Kritik zu. 65 Tore in 174 Bundesligaspielen für den HSV sprechen eine deutliche Sprache. Der Mann war einer der besten HSV-Spieler der letzten Jahre. Und einer, der Bundesligageschichte geschrieben hat. Denn jener Treffer in der 89. Minute gegen die Bayern bleibt bis heute nicht nur in Hamburg, sondern vor allem auch in München und ganz besonders in Gelsenkirchen unvergessen.

8. GRUND

Weil das Trikot mit der Nummer 23 alle Rekorde brach

In Hamburg nannte man ihn den »Kleinen Engel«. Und brachte damit nur ansatzweise zum Ausdruck, was man für ihn empfand. Rafael van der Vaart verzückte eine ganze Region. In einem Club, mit dem man in den vergangenen Jahren eher selten Zauberfußball, Traumtore und Superstars assoziierte, war er der personifizierte Superlativ der jüngeren Vergangenheit. Der holländische Nationalspieler hatte nicht nur für zahlreiche zuckersüße Spielzüge und auszeichnungsverdächtige Tore, sondern auch dafür gesorgt, dass die Kids auf Hamburgs Schulhöfen und Bolzplätzen wieder stolz mit einem Trikot herumliefen. Mit dem des HSV. Rückennummer 23. Endlich gab es wieder einen begnadeten Spieler, der die Raute auf der Brust trug. Einen, dessen Name über die Grenzen der Stadt und sogar des Landes hinaus bekannt dafür war, einer der besten Spieler Europas zu sein.

Bis heute sind etwa 40.000 Trikots mit dem Schriftzug »van der Vaart« verkauft worden. Mal so zum Vergleich: Zur Nichtabstiegsfeier der TSG Hoffenheim kamen 3500 Leute. Und da gab es Freibier. 40.000, das sind mehr als zehn Mal so viele verkaufte Trikots, wie der SC Freiburg Vereinsmitglieder hat. Und mehr Leute als beim ach so tollen Lokalrivalen im Schnitt zu den Heimspielen gehen.

In den Verkaufsstatistiken folgte auf van der Vaart erst mal lange Zeit gar nichts. Auf dem zweiten Platz landete mit Ruud van Nistelrooy ein weiterer Holländer. Der brachte es immerhin auf 15.000 verkaufte Trikots. Der kroatische Stürmer Mladen Petrić schafft es mit 10.000 Trikots, die sein Name zierte, immerhin auf den dritten Platz. All das sind zwar beeindruckende Zahlen. Allerdings muss man anerkennen, dass sich der HSV diesbezüglich in anderen Sphären bewegt als die europäischen Spitzenclubs. So wird geschätzt, dass Manchester United und Real Madrid pro Jahr etwa 1,4 Millionen Trikots absetzen. Jeweils, versteht sich.

Doch diese Zahlen sollten die Euphorie um Hamburgs damaligen Superstar nicht schmälern. Neidvolle Blicke suchte man vergebens. Die verbat schon das hanseatische Understatement. Stattdessen hoffte man, dass die 23 noch häufig in den Torschützenlisten und auf verkauften Trikots auftaucht. Und dass er den Vereinsrekord brechen würde, den er (gemeinsam mit Uwe Seeler) selbst innehat: Er traf in sieben aufeinanderfolgenden Partien für den HSV. Und dass er auch in der kommenden Saison seine eigene Loge im Volkspark mieten würde, um seine Freunde und Verwandten einzuladen.

Und dass er auch mit seiner neuen Lebensgefährtin Sabia Boulahrouz ein lauschiges Plätzchen in Hamburg finden würde. Mit seiner vorherigen Frau Sylvie hatte er sich nach seiner Rückkehr an die Elbe eine 400 Quadratmeter große Wohnung in feinster Lage gegönnt. Sylvie brachte es damals schon bescheiden auf den Punkt: »Wir wollten es schön gemütlich haben. Wie eine ganz normale Familie.« Hanseatisches Understatement eben.

9. GRUND

Weil der HSV der Highlander ist

Es gibt Dinge, die kann man nicht für Geld kaufen. Es gibt sogar Dinge, um die der HSV vom FC Bayern München beneidet wird. Dinge, die sich einfach nicht mehr ändern lassen. Egal, wie erfolgreich andere Vereine der Bundesliga sein mögen, unabhängig davon, welch grandiose Erfolge sie in den kommenden Jahren noch erzielen werden.

Die Bundesliga feiert ihr 55-jähriges Bestehen. Am 24. August 1963 fand das erste Bundesligaspiel überhaupt statt. Seither hat es nur ein Verein geschafft, die gesamte Zeit in Deutschlands höchstem Fußballhaus dabei zu sein. 54 Spielzeiten, ohne eine einzige Unterbrechung. Sämtliche andere Clubs stießen erst später hinzu oder mussten nach Abstiegen zumindest zwischenzeitlich in der zweithöchsten Spielklasse antreten. Der SV Werder, Bayern München und der VfB Stuttgart folgen direkt hinter den Hamburgern, überholen können sie den HSV allerdings nicht. Denn der HSV war der letzte Überlebende der ersten Stunde, bis zu seinem Abstieg 2018. Wenn die Rivalen behaupten, der Sonderstatus der Hanseaten würde sie nicht stören, dann ist das fast immer gelogen. Nicht umsonst spielen die gegnerischen Anhängerschaften immer auf das Ende des Bundesliga-Dinos an. Doch bei aller sportlichen Tristesse, die der Verein seiner Gefolgschaft mit dem Abstieg zumutete: Der Dino, der auch ganz offiziell das Maskottchen des Vereins ist, mag vielleicht nicht mehr Dino sein, der Highlander aber bleibt er.

Und obgleich auch innerhalb des Hamburger Sport-Vereins immer wieder Stimmen laut werden, die darauf hinweisen, dass sich der Club verstärkt auf die Gegenwart und Zukunft konzentrieren müsse, anstatt den Blick immer wieder in die Vergangenheit schweifen zu lassen, bleibt die Dino-Mania fest in den Köpfen verankert. Sinnbildlich und trotzig tickt seit Jahren die Bundesliga-Uhr auf der Tribüne des Hamburger Stadions. Unbeirrt von Höhen und Tiefen des Vereins zählte sie die Jahre, Tage, Stunden, Minuten und Sekunden der Hamburger Bundesligazugehörigkeit und trieb damit manchen Gegner in den Wahnsinn. Als der alten Uhr im Jahr 2013 die Puste ausging, mutmaßte mancher, dass auch die Zeit des Dinos abgelaufen sein könnte – und irrte. Der HSV überstand auch diese Saison in der höchsten Liga des Landes. Und die Fans des HSV entschieden im Rahmen einer Umfrage schnell und unmissverständlich, dass der Verein eine neue Uhr installieren solle. Am 20. April 2013 wurde das neue Modell feierlich eingeweiht. Die Elemente der alten Uhr fanden ihren Weg ins Museum des HSV und in die Hände spendabler Liebhaber. Für insgesamt fast 20.000 Euro wurden die von berühmten HSVern signierten Teile versteigert, der Erlös floss in ein Hamburger Kinderhospiz. Selbst der Abstieg 2018 konnte der Uhr, sehr zum Missfallen aller Rivalen, nichts anhaben. Sie zeigt nun das »reale« Alter des HSV an und erinnert den Betrachter weiterhin an die biblischen Ausmaße des Vereins.

2. KAPITEL

»ES GIBT NUR EIN' UWE SEELER ...«

HSV-Legenden

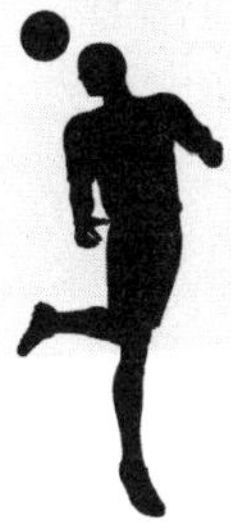

10. GRUND

Weil zwei Hamburger beim »Wunder von Bern« 1954 Weltmeister wurden

Nach dem Zweiten Weltkrieg lechzte Nachkriegsdeutschland nach Normalität, die im Fußball schon bald nach der Kapitulation 1945 Einzug halten sollte. Als einer der ersten Nachkriegsspieler aus der Hansestadt gehörte Josef »Jupp« Posipal zum Aufgebot des ersten Nachkriegstrainers Sepp Herberger. Das erste Länderspiel 1950 gegen die Schweiz durfte der rechte Verteidiger nicht absolvieren, weil dem Rumäniendeutschen ein deutscher Pass erst später ausgestellt wurde. 1954 aber stand Josef Posipal im Aufgebot zur Weltmeisterschaft in der Schweiz und spielte im Endspiel von Bern beim 3:2 gegen Ungarn. Der zweite Hamburger in der Mannschaft war Fritz Laband.

In der Vorrunde spielten sowohl Fritz Laband als auch Jupp Posipal alle drei Spiele. Im Viertelfinale gegen Jugoslawien blieb Posipal draußen, da er sich nicht richtig fit fühlte. Fitz Laband hingegen stand auf dem Platz. In einem Zweikampf prallte Laband ausgerechnet mit der späteren HSV-Trainerlegende Branko Zebec zusammen und verletzte sich am Knie. HSV-Teamkollege Posipal rückte für ihn ins Team und spielte das Halbfinale sowie das legendäre Endspiel von Bern. Posipal belegte wenig später in einer Umfrage des Kicker nach dem beliebtesten deutschen Fußballer Platz zwei hinter Fritz Walter.

In dem Buch Kinder der Westkurve beschreibt HSV-Mitglied Oscar Algner seine Erinnerungen an die WM 1954 und das »Wunder von Bern«: »Das war damals ein nationales Hochgefühl. Wir hatten eigentlich keine Chance, zumindest glaubte niemand, dass wir Weltmeister werden könnten. Es waren andere Mannschaften favorisiert: Uruguay, Brasilien und natürlich die unschlagbaren Ungarn. Mein Vater war auf der Suche nach einem Vertreter für unser Geschäft in der Schweiz unterwegs und hat die WM vom ersten Spieltag bis zum Endspiel in Bern miterlebt. Wir konnten damals nicht beide weg aus dem Geschäft, deshalb war ich in Hamburg geblieben. Das Endspiel hätte ich fast verpasst. Auf dem Weg nach Hause hatte ich einen Plattfuß! Und bekam den Wagenheber nicht aus der Halterung. Das Spiel sollte in einer halben Stunde beginnen, es war kein Mensch auf der Straße und kein Auto unterwegs. 200 Meter weiter aber lag eine Tankstelle. Ich ging hinein und sagte: ›Ich liege 200 Meter entfernt mit dem Auto und habe eine Panne. Könnten Sie eben mitkommen und mir helfen?‹ Die Antwort lautete: ›Gleich beginnt Fußball! Sie haben wohl einen Tick, was?‹ Ich bin also wieder zurückgerast, habe doch noch den Wagenheber herausbekommen und innerhalb von zwei Minuten den Reifenwechsel geschafft. Das Spiel lief schon 20 Minuten, als ich in die Wohnung kam. Es gab ja kein Autoradio, also wusste ich den Stand nicht. Alle saßen mit langen Gesichtern da: 2:0 für Ungarn. In unserem kleinen Wohnzimmer waren zehn oder zwölf Leute: meine Frau, diverse Nachbarn und das Hausmeisterehepaar. Und dann haben die das Spiel noch 3:2 gewonnen! Für das Spiel hatten wir uns extra einen Fernseher besorgt. Das war damals absoluter Luxus.«

Der Empfang des Zuges »Alpen Express«, mit dem die beiden Weltmeister vom HSV am Hamburger Hauptbahnhof ankamen, war überwältigend. Sportreporter Günter Rackow: »Es gab kein Halten mehr. Absperrungsseile zerrissen, Anzüge und Kleider gingen in Fetzen.« 100.000 sollen es gewesen sein, die den beiden einen einmaligen Empfang bescherten und sie auf den Schultern aus dem Bahnhof trugen.

11. GRUND

Weil Charly Dörfel Straßenbahn fuhr

Fußballanhänger sind Nostalgiker. Hoffnungslose Fälle manchmal. Das gilt auch und besonders für die »HSV-Familie«. Eigentlich gibt es die gar nicht mehr. Doch beschworen wird sie bis heute, gerade in sportlich schlechteren Zeiten. Jüngere Anhänger kleben dann »den Alten« an den Lippen und lassen sich teilweise famose Anekdoten von damals erzählen. Damals, am Rothenbaum. Das ehrwürdige HSV-Stadion, wo die Männer in den roten Hosen seit 1919 daheim waren, fasziniert bis heute, obwohl es gar nicht mehr existiert. Von der Geschäftsstelle gegenüber, der legendären »Burg«, wird mit Begeisterung erzählt; ebenso wie vom Vereinsleben und volksnahen Spielern.

Bei solchen Geschichten taucht dann immer wieder »Charly« Dörfel auf, der im wahrsten Sinne des Wortes einmalige HSV-Linksaußen. 325 Spiele für den HSV, 107 Tore. Und ein Unikum. Fußballautor Gerd Krug in seinem Buch *HSV – Portrait eines Fußballvereins:* »Da kam Charly Dörfel vom Dammtor mit der Linie 18 zum Spiel gefahren, sagte scherzhaft zum Schaffner, er solle ihm Bescheid geben, wenn die Bahn bei der Hallerstraße sei, denn dort wäre heute ein großes Spiel und er müsse da unbedingt hin. Die umstehenden Fahrgäste amüsierten sich prächtig über den ahnungslosen Schaffner und wanderten mit Dörfel unter Gejohle zum Sportplatz, nicht ohne vorher eingehend über den Gegner geredet zu haben.« Da ist sie wieder, die HSV-Familie.

Damals am Rothenbaum: Die Zuschauer standen so nah am Spielfeldrand, dass die HSV-Spieler einzelne Stimmen aus dem Publikum zuordnen konnten. Die Kicker wussten also teilweise, welcher Anhänger welche Parole gerufen hatte. So konnten sich Dörfel und Kameraden anschließend in der »Löwenburg« persönlich bei dem jeweiligen Schreihals beschweren und bei einem Bier die Wogen wieder glätten. Es heißt, Dörfel hätte seine eigene Clique gehabt – heute würde man wahrscheinlich von einem eigenen Fan-Club sprechen. Charlys Leute waren stets an einer der Eckfahnen postiert. Dörfel, die HSV-Legende, kam dann zum Schwätzchen vor dem Spiel vorbei, ließ sich mit Kaugummi versorgen und diskutierte selbst während des Spiels noch darüber, wie der nun folgende Eckball zu treten wäre.

So klingen die Geschichten der Alten heute: »Nach den Spielen gingen mein Vater und ich in die Burg. Dort kamen nur HSVer rein. Mein Vater hat ein Bier getrunken, ich bekam eine Brause, Fliegerbrause. Irgendwann kamen die Spieler und setzten sich mit an die Tische, bunt gemischt. Das war der HSV.« So erzählt es das langjährige Mitglied Walter Koninski. Aufgrund der baulichen Gegebenheiten waren die Spieler auch vor dem Spiel stets mitten im Geschehen. Denn im Keller der »Burg« lagen die Umkleideräume. Die Spieler mussten in ihrer Sportkleidung bei Wind und Wetter vom Clubhaus über die Rothenbaumchaussee zum Platz laufen. Die Straßenbahnen hielten an und machten Platz für die 22 Kicker und die Schiedsrichter.

Vater HSVer, Bruder HSVer, Onkel HSVer: Neben Uwe Seeler zählt Charly Dörfel zu den volkstümlichsten HSVern aller Zeiten. Wo er auftrat, verwischten alle sozialen Unterschiede. Die hohe Identifikation der Menschen mit ihm führte zu der Selbstverständlichkeit, dass die eigene Mannschaft am Rothenbaum niemals ausgepfiffen wurde – auch nicht bei schlechten Leistungen. Zuschauer und Spieler waren eng miteinander verbunden. Es war eben doch eine HSV-Familie.

12. GRUND

Weil schon seit Generationen »Rothosen« den Adler auf der Brust tragen

Seit mehr als 100 Jahren tragen HSV-Spieler nicht nur das Vereinstrikot, sondern immer wieder auch den Bundesadler auf der Brust: weil sie in die Nationalmannschaft berufen wurden. Zum allerersten Mal spielte ein Hamburger am 12. Dezember 1898 im Ausland: Eine deutsche Fußballmannschaft besiegte in Paris eine französische Auswahl mit 7:0. Die deutsche Truppe bestand aus fünf Berlinern, drei Berliner Gaststudenten, zwei Süddeutschen und dem Hamburger Ludwig Friese vom SC Germania, einem der Vorgängervereine des HSV. Der erste Nationalspieler des HSV wurde sechs Jahre später dann Otto »Tull« Harder. 15 Mal spielte er zwischen 1914 und 1926 in der Nationalmannschaft und schoss 14 Tore.

Rudolf »Rudi« Noack war einer der größten Techniker in der Geschichte des Hamburger SV und vielleicht einer der besten Spieler aller Zeiten. 1934 belegte er bei der Fußballweltmeisterschaft in Italien den 3. Platz. Im Halbfinale gegen die Tschechoslowakei erzielte er seinen ersten Treffer, Deutschland verlor aber 1:3 und verpasste das Finale. Nach drei Länderspielen wurde er trotz überragender Leistungen nie wieder für die Deutsche Nationalmannschaft nominiert. Angeblich soll eine Tätowierung auf dem Oberarm, die er sich während seiner Zeit als Seemann stechen ließ, der Grund gewesen sein.

Am 4. Juli 1954 wurde Deutschland nach einem 3:2-Sieg (»Das Wunder von Bern«) gegen den großen Favoriten Ungarn Fußballweltmeister. Jupp Posipal und Fritz Laband standen im Kader und sind damit die einzigen Spieler, die in der Geschichte des Hamburger SV Weltmeister wurden. »Uns Uwe« ist der größte Spieler, den der HSV jemals hervorbrachte. In 587 Pflichtspielen schoss er 507 Tore für die 1. Mannschaft des HSV. Für den DFB spielte er von 1954 bis 1970 72 Spiele und schoss 43 Tore. Seeler ist einer der vier Ehrenspielführer der Deutschen Nationalmannschaft und seit 1970 Träger des großen Bundesverdienstkreuzes am Bande.

Unter den Abwehrspieler war bisher keiner so erfolgreich wie Manfred »Manni« Kaltz. Auch für die Deutsche Nationalmannschaft war er über Jahre als Stammspieler gesetzt. Er absolvierte zwischen 1975 und 1983 exakt 69 Länderspiele und schoss neun Tore. 1980 wurde er Europameister.

97 Bundesligatore für den HSV zwischen 1978 und 1993 brachten Horst Hrubesch den Spitznamen »Kopfballungeheuer« ein. Und seine beiden Tore im EM-Finale 1980 gegen Belgien machten ihn unsterblich.

Uli Stein gilt als einer der erfolgreichsten und besten Torhüter seiner Zeit, doch beim DFB nahm seine Karriere bei der WM 1986 in Mexiko ein unwürdiges Ende. Nach Ärger mit Teamchef Franz Beckenbauer, den er als »Suppenkasper« bezeichnet hatte, und einer Geldstrafe für die Überziehung des Zapfenstreichs reiste er vorzeitig ab und beendete damit nach sechs Länderspielen seine DFB-Karriere. In den Neunzigern waren unter anderem Thomas Doll, Dietmar Beiersdorfer und Jörg Albertz für Deutschland unterwegs. Bei der WM 2010 in Südafrika standen mit Jansen, Aogo, Boateng und Trochowski gleich vier HSVer im Kader. Ihre Teamkollegen Eljero Elia und Joris Mathijsen wurden mit den Niederlanden sogar Vizeweltmeister.

Beim Länderspiel England – Deutschland im November 2013 in Paris war Heiko Westermann der 52. deutsche Nationalspieler aus den Reihen der Rothosen und wird damit sicherlich nicht der letzte Spieler im Aufgebot des DFB gewesen sein. Die Nummer 53 hätte beinahe Pierre-Michel Lasogga innegehabt. Er war für das Länderspiel gegen Chile am 5. März 2014 in Stuttgart für die Nationalelf nominiert worden. Am Ende kam Lasogga jedoch wegen einer Muskelverhärtung nicht zum Einsatz. Seitdem hat es kein Spieler des HSV ins Nationalteam geschafft.

13. GRUND

Weil der HSV die mächtigste Maus der Welt hatte

»Hau ab, du Klotz«! Mit diesen groben Worten wurde HSV-Buchautor Axel Formeseyn als Kind einmal bei einem Freundschaftsspiel von Manni Kaltz zur Seite geschoben. Für den jungen Axel war das damals ein prägendes Erlebnis und er gibt diese Anekdote auch heute noch zum Besten. Mittlerweile tut er das natürlich mit einem Augenzwinkern. Dabei ist die Sache ja eigentlich schon ziemlich bitter, weil sie leider eher die Regel ist als die Ausnahme, wenn es darum geht, das Verhältnis zwischen Spielern und Anhängern zu beschreiben. Das war in den 1980ern bereits zum Teil so und gilt heute mehr denn je. Mit der zunehmenden Professionalisierung und Kommerzialisierung des Fußballs hat sich auch zwischen den Spielern auf der einen und den Fans auf der anderen Seite eine kaum überbrückbare Distanz entwickelt. Manche Leute sprechen mittlerweile sogar von einem Paralleluniversum, in das viele Jungprofis abgedriftet sind. Eine Welt ohne die Probleme und Sorgen des Alltags. Die Verehrung und der Respekt, den viele Fans für ihre Idole aufbringen, werden in dieser Welt gerne noch als nette Randnotiz wahrgenommen. Denn wer wird nicht gerne als Held gefeiert und vergöttert.

Wenn es aber um die Sorgen, Nöte oder einfach nur das einfache Bedürfnis nach Nähe und persönlichem Austausch geht, entwickelt sich die Beziehung schnell zu einer emotionalen Einbahnstraße. Viele Fans würden alles für ihre »Götter« tun. Von den Profis kommt in der Mehrzahl aber im Gegenzug kaum etwas zurück, was über vertraglich geregelte Pflichtveranstaltungen hinausgeht. Autogrammstunden? Okay, aber nach einer halben Stunde reicht es dann auch. Ein gemeinsames Foto? Klaro, aber bitte jetzt auch nicht alle, die hier rumstehen. Mal zusammen ein Bier trinken? Äh, sorry, aber ich muss dann mal weg … Einmal im Jahr, meistens in der Vorweihnachtszeit, reisen die Spieler an einem sorgsam ausgewählten Tag zu ausgewählten Fanclubs. Solche Veranstaltungen dauern dann meistens anderthalb, manchmal auch zwei Stunden. Das ist natürlich eine gute Sache, aber zwei Stunden sind auf das Jahr gerechnet eben auch nicht unbedingt der ganz große zeitliche Aufwand.

VIPs und Sponsoren kommen in diesen Genuss noch eher. Weil sie ihn sich mit Geld erkaufen. Nach den Spielen werden die Spieler dann für etwas zwanghaften Small Talk in den VIP-Bereich geschickt, um die zahlungskräftige Kundschaft etwas bei Laune zu halten. Die Spieler müssen diese Termine wahrnehmen, ob sie wollen oder nicht. Womit wir wieder bei den Verträgen wären … Einfach zusammenfasst heißt das: Regelmäßige Kontakte mit Spielern sind heute etwas für Privilegierte.

Natürlich gibt es auch im heutigen Kader immer mal wieder einzelne Spieler, die bereit oder in der Lage sind, über den Tellerrand zu gucken, und die in Sachen Identifikation mit dem Verein tatsächlich etwas Eigeninitiative und Interesse aufbringen. Auch das ist aber leider eher die Ausnahme als die Regel.

Dabei war das beileibe nicht immer so. Gerade wenn man den Geschichten und Erzählungen älterer HSVer lauscht, bekommt man einen Eindruck davon, wie eng das Verhältnis zwischen Spielern und Fans einmal gewesen ist. Paradiesische Zustände waren das damals am Rothenbaum. Noch bis in die 1960er-Jahre hinein, als Gerd »Charly« Dörfel sich während des Spiels mit den Zuschauern am Seitenrand unterhielt, die Mannschaft nach den Spielen wie selbstverständlich noch ins Vereinshaus kam und Spieler und Anhänger gemeinsam im Zug zu den Auswärtsspielen reisten. Aber ganz so weit braucht man gar nicht zurückzublicken. Noch in den 1980er-Jahren war es durchaus möglich, zu den Spielern persönlichen Kontakt aufzubauen oder sich zumindest entspannt mit ihnen auszutauschen. Regelmäßige Fanclub-Besuche in teilweise wirklich üblen Kaschemmen und Eckkneipen waren eine Selbstverständlichkeit. Dazu war zwar schon etwas Eigeninitiative nötig, aber die Spieler waren noch lange nicht so abgeschottet wie heute. Vielleicht lag es aber auch daran, dass sich das Leben der Spieler damals noch nicht vollständig in der High-Society-Szene abspielte, sondern alles noch etwas bodenständiger war. Jedenfalls konnte es durchaus einmal vorkommen, dass sich Kicker und Fans an einem Sonntagmorgen auf dem Fischmarkt über den Weg liefen und dann noch zusammen weiterzogen. Natürlich gab es auch damals bereits Spieler wie Manfred Kaltz, die auf solche Kontakte keinen gesteigerten Wert legten. Aber es gab eben auch noch jene Stars, die über die Maßen natürlich und volksnah waren. Dazu gehörte insbesondere der Engländer Kevin Keegan, der von 1977 bis 1980 beim HSV spielte. Obwohl die »Mighty Mouse« – wie er aufgrund seiner Körperstatur genannt wurde – nur drei Jahre in Hamburg war, avancierte er innerhalb kurzer Zeit zum absoluten Publikumsliebling. Keegan war einer der besten Spieler seiner Zeit und wurde als HSV-Spieler zwei Mal zu Europas Fußballer des Jahres gewählt. Dennoch blieb er immer der Junge von nebenan. Wenn der HSV auswärts spielte, kam es schon einmal vor, dass die Mannschaft bereits lange abfahrbereit im Bus saß, während Kevin Keegan draußen noch Autogramme schrieb. Und zwar so lange, bis auch der letzte Anhänger glücklich von dannen zog. Auch die Sprachbarriere stellte ihn vor keine großartigen Probleme, denn er lernte innerhalb weniger Monate Deutsch und konnte sich somit gut verständigen.

Diese positiven Charaktereigenschaften hat er sich bis heute bewahrt. So zum Beispiel als er 2002 mit Manchester City zu einem Freundschaftsspiel nach Hamburg zurückkehrte. Das ehemalige HSV-Vorstandsmitglied Christian Reichert erinnert sich noch sehr gut an das Vorstandsessen beider Vereine am Abend vor dem Spiel im feudablen Fischereihafenrestaurant. Keegan war mittlerweile Trainer bei Man City und ließ die komplette Gesellschaft mehr als eine halbe Stunde warten. Reicherts Befürchtung, das Idol seiner Jugend könnte sich mittlerweile in eine arrogante Diva verwandelt haben, erwies sich glücklicherweise als unbegründet.

Das Erste, was er als Begründung hervorbrachte, war: »Sorry, dass ich zu spät komme. Aber ich dachte, ihr sitzt hier sicherlich schön warm und bequem. Vor dem Hotel standen so viele HSV-Fans, die auf Autogramme von mir gewartet haben, um die musste ich mich erst einmal kümmern.«* Kevin Keegan war ein Superstar ohne Starallüren. Greifbar. Nahbar. Ein Mensch wie du und ich. Kein Wunder also, dass die »Mächtige Maus« in der Hansestadt auch nach über dreißig Jahren immer noch verehrt wird wie kaum ein anderer Spieler. Kevin Keegan ist und bleibt für immer ein Teil des HSV!

* *Interview mit Christian Reichert, »Kinder der Westkurve«, S. 543*

14. GRUND

Weil eine der größten Legenden niemals in der Startelf stand

Jeder Verein hat seine großen Stars. Überall gibt es die ewigen Legenden. Spieler, die ihr Leben lang für einen Verein gespielt haben. Spieler, die unglaublich viele Tore für ihren Club erzielt haben. Spieler, die Tore machten, die zu den größten Vereinserfolgen führten. Manchmal handelt es sich bei den Stars für die Ewigkeit auch um Spieler, die nicht unbedingt erfolgreich, dafür aber umso leidenschaftlicher agierten, wenn sie in den Dress ihres Clubs schlüpften. In anderen Fällen zeichneten sie sich durch ein besonders enges Verhältnis zur Anhängerschaft aus. In Ausnahmefällen gelingt es auch Trainern, in den Fan-Olymp aufzusteigen. Doch in vielen Fällen sind die erreichten Erfolge und der damit verbundene Heldenstatus der Trainer schnell vergessen, wenn der Betroffene Jahre später aufgrund ausbleibenden Erfolges entlassen und für sämtliches Übel im Verein verantwortlich gemacht wird.

Die meisten Legenden, so ein ungeschriebenes Gesetz, werden dabei erst Jahre nach dem Ende ihrer aktiven Karriere in den entsprechenden Kreis aufgenommen. Nur außergewöhnliche Talente schaffen es, noch während ihrer Tätigkeit für den Verein den Status eines Helden zu erlangen. In nicht wenigen Fällen werden Spieler im Nachhinein von Träumern, Nostalgikern und Fußball-Romantikern als Helden deklariert, die zu ihrer aktiven Zeit noch weit von diesem Status entfernt waren. Eines von vielen irrationalen Phänomenen des Fußballs.

Fest steht, dass jeder Club, unabhängig von Größe, Erfolg oder Alter, seine eigenen Legenden vorweisen kann. Ob sie Lothar Emmerich, Uli Hoeneß oder Max Morlock heißen – sie waren und sind die Spieler, die den Fußball prägten und prägen, sie sind die Spieler, die für das emotionale Gesamtpaket Fußball unverzichtbar sind.

Natürlich gibt es auch in Hamburg Legenden. Uwe Seeler, Horst Hrubesch, Charly Dörfel und Manni Kaltz zählen sicher dazu. Doch in einem Punkt unterscheidet sich der HSV auch in dieser Hinsicht von anderen Vereinen, denn einer der größten Stars des HSV erscheint auf keinem Spielberichtsbogen. Er erzielte keinen einzigen Treffer im Trikot des HSV und er verhinderte auch keinen einzigen Gegentreffer. Trotzdem genießt kaum ein anderer ein dermaßen hohes Ansehen unter Fans, Vereinsangestellten und Sportlern des HSV. Wenn Hermann Rieger das Stadion betritt, erheben sich die Zuschauer. Aus dem Fanblock schallt es noch heute »Hermann, Hermann …«, wenn der ehemalige Masseur die Spiele seines HSV besucht. Hermann Rieger erbaute sich durch seine Treue, seine Leidenschaft, seine Aufrichtigkeit und Hingabe sein eigenes Denkmal und wird so sicher für alle Ewigkeit der populärste Physiotherapeut der Vereinsgeschichte bleiben.

Am Ende seiner Karriere widmete ihm der Club ein eigenes Abschiedsspiel, die Stadt Hamburg ehrte ihn im Jahre 2011 zum »Hamburger des Jahres«. Einer der größten Fanclubs des Vereins heißt auch jetzt, nachdem Rieger längst im Ruhestand ist, noch immer »Hermann's treue Riege«. Und als die Fans in Hamburg über den Namen des neuen Vereinsmaskottchens abstimmen durften, setzte sich ein Name mit überwältigender Mehrheit durch. Seither heißt das tollpatschige Plüschtier, na klar, Dino Hermann.

15. GRUND

Weil Horst Hrubesch der Beweis ist, dass Kopfbälle nicht aufs Hirn schlagen

Zum Thema »Kopfballspiel macht dumm« streiten sich die Gelehrten. Es gibt Gutachten und Gegengutachten. Dabei könnte doch alles so einfach sein, wenn Wissenschaftler sich nicht auf die Wissenschaft, sondern auf die fußballerischen Fakten konzentrieren würden. Horst Hrubesch nämlich, seines Zeichens das legendäre »Kopfballungeheuer« des HSV, beweist trotz seines legendären und wenig hochgeistigen Interviewspruchs »Manni Flanke, ich Kopf – Tor!« einwandfrei, dass Kopfbälle eben nicht die Gehirnzellen schädigen. Oder hätte er sonst ein Buch, einen Ratgeber zudem, geschrieben? Wohl kaum!

Worüber der Mann, dem Günter Netzer jüngst in der ZDF-Sendung *Lanz* zu Unrecht attestierte, außer Kopfbällen auf dem Fußballfeld nichts zustande gebracht zu haben (er erzielte nämlich lediglich 38 seiner 139 Bundesliga-Tore mit dem Kopf), geschrieben hat? Über das Angeln. Um genau zu sein über *Dorschangeln vom Boot und an den Küsten*, wovon übrigens alle 55.000 Exemplare verkauft wurden. Was also gibt es da bitte noch zu zweifeln?

Doch Spaß beiseite. Horst Hrubesch ist ganz einfach einer der wohl größten und erfolgreichsten Spieler, die der HSV je unter Vertrag hatte. Der heutige DFB-Nachwuchstrainer und Olympia-Trainer 2016 war in der Saison 1977/78 der Top-Torjäger von Rot-Weiss Essen. Sage und schreibe 42 der insgesamt 82 Tore der Rot-Weißen erzielte Hrubesch in dieser Zweitligasaison, weshalb ihn der damalige HSV-Manager Günter Netzer ohne Zögern an die Elbe holte. Hier sollte er unter Branko Zebec und Ernst Happel seine erfolgreichsten Jahre haben. Mit dem HSV wurde er drei Mal Deutscher Meister und einmal Europapokalsieger der Landesmeister. In der Saison 1981/82 wurde er zudem Torschützenkönig und schoss das Siegtor zum legendären 4:3 in München, das für lange Zeit der letzte Sieg der Rothosen beim FC Bayern sein sollte. Außerdem wurde Horst Hrubesch in seiner Zeit beim HSV Nationalspieler und 1980 mit der deutschen Nationalelf Europameister. Er erzielte dabei die beiden Tore zum Endstand von 2:1 gegen Belgien.

Aber Hrubesch war nicht nur ein wichtiger Spieler und Abnehmer von Manfred Kaltz' Bananenflanken, sondern konnte auch feiern. Unvergessen bleibt das Bild aus dem Flieger von Athen nach Hamburg: Hrubesch, mit dem Europapokal der Landesmeister im Arm, gab den mitgereisten Schlachtenbummlern des HSV, zumindest denen, die im Mannschaftsflieger mit zurückflogen, aus ebendiesem zu trinken. Die Freude der Anhänger war natürlich groß. Heute wäre das allerdings sicherlich undenkbar. Wahrscheinlich denken die Fans auch deshalb gern an den ehemaligen Mannschaftskapitän des HSV zurück, der so ganz und gar nichts mit den abgeschottet lebenden Stars der heutigen Zeit gemein zu haben scheint. Ob es daran liegt, dass Hrubesch vor seiner Karriere als Fußballer dem bodenständigen Beruf des Dachdeckers nachging? Man weiß es nicht. In Hamburg sagt man allerdings – frei nach Horst Hrubesch – noch heute nur ein Wort: Vielen Dank!

16. GRUND

Weil ein Fuß beim HSV vier Tonnen wiegt

»Das Geheimnis des Fußballs ist ja der Ball«, sagte Uwe Seeler. Und hatte natürlich recht. Das Zitat spiegelt dabei auch ein Stück dessen wider, was »Uns Uwe« in der öffentlichen Wahrnehmung ausmacht. Die Menschen in Hamburg und darüber hinaus liebten und lieben ihn für seine Unkompliziertheit. Wird Seeler als einfacher Mann bezeichnet, so ist das sicher keine Beleidigung. Er ist einfach das, was einen echten Hamburger Jung ausmacht: bodenständig, geradlinig und ehrlich. Und das war auch schon früher so, als Uwe seine Fußballschuhe für den HSV schnürte und dabei unglaubliche 137 Bundesligatore für seinen Verein erzielte. Er gilt damit als einer der besten Stürmer seiner Zeit und war maßgeblich für die Erfolge der Rothosen mitverantwortlich.

Von 1946 bis 1972 spielte Seeler dabei immer nur für diesen einen, für seinen HSV. Er wurde somit zum Aushängeschild, zum

Idol, zur Kultfigur des Vereins. Zum absoluten Publikumsliebling avancierte Seeler, als er im Jahre 1961 ein für diese Zeit äußerst lukratives Angebot des italienischen Spitzenclubs Inter Mailand ablehnte, um weiter an der Elbe zu spielen. Nur zwei Jahre später gewann Seeler in Berlin den DFB-Pokal. Beim 3:0-Erfolg gegen Borussia Dortmund erzielte er alle drei Treffer, ein Kunststück, das niemandem zuvor gelungen war.

Uwe Seeler gewann zahlreiche Titel, wurde Torschützenkönig der Bundesliga, Deutschlands Fußballer des Jahres und nach Ende seiner Karriere nicht nur Ehrenbürger der Hansestadt Hamburg und Ehren-Spielführer der Nationalmannschaft, sondern auch zwischenzeitlicher Präsident des Hamburger Sport-Vereins.

Einen markanten Punkt weist die Karriere des Uwe Seeler dann jedoch doch noch auf: Denn obgleich er eigentlich nur für den HSV spielte, ist diese stets transportierte Version formal betrachtet nicht ganz richtig. Denn entgegen seiner eigenen Annahme bestritt er 1978 auf Wunsch eines Sportartikelherstellers tatsächlich noch ein reguläres Pflichtspiel für einen weiteren Club: den Cork Celtic F.C. Doch obgleich er beide Ehrentreffer der 2:6-Niederlage beisteuerte, blieb es bei diesem einzigen »Fremdgehen«. Auch hinsichtlich der Nationalmannschaft brach Seeler seinerzeit manchen Rekord. So war er zwischenzeitlicher Rekordnationalspieler, ehe er von Franz Beckenbauer überholt wurde. Seine 20 Einsätze bei Weltmeisterschaften wurden erst viele Jahre später durch Lothar Matthäus überboten.

Der Kultstatus von »Uns Uwe« wurde im Jahre 2005 zementiert. Im wahrsten Sinne des Wortes. Direkt vor der neuen Arena im Hamburger Volkspark wurde eine über fünf Meter breite, dreieinhalb Meter hohe und insgesamt vier Tonnen schwere Bronzestatue enthüllt. Detailliert bis zu den kleinsten Blessuren prangt dort nun ein Kunstwerk, das täglich als Fotohintergrund herhält, wenn Fans und Touristen das Stadion besuchen – »Uns Uwes« rechter Fuß.

17. GRUND

Weil Jako für den HSV seine Gesundheit opferte

Eigentlich sah zunächst alles gar nicht so dramatisch aus. Abwehrrecke Ditmar Jakobs war es mit allerletztem Einsatz gerade eben noch gelungen, den Heber des Bremer Angreifers Wynton Rufer von der Torlinie zu schlagen. Eine alltägliche Rettungsaktion, wie sie in der Bundesliga sicherlich an jedem Spieltag vorkommt. Doch diese Szene in der 12. Minute des Nordderbys gegen Werder Bremen sollte das Leben von Ditmar Jakobs für immer verändern. An diesem 20. September 1989 endete vor der Ostkurve des Volksparkstadions die große Karriere von Ditmar Jakobs. Doch das ahnt zunächst niemand. Jakobs hat mit dem für ihn typischen Kampfgeist den frühen 0:1-Rückstand verhindert. Das ist zunächst alles, was zählt. Auf dem regennassen Rasen kann er allerdings nicht mehr abbremsen, rutscht mit hoher Geschwindigkeit in das Tornetz und bleibt dort hängen. Beim Versuch, sich zu befreien, spürt er einen stechenden Schmerz. Was er zu diesem Zeitpunkt noch nicht weiß: Er hängt nicht im Tornetz, sondern am Haken. Und das leider im wahrsten Sinne des Wortes. Bei seinem Sturz hat sich einer der Karabinerhaken, mit denen das Tornetz im Rasen verankert wird, auf Höhe der Hüfte in seinen Rücken gebohrt. Kein Wunder also, dass Jakobs sich nicht aus eigener Kraft befreien kann. Auch der eilig herbeigerufene HSV-Masseur Hermann Rieger und Dr. Gerold Schwarz können zunächst nichts ausrichten. Rieger kümmert sich rührend um den Verteidiger, indem er beruhigend auf ihn einredet und die Situation erklärt. Mithilfe einer herbeigeschafften Flex versuchen die Helfer dann, den Haken zu durchtrennen.

Zu allem Unglück bricht dabei die Scheibe des Werkzeugs. Jakobs hängt bei vollem Bewusstsein weiter fest. Um seine Schmerzen etwas zu lindern, bekommt er eine örtliche Betäubung und eine Schmerzspritze. Nach etwa 20 Minuten entscheiden die Helfer dann, den metallischen Fremdkörper chirurgisch zu entfernen. Mithilfe eines Skalpells schneiden sie den Haken aus dem Rücken heraus. Anschließend wird der Verletzte im Rettungswagen in die Paracelsus-Klinik nach Henstedt-Ulzburg gefahren, wo man die Wunde weiter versorgen und nähen kann. Entgegen erster Befürchtungen hatte der Unfall keine inneren Blutungen verursacht, sodass Jakobs das Krankenhaus am selben Abend noch verlassen kann.

Seine Mannschaftskameraden und die Zuschauer im Volksparkstadion sind von dem Vorfall natürlich schockiert. Thomas von Heesen gibt für das weitere Spiel das Motto aus: »Jetzt kämpfen wir alle wie ein Mann für Jako.« Und wie sie das tun! Als der Schiedsrichter das Spiel nach 26 Minuten Unterbrechung fortsetzt, brennen dann sowohl die Fans in der Westkurve als auch die Spieler auf dem Platz ein wahres Feuerwerk ab. Pausenlos treiben die Anhänger ihr Team nach vorne und am Ende schlagen die HSVer den Rivalen von der Weser klar und deutlich mit 4:0.

Was damals noch niemand ahnt: Der Karabinerhaken hat mehrere wichtige Nervenstränge an der Wirbelsäule durchtrennt. Jakobs leidet fortan unter permanenten Schmerzen und motorischen Störungen. Für seine Fußballkarriere bedeutet es das plötzliche Ende und die Sportinvalidität. Jakobs, der als einer der Helden von Athen 1983 den Europokal der Landesmeister gewonnen hatte, wird nach 323 Bundesligaspielen für den HSV nie wieder für die Rothosen auflaufen können. Er hat für den HSV nicht nur sein letztes Hemd, sondern auch seine Gesundheit gegeben.

18. GRUND

Weil Manni Kaltz die Bananenflanke erfunden hat

»Manni Flanke – ich Kopf, Tor«. So einfach ist Fußball. Zumindest war er es für Horst Hrubesch. Der wurde seinerzeit regelmäßig mit besagter Bananenflanke »gefüttert« und dankte es mit zahlreichen Treffern für den Hamburger Sport-Verein. Und bei aller Modernisierung und technischen Weiterentwicklung des Fußballs ist die Bananenflanke auch heute noch ein beliebtes Mittel, um torgefährliche Situationen einzuleiten. Lediglich die Bezeichnung »Bananenflanke« ist etwas angestaubt. Heute wird lieber von einer »Flanke mit viel Effet« gesprochen, was letztlich dasselbe meint.

Für Laien mag die Flanke, die ihren tatsächlichen Ursprung vermutlich in Brasilien hat, lediglich eine Schusstechnik sein, die für eine Flugbahn des Balles sorgt, die mit etwas Fantasie an die gebogene Form einer Banane erinnert. Für Fußballverrückte ist sie mehr. Viel mehr. Das beweist nicht zuletzt die Tatsache, dass sich zahlreiche Experten intensiv mit den physikalischen Hintergründen beschäftigten. Die Bananenflanke hat es tatsächlich zu ihrem eigenen Eintrag in der Internet-Enzyklopädie Wikipedia gebracht. Dort wird die Sache erstaunlich nüchtern betrachtet: »Ausgeführt wird die Bananenflanke durch den sogenannten Innenspannstoß. Dabei ›wischt‹ der ausführende Fuß mit seiner Innenseite am Ball vorbei und sorgt für eine seitliche Rotation des Balles. Der Ball wird dabei ungefähr mit dem Großzehenknochen getroffen. Der Fuß schwingt nach dem Treffen des Balles nach, er ›führt‹ den Ball quasi noch ein Stück. Dies trägt zusätzlich zur Rotation bei.« Ob sich Spieler wie Kaltz über derlei physikalische Gegebenheiten Gedanken gemacht haben, ist fraglich. Weiter heißt es jedenfalls: »Die gekrümmte Flugbahn, die der Ball bei der Bananenflanke beschreibt, entsteht durch die Rotation des Balls. Dabei reißt er Luft mit sich, und zwar in die Richtung, in die er sich dreht (Magnus-Effekt). Der Ball wird vom Spieler auf etwa 100 km/h beschleunigt und dreht sich etwa achtmal pro Sekunde um die eigene Achse. Bei dem Effekt spielt zusätzlich Turbulenz eine Rolle.« So weit, so klar.

Manfred Kaltz gilt weitläufig als der Erfinder der deutschen Bananenflanke. Kaum ein anderer war in der Lage, derart angeschnittene und gleichzeitig präzise Flanken in den gegnerischen Strafraum zu befördern. Großes Aufsehen machte er darum allerdings nicht. Kaltz galt in Hamburg als jemand, der lieber Taten als Worte sprechen ließ. Am Ende absolvierte er unglaubliche 581 Bundesligaspiele für den HSV, bei dem er mit kurzer Unterbrechung beachtliche 19 Jahre weilte. Eine Hamburger Legende.

Ausgerechnet eine weitere Hamburger Legende ist es allerdings auch, die ihm den Status als Erfinder der Flankentechnik streitig macht. »Ich bin der Erfinder der Bananenflanken und nicht der Kaltz. Das muss einmal gesagt werden«, verkündete Gert »Charly« Dörfel höchst persönlich und findet zumindest teilweise Zustimmung unter den Zeitzeugen. Uns soll es egal sein. Fest steht, dass beide Spieler in der Lage waren, herrlich krumme Flanken zu schlagen, die ihren Teil zu zahlreichen Vereinserfolgen beitrugen. Und dafür lieben wir sie beide. So einfach ist das.

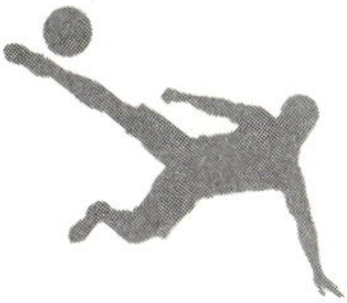

19. GRUND

Weil der Kaiser in Hamburg abdankte

Tull Harder, Rudi Noack, Charly Dörfel, Uwe Seeler, Kevin Keegan, Horst Hrubesch, Manni Kaltz – Namen, die auch den HSV-Laien sofort einfallen, wenn sie gefragt werden, welche großen Spieler bei den Rothosen kickten. Ein wenig stiefmütterlich wird in dieser Hinsicht immer einer behandelt, den Fußballfreunde landauf und landab eigentlich ausschließlich mit dem FC Bayern München assoziieren, wo er als Spieler den Spitznamen »der Kaiser« erhielt und seine größten Erfolge feierte; als Spieler und als Offizieller des Clubs. Die Rede ist natürlich von Franz Beckenbauer.

Den Zenit seiner aktiven Karriere hatte Beckenbauer bereits überschritten, als er mit 35 Jahren zum Hamburger Sport-Verein an die Elbe kam. Von 1964 bis 1977 kickte er beim FC Bayern und seine Erfolgsbilanz als Spieler in München liest sich beeindruckend:

Jeweils vier Meisterschaften und Pokalsiege, drei Mal Europapokalsieger der Landesmeister, einmal Europapokalsieger der Pokalsieger und ein Weltpokalsieg stehen auf der Habenseite als Bayern-Spieler, als er 1977 im Alter von 32 Jahren zu New York Cosmos wechselt, wo er drei Jahre unter Vertrag steht, ehe er Ende Oktober 1980 zurück nach Deutschland kehrt. Ausgerechnet zum Hamburger SV, der in dieser Zeit einer der erfolgreichsten Clubs der Bundesliga ist und sich mit Beckenbauers Heimatverein aus dem Süden der Republik jedes Jahr aufs Neue ein Kopf-an-Kopf-Rennen um die Meisterschaft liefert.

Eingefädelt hatte den Deal der damalige Manager Günter Netzer, der mit Coach Branko Zebec das Spiel einer Weltauswahl zugunsten der UNESCO im Westfalenstadion in Dortmund beobachtete. Netzer und Zebec waren sich einig, dass sie Beckenbauer verpflichten sollten, und der Manager machte sich ans Werk. Einziges Problem: New York Cosmos hätte Beckenbauers Vertrag, der 1980 auslief, gern um zwei weitere Jahre verlängert. Beckenbauer entschied sich jedoch für die Hanseaten. Es sei ein »Bauchgefühl« gewesen, wie er gegenüber der *Hamburger Morgenpost* einmal äußerte. Eines, das zwar keinen Pfennig Ablöse kostete, den HSV jedoch vor die Herausforderung stellte, ihm ein Jahresgehalt von damals astronomischen 1,2 Millionen DM zu garantieren. Club-Boss Dr. Wolfgang Klein gelang ein genialer Schachzug: Während der HSV nur 5000 DM monatlich auf das Konto des »Kaisers« überweisen musste, also insgesamt 60.000 pro Jahr, übernahm Sponsor BP den Rest. Der DFB war zwar alles andere als begeistert, tat jedoch nichts weiter.

Als Beckenbauer am 31. Oktober 1980 in Fuhlsbüttel aus dem Flieger stieg, konnte man den Eindruck gewinnen, ein Popstar sei soeben gelandet. Tausende HSV-Anhänger hatten sich zur Begrüßung des Weltstars eingefunden, der bei den Anhängern in der Hansestadt mit seiner Art hervorragend ankam. Zu seinem ersten Spiel gegen den Karlsruher SC wollten 41.000 Zuschauer seine Einwechslung erleben, gegen einen Gegner, der sonst nicht einmal die Hälfte der Fans angelockt hätte. Schon gar nicht Anfang November in Norddeutschland. Zwar schnürte Beckenbauer bis 1982 aufgrund seines Verletzungspechs nur 28 Mal die Fußballschuhe für den HSV, wurde jedoch in jenem Jahr immerhin zum fünften Mal Deutscher Meister. Nach gut eineinhalb Jahren verließ er den HSV wieder um nach New York zu gehen, doch seine Zeit beim Bundesliga-Urgestein bleibt unvergessen. Sicher auch deshalb, weil im HSV-Museum der Spind ausgestellt ist, den er sich mit Kevin Keegan gemeinsam auf dem Trainingsgelände in Ochsenzoll geteilt hat und in dem die beiden Superstars auf künstlerische Art und Weise ihre Spuren hinterlassen haben.

20. GRUND

Weil der »Bundes-Adler« eine beachtliche Spannweite hatte

Irgendein Samstagnachmittag. Irgendein deutsches Stadion. Mehrere Hundert junge Menschen jubeln, breiten ihre Arme aus und imitieren Flugbewegungen. Was so klingt, als ob eine dubiose Sekte zum Jahrestreffen eingeladen hat oder Jugendliche mit Drogen experimentieren, beschreibt nur den Fanblock des HSV im Jahre 2013. Die Fans des Vereins hatten ihre eigene Art gefunden, dem Torhüter zu huldigen. Sie mimten die Flügelschläge eines Adlers. René Adlers.

Der ist in der DDR geboren und aufgewachsen. Schnell wird dort sein außergewöhnliches Talent entdeckt. Vom VfB Leipzig, für den er in der Jugend aufläuft, wechselt er mit nur 15 Jahren zu Bayer Leverkusen. Dort angekommen, nimmt ihn der Leverkusener Rekordspieler und ehemalige Stammtorhüter Rüdiger Vollborn, welcher derzeit Torwarttrainer der Werkself ist, bei seiner Familie auf, wo Adler insgesamt vier Jahre lebt. In Leverkusen findet sich

Adler zunächst bei der Zweitmannschaft wieder, die in der Regionalliga antritt. In der Saison 2003/04 schafft er dann den Sprung in den Bundesligakader von Bayer. Im Jahr 2006 erleidet Adler eine erste schwere Verletzung, doch er kehrt auf beeindruckende Art und Weise zurück. Schon kurz nach seiner Genesung feiert er in einem Spiel gegen Schalke sein Bundesliga-Debüt, als der damalige Stammtorhüter und Ex-HSVer Jörg Butt wegen einer Rotsperre pausieren muss. Ihm gelingt es sofort, einen bleibenden Eindruck zu hinterlassen, er verdrängt Butt aus der Startelf. Nachdem er zu einem der besten Torhüter Deutschlands avanciert und sich mit Leverkusen unter den Top-Clubs der Bundesliga festsetzt, wird er erneut vom Verletzungspech heimgesucht. Auf eine Patellasehnenoperation folgt eine achtmonatige Pause, die ihm nicht nur Spielpraxis, sondern auch seinen Stammplatz kostet.

Zur Saison 2012/13 wechselt der Keeper zum Hamburger Sport-Verein. Ein Transfer, der an der Elbe keineswegs unumstritten ist. Adler gilt als verletzungsanfällig, keiner vermag zu sagen, wie sich die lange Pause auf seine Entwicklung ausgewirkt hat. Darüber hinaus hat der HSV zu dieser Zeit mit Jaroslav Drobný einen soliden, bei den Fans beliebten und nebenbei auch gut bezahlten Mann zwischen den Pfosten stehen. Der Verein entscheidet sich trotzdem, die Gelegenheit zu nutzen und den ablösefreien Adler zu verpflichten – und liegt damit goldrichtig. Der Torhüter regeneriert sich nicht nur schnell, sondern entwickelt sich dort weiter, wo er vor seiner Verletzung aufhören musste. Mit teilweise überragenden Leistungen wird er direkt zur Nummer eins im Hamburger Tor, zum gefeierten Mann in den Medien und Fankurven, und noch während seiner ersten Saison beim HSV wieder zur Nationalmannschaft einberufen. Dort kann er sich in einem Spiel gegen die Auswahl Frankreichs beweisen. Die Medien krönen René Adler mit Blick auf seine Rückkehr ins Bundesteam zum Bundes-Adler. Und die Fans in Hamburg durften ihm noch lange zujubeln, ihre Arme ausbreiten und Flugbewegungen imitieren.

3. KAPITEL

»WIR SCHLAGEN MOSKAU, WIR SCHLAGEN ROM …«

Unvergessliche Spiele des HSV

21. GRUND

Weil selbst auf »Uns Uwes« einzige rote Karte noch ein Happy End folgte!

Ein untadeliger und fairer Sportsmann! Dieses Attribut wird von Fußballfreunden in ganz Deutschland bis heute als Erstes genannt, wenn die Rede auf Uwe Seeler und seine einzigartige Karriere beim HSV zu sprechen kommt. Wie kaum ein anderer Spieler steht »Uns Uwe« stellvertretend für einen Typus Fußballer, den man als Fan heutzutage immer seltener zu finden glaubt. Einen, der auf dem Platz nie aufsteckte und immer alles gab. Der sich und seine Mitspieler mit eisernem Willen und Ehrgeiz immer wieder zu Höchstleistungen antrieb. Der weder seinen Gegner noch sich selber schonte und sich auch von einem damals eigentlich »unheilbaren« Riss der Achillessehne nicht umwerfen ließ. Und vor allem: der dem Verein auch dann noch die lebenslange Treue hielt, als Inter Mailand mit dem prall gefüllten Scheckheft wedelte und versuchte, den »Dicken« über die Alpen nach Italien zu locken.

Ungleich schwieriger gestaltet sich hingegen die Suche nach etwas dunkleren Flecken auf Seelers Karriere. Okay, in den 1990er-Jahren hatte sich Uwe als HSV-Präsident mit unseriösen Freunden umgeben und dabei eine mehr als unglückliche Figur abgegeben. Aber als Spieler? Da gab es neben den vielen Siegen und Toren natürlich auch einige schmerzliche Niederlagen wie die beiden verlorenen Meisterschaftsendspiele 1957 und 1958 oder das WM-Finale 1966 in England mit dem berühmten Wembley-Tor. Aber solche Tiefpunkte gehören zu einer bewegten und erfolgreichen Karriere eben auch dazu.

Ansonsten gäbe es eigentlich kaum etwas Negatives zu berichten. Wäre da nicht jener Vorfall am 1. Dezember 1957 beim Oberligaspiel gegen Bremerhaven 93 gewesen. 18.000 Zuschauer am altehrwürdigen Rothenbaum wurden bereits in der ersten Halbzeit Zeuge, wie ihr Liebling Uwe Seeler von seinem Gegenspieler Horst

Wagenbreth mehrfach hart attackiert wurde. In der 60. Minute riss Seeler endgültig der Geduldsfaden. Er ließ sich zu einer Tätlichkeit hinreißen und schlug nach. Zumindest sah das Schiedsrichter Höfel so und verwies »Uns Uwe« des Platzes. Es sollte der einzige Platzverweis seiner Karriere sein.

Die HSV-Anhänger tobten trotz des 2:1-Siegs vor Wut. Und stürmten den Platz. Der Schiri musste unter Polizeischutz vom Gelände geleitet werden und später vor der wütenden Meute flüchten.

Aufgrund dieser skandalösen Begleiterscheinungen wurde der Rothenbaum bis zum Ende des Jahres gesperrt. Das Heimspiel gegen Eintracht Braunschweig am 26. Dezember 1957 musste (ausgerechnet) im Bremer Weser-Stadion ausgetragen werden.

Mehr als 10.000 Hamburger Schlachtenbummler begleiteten die »Rothosen« zu diesem »Heimspiel«. Sie wurden Zeugen eines der denkwürdigsten Spiele der Vereinsgeschichte. Zur Halbzeit lagen die Hanseaten bereits klar mit 0:4 zurück. Doch die Mannschaft ließ sich selbst von diesem vermeintlich aussichtslosen Rückstand nicht entmutigen und kam wie verwandelt aus der Kabine. Innerhalb einer halben Stunde gelang das Unmögliche: Der HSV erzielte fünf Treffer und drehte dieses Spiel. Zwei Minuten vor dem Ende setzte Uwe Seeler mit dem 6:4 dann noch das Sahnehäubchen oben drauf.

Der Skandal vom Rothenbaum hatte sein Happy End in einem unglaublichen Spiel gefunden. Und somit bleibt selbst dieser dunkle Augenblick in Uwe Seelers Karriere mit einem einzigartigen, sensationellen und vor allem positiven Ergebnis verbunden.

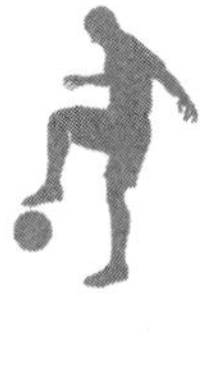

22. GRUND

Weil auch Niederlagen stark machen

Mit dem HSV zu leben heißt auch leiden zu können. Das will gelernt sein! Und der HSV hat seinen Anhängern reichlich Gelegenheit dazu gegeben. Niederlagen schmerzen, aber sie schweißen auch zusammen. Ganz bitter war beispielsweise das verlorene Endspiel im europäischen Landesmeisterpokal im Jahre 1980 gegen Nottingham Forest. 0:1. Und der HSV war die klar bessere Mannschaft! Vier Tage vorher gab es ein 1:2 in Leverkusen, sodass binnen vier Tagen zwei Titel verspielt wurden. Möglicherweise wären diese Pleiten im Mai 1980 noch heute traumatische Ereignisse, hätte die Mannschaft in den Jahren darauf nicht fleißig Titel gesammelt, den Europapokalsieg 1983 eingeschlossen.

Zunächst aber ging das Jammern auf europäischer Bühne weiter. Ein Jahr nach der Nottingham-Pleite waren die französischen Kicker aus Saint-Étienne Achtelfinalgegner im UEFA Cup. Hinspiel im Volksparkstadion. Und aus heiterem Himmel setzte es ein 0:5. Was war das denn bitte?! In Frankreich gab es dann noch ein 0:1 obendrauf. Ausgeschieden. Ein Jahr später schaffte es der HSV dann aber. Zumindest ins Finale, damals noch mit Hin- und Rückspiel ausgetragen. Ein Finale daheim quasi! Gegner: Göteborg. Hinspiel 0:1. Alles war angerichtet für ein großes Fest. Und dann kommen die Gegner aus dem Pippi-Langstrumpf-Land in den Volkspark und gewinnen völlig humorlos mit 3:0. Die Niederlage war aus zwei Gründen ganz besonders bitter: Erstens hatte niemand, aber auch wirklich niemand, damit gerechnet. Und zweitens ist es bis heute der UEFA-Pokal, der dem HSV fehlt, um in den exklusiven Club jener aufgenommen zu werden, die alle drei Euro-Pötte in ihren Schränken wissen.

Die Chance, den UEFA-Pokal doch noch zu gewinnen, verpatzte der HSV in der jüngeren Vergangenheit auf ganz üble Weise gleich zweimal hintereinander. Im April 2010 verlor man das Halbfinale gegen den FC Fulham und verbaute sich damit die fantastische Möglichkeit, das Finale im eigenen Stadion zu spielen. Das Endspiel fand nämlich in Hamburg statt. Bereits ein Jahr zuvor hatte es der HSV sowohl ins Halbfinale des DFB-Pokals geschafft, als auch ins UEFA-Cup-Halbfinale gegen Bremen. Aber ausgerechnet gegen den Rivalen von der Weser verlor man im eigenen Stadion zweimal und musste Intimfeind Wiese beim Jubeln zusehen. Das macht die Desaster-Wochen im Frühjahr 2009 für HSVer unvergesslich. Komplett verhöhnt fühlten sich die Fans, als ihnen nur knapp zwei Jahre später zudem noch die erste Stadtteil-Derbyniederlage seit 1977 zugemutet wurde. Selbst für HSVer, die sonst Niederlagen tapfer einzuordnen wissen, war das ein Schlag ins Gesicht.

Der HSV, das ist der Verein, der schon mal 1:8 in Oberhausen verliert oder gleich zweimal 2:9 in München. Wir sind die mit den Null-zu-nulls vor 8500 Zuschauern gegen Uerdingen. Natürlich im Regen. Eine Sahnestück auch die 0:2-Niederlage in einem Bundesliga-Nachholspiel unter der Woche in Bochum. HSV in rotschwarz gestreiften Trikots. Dann hätten wir noch ein 0:5 bei 1860 München (1995/96), ein krasses 1:5 in Wuppertal (1972/73) und ein 0:5 in Bremen (1993) im Programm. »Schieber HSV« hieß es damals, weil wir die Bremer mit diesem Spiel zum Meister machten. Schieber! Wenn es nur mal so gewesen wäre! Rekordverdächtig auch die HSV-Serie bei Spielen in München. Zwischen 1984 und 1994 sah unsere Serie gegen die Bayern wie folgt aus: 0:2, 1:3, 0:6, 0:1, 0:4, 1:6, 0:2, 0:4, 0:4. Danke! Bitte!

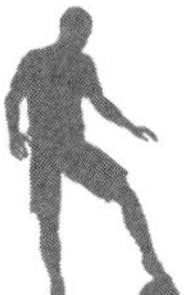

23. GRUND

Weil im UI-Cup »Rosinen« sind

Der HSV und der UI-Cup – eine lange, fast rührende Geschichte. Kein anderer deutscher Verein hat so intensiv am UEFA-Intertoto-Pokal teilgenommen. Zwischen 1968 und 2008 qualifizierte sich der HSV zehn Mal und absolvierte 52 UI-Cup-Spiele. Fünf Mal gewannen die Rothosen den Titel (1970, 1974, 1994, 2005 und 2007) des oftmals als »Verlierer-Cup« belächelten Wettbewerbes. Teilnahmeberechtigt waren Mannschaften, die in ihren jeweiligen

Ligen knapp die Teilnahme am UEFA-Pokal verpasst hatten. Dies war dem HSV wiederholt »gelungen«, und so konnte man bis zur Abschaffung des UI-Cups 2008 hier mächtig mitmischen.

Bei reisefreudigen Fans genossen die UI-Cup-Auswärtsfahrten besonders hohen Stellenwert, ging es doch oftmals zu Vereinen, von deren Existenz man vorher möglicherweise noch nie gehört hatte. Während Fans des FC Bayern München immer und immer wieder Barcelona oder Madrid anzusteuern hatten – ein Bayern-Fan sagte einst, dass es gar nicht so toll sei, eigene Stammkneipen in besagten Städten zu haben –, konnten HSV-Fans auf weitaus exklusivere Ziele verweisen: FC Dacia Chişinău, União Leiria oder FK Pobeda Prilep; wahrhaftige »Rosinen«, wie der Fußball-Reisende zu schwärmen pflegt. Da war bereits die Anreise eine wirkliche Herausforderung, der sich bestimmte Gruppen innerhalb der HSV-Anhängerschaft nur zu gerne stellten.

Je weniger HSVer die Mannschaft in die Ferne begleiten konnten, desto reizvoller die Vorstellung, eben genau bei diesem Spiel dabei gewesen zu sein. Quasi geadelt sind denn auch jene zwölf HSV-Fans, die in der UI-Cup-Vorrunde 1997 den weiten Weg in den Norden Islands fanden: Ithrottafelgid Leiftur kurz vor dem Polarkreis war der Auftaktgegner am 21. Juni 1997. Der Anstoß war für 14.00 Uhr festgesetzt. Gespielt wurde übrigens im benachbarten Olafsfjördur. Das Spielfeld erinnerte eher an eine Freizeit-Wiese. Allein die offizielle und einsam wehende UEFA-Fahne erinnerte daran, dass hier ein internationaler Kick ausgetragen wurde. Der HSV konnte sich erwartungsgemäß durchsetzen. Am Ende schieden Ivanauskas, Friis-Hansen und Co. damals übrigens nach übler Bolzerei gegen den korsischen SC Bastia aus.

Als sich der HSV 1999 auf UI-Cup-Ebene gegen den FC Basel durchsetzen konnte, wartete in der nächsten Runde der Sieger aus der Partie Perugia gegen Trabzonspor. Die Italiener hatten bereits auswärts mit 2:1 gewonnen, und der HSV-Anhang plante schon verschiedene Anreisemöglichkeiten für eine Perugia-Tour. Da wurden Reisen gebucht oder Autos angemietet. Drei Tage vor dem Spiel dann die Kunde von einem kleinen Schönheitsfehler in der Reiseplanung: Es geht nun doch bitte schön ans Schwarze Meer. Trabzonspor hatte im Rückspiel nämlich völlig überraschend mit 3:0 gewonnen. Binnen drei Tagen in die Türkei? Die meisten Schlachtenbummler mussten hier passen. Als einzig praktikable Lösung bot sich noch die Reise im Flieger mit der Mannschaft an, welche auch 24 HSV-Fans für 600 DM in Anspruch nahmen. Schließlich standen mehrere Allesfahrer-Serien auf dem Spiel. 2:2 endete die Partie damals, während man im Rückspiel 4:1 gewinnen konnte.

Von einer Begegnung mit einem ein Dönermesser schwingenden Trabzon-Anhänger berichtet mancher heute noch gern. Im UI-Cup-Finale unterlag der HSV seinerzeit am Ende dem HSC Montpellier im Volksparkstadion, wobei es die HSV-Kicker vollbrachten, im Elfmeterschießen jeden Strafstoß zu verschießen. 2007 konnte der HSV den UI-Cup gewinnen. Ein 0:0 in Valencia reichte, um in den UEFA-Pokal einzuziehen. Für HSV-Fans sind die Abenteuer-Fahrten im UI-Cup bis heute legendär. Und so verwundert es nicht, dass zahlreiche Reisefreudige bis heute den Tag verfluchen, an dem er abgeschafft wurde, der Uefa-Intertoto-Pokal. Und vielleicht kommt ja doch irgendwann ein älterer UEFA-Offizieller auf die Idee, den wunderbaren Wettbewerb wieder ins Leben zu rufen.

24. GRUND

Weil Fans und Spieler gemeinsam reisen. Aber nur manchmal

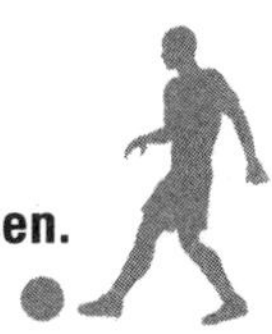

»Und es gibt kein' Verein in Europa, den der HSV schlagen kann!« – So donnerte es am 14. Oktober 2003 fern der Heimat durch das Flughafengebäude im ukrainischen Dnjepropetrowsk. Wir erinnern uns an eine denkwürdige Begegnung: Hier jene Spieler, die kurz zuvor sang- und klanglos mit 0:3 gegen die übermächtige Mannschaft von Dnjepr vergeigt hatten, dort mehrere Dutzend frustrierte Fans, die sich den Ausgang der Erstrunden-Partie im UEFA-Pokal ganz anders vorgestellt hatten. Schließlich war die Vorfreude auf eine abwechslungsreiche Europapokal-Saison zuvor gewaltig gewesen. Und nun? 2:1 und 0:3 gegen eine Truppe ohne Vokale. Pikant: Spieler und Fans sollten nun denselben Flieger besteigen, um gemeinsam die Rückreise nach Hamburg anzutreten. An Bord nahm das Spektakel seinen Lauf. Mitdenkende HSV-Fans hatten sogleich die Kopfhörer von den Plätzen der Spieler entfernt, damit diese sich auch tatsächlich anhören mussten, was die Fans ihnen mitzuteilen hatten.

Und das war Hohn und Spott. »Wir verlieren, wir verlieren, wir verlieren sowieso«, schallte es schließlich über den Wolken. Zum damaligen Torhüter: »Pieckenhagen, Pieckenhagen, kannst du dich erinnern, kannst du dich erinnern – mal zu null, mal zu null.« Auch DJ Ötzi wurde bemüht: »Wir spiel'n nicht gut, wir spiel'n nicht toll, Kurt Jara, fahr doch nach Tirol. Dieser Fußball, der ist schlecht, darum muss der Trainer weg, lalalalalala.« Der damalige HSV-Trainer war immer wieder im Mittelpunkt der HSV-Sangeskunst: »Der Kurt gibt heute sein' Ausstand, er gibt uns einen aus.« Und: »In Hamburg sagt man Tschüss, beim Auseinandergeh'n.« Kurt Jara nahm wenige Tage später nach einem satten 0:4 in Kaiserslautern dann übrigens tatsächlich seinen Tirolerhut.

Die Ereignisse an Bord des Dnjepr-Flieger 5 hatten sich rasch herumgesprochen. Nicht nur bei den weiteren 350 HSVern, die den HSV zu diesem Auswärtsspiel begleitet hatten, auch die Presse wusste am nächsten Tag bereits Bescheid und brachte entsprechende Schlagzeilen. HSV-Boss Bernd Hoffmann beeilte sich öffentlich zu erklären, dass »nie wieder« Fans und Mannschaft gemeinsam fliegen würden.

Das Spiel in der Ukraine bot diverse Facetten, die eine Entfremdung zwischen Mannschaft und Fans unterstrichen. HSV-Kult-

Masseur Hermann Rieger erinnert sich später: »Als wir in der Ukraine ankamen, konnte ich meinen Augen kaum trauen. Da war dieses riesige Hotel am Ufer, es war mit unzähligen HSV-Fahnen behängt. Das war ein großartiger Anblick, der mich wirklich bewegt hat. Als ich mich im Bus umgedreht habe, war ich wohl der Einzige, der das überhaupt zur Kenntnis genommen hatte. Den Spielern, die gelangweilt aus dem Fenster sahen, schien das leider ziemlich egal zu sein.«

Nach dem Debakel auf dem Fußballfeld kam es zudem noch im Meteorstadion zu einer direkten Konfrontation zwischen genervten Anhängern und dem HSV-Vorstandsvorsitzenden Hoffmann. Da prasselte einiges auf den Chef ein. Zu seiner Unterstützung ließ man auch noch Profi Christian Rahn kommen, der allerdings nur wenige Minuten zum Einsatz gekommen war. Auf die Anmerkung eines Fans, er sei tagelang mit der Bahn unterwegs gewesen, um das Spiel zu sehen, antwortete Rahn nur: »Wir hatten auch eine beschwerliche Reise.« Das sind Aussage-Kracher, die man so schnell nicht vergisst.

25. GRUND

Weil der HSV sieben Mal Deutscher Meister ist

Was war das bloß für eine Aufregung, neulich unter den HSV-Fans. Sechs? Oder sieben? Diese Frage spaltete die Szene. Die Rede ist hier von der Anzahl der Deutschen Meisterschaften, die der HSV bisher gewonnen hat. Und ob man den Titel von 1922 nun mitzählen sollte oder nicht. Der Text eines Fan-Liedes im mehrheitlich von jüngeren Ultra-Fans bevölkerten Block 22C hatte darüber zu erbitterten Diskussionen geführt. »Sechs Mal Deutscher Meister, drei Mal Pokalsieger, immer erste Liga, H-S-V!« wurde dort gesungen. Schließlich hatte der HSV damals offiziell auf den Titel verzichtet. Sieben Mal hätte es heißen sollen, meinten viele andere und forderten eine Änderung des Liedtextes. Schließlich sei der Verzicht damals nicht freiwillig erfolgt, sondern auf Druck des DFB.

Grund genug also, die Ereignisse von 1922 noch einmal kurz unter die Lupe zu nehmen. Lange vor Einführung der Bundesliga wurde der Deutsche Meister damals noch in einer Endspielrunde ermittelt. Die beiden Halbfinalsieger standen sich dann an einem neutralen Ort im Endspiel gegenüber. 1922 waren dies in Berlin der HSV und der 1. FC Nürnberg. Das umkämpfte Spiel ging nach 90 Minuten beim Stand von 2:2 in die Verlängerung. Diese war allerdings damals noch zeitlich unbegrenzt. Ebenso waren damals Auswechselspieler noch unbekannt, sodass die 22 Spieler zunehmend an und über ihre Leistungsgrenze gehen mussten. Zahlreiche Wadenkrämpfe waren die Folge. Als nach 189 (!) Minuten immer noch kein Treffer gefallen war, brach der Schiedsrichter die Partie schließlich gegen 21:00 Uhr wegen einbrechender Dunkelheit ab.

Sechs Wochen später kam es in Leipzig dann zum Wiederholungsspiel. Das zweite Finale war vor allem geprägt vom überharten Einsteigen der Nürnberger Spieler. Beim Stand von 1:1 ging auch dieses Endspiel in die Verlängerung. In der Mannschaft aus Franken standen zu diesem Zeitpunkt aufgrund einer Verletzung und zweier Platzverweise nur noch acht Spieler auf dem Platz. Damit war die Mindestzahl bereits erreicht. Als sich in der Halbzeit der Verlängerung noch ein weiterer Spieler des Clubs beim Schiedsrichter verletzt abmeldete, sah sich dieser gezwungen, das Spiel noch vor dem Wiederanpfiff der zweiten Hälfte der Verlängerung abzubrechen.

Was danach folgte, war eine verbandsjuristische Posse. Der Spielausschuss des DFB erklärte den HSV zunächst erwartungsgemäß zum Deutschen Meister. Gegen dieses Urteil legte der 1. FC Nürnberg allerdings Protest ein. Die süddeutschen Vereine hatten zum damaligen Zeitpunkt eine wesentlich stärkere Lobby beim Verband und tatsächlich wurde diesem Einspruch stattgegeben. Die hanebüchene Begründung lautete, dass der Schiedsrichter mit seinem Abbruch gegen die Statuten verstoßen hätte. Laut Regularien hätte ein Abbruch während des Spiels erfolgen müssen. Die Pause der Verlängerung gehöre aber nicht zur Spielzeit. Demzufolge sei die Entscheidung nicht regelkonform gewesen und somit anfechtbar.

Auf seinem Bundestag erklärte der DFB dem HSV dann zwar zum Meister. Diese Entscheidung war allerdings mit der Auflage verbunden, umgehend auf diesen Titel zu verzichten.

Die Verantwortlichen des HSV reagierten verständlicherweise empört auf diesen mehr als faulen Kompromiss. In den Vereinsnachrichten vom 1. September 1922 hieß es daher auch trotzig: »Deutschlands Fußballmeister! Diesen stolzen Titel kann unser Verein jetzt führen. Die HFCer, Germanen und Falken werden mit Stolz auf ihr Werk schauen, das so herrlich gediehen, und für uns alle heißt es auf zu neuer Tat, zu neuem Werk!«

Diese Aufforderung wurde dann auch sogleich in die Tat umgesetzt. Bereits im darauffolgenden Jahr gewann der HSV das Endspiel um die Deutsche Meisterschaft in Berlin gegen Union Oberschöneweide klar und deutlich mit 3:0. Was für eine Genugtuung und Bestätigung. Und zugleich natürlich Verpflichtung für jeden HSVer, die Meisterschaft von 1922 auch heutzutage nicht einfach unter den Tisch fallen zu lassen. Im Stadion wird deshalb mittlerweile von »sieben« Meistertiteln gesungen. Und das ist auch gut so – zumindest bis zur Nummer acht! Da sind sich sicherlich alle HSV-Fans einig.

26. GRUND

Weil es gegen Barcelona eine Doppel-Trilogie gab

Diese Szene gilt als eine der bittersten überhaupt in der Geschichte des HSV. Mit 2:0 führen die Rothosen 1961 im Halbfinalrückspiel des Europapokals der Landesmeister gegen den FC Barcelona. Damit ist die 1:0-Niederlage aus dem Hinspiel im berühmten Camp Nou ausgemerzt. Es läuft die 91. Spielminute, der HSV ist nach den beiden Toren von Peter Wulf und Uwe Seeler nur noch Sekunden vom Einzug in das Finale entfernt. Die Hanseaten sind in Ballbesitz, jetzt einfach noch ein letzter langer Ball in die Spitze und die Uhr ist heruntergelaufen. Stattdessen unterläuft ausgerechnet Uwe Seeler im Mittelfeld ein leichtfertiger Fehlpass, der die Katalanen völlig unnötig noch einmal in Ballbesitz bringt. Mit fatalen Folgen. Ládislaó Kubala fängt das Leder ab und flankt in den Strafraum, wo sein Mitspieler Sándor Kocsis den HSV Torwart Horst Schnoor mit einem Kopfball bezwingt und doch noch das Tor zum 2:1 für den FC Barcelona erzielt. Danach ist Schluss. Die HSV-Spieler können nicht fassen, dass sie sich durch diese Unkonzentriertheit noch um den Lohn ihrer Arbeit gebracht haben. Auch die 71.000 Zuschauer stehen kollektiv unter Schock. Im Volksparkstadion kann man minutenlang eine Stecknadel fallen hören.

Zum Glück für den HSV kam damals bei Torgleichheit die Auswärtsstorregel noch nicht zur Anwendung. Es wurde also ein Entscheidungsspiel notwendig. Eine Woche später standen sich beide Mannschaften in Brüssel zum dritten und entscheidenden Mal gegenüber. 15.000 HSV-Anhänger verwandelten die Partie auf neutralem Boden in ein Heimspiel. Leider verlor der HSV vor den Augen des belgischen Königspaares trotzdem knapp mit 0:1 und schied aus. Aber auch dem FC Barcelona sollte das ganz große Happy End verwehrt bleiben. Im Finale in der Schweizer Hauptstadt Bern unterlag Barça dem portugiesischen Spitzenteam Benfica Lissabon um Eusébio mit 2:3.

Doch der HSV sollte schon relativ bald die Chance auf eine Revanche bekommen. Bereits zwei Jahre später trafen die beiden Mannschaften wieder aufeinander. Dieses Mal kreuzten sich die Wege im Achtelfinale des Europapokals der Pokalsieger. Und auch dieses Mal sollte es ein Kampf auf Augenhöhe werden. Mit dem besseren Ende für den HSV! In einem sensationellen Hinspiel gelangen dem HSV im Camp Nou vier Treffer. Trotz dreimaliger Führung reichte es am Ende »nur« zu einem 4:4-Unentschieden.

Beste Voraussetzungen also, im Rückspiel in Hamburg den Sack endgültig zuzumachen. Doch dieses Mal profitierten die Katalanen von der Nichtanwendung der Auswärtstorregel. Das Spiel im Volksparkstadion endete torlos mit 0:0. Wie schon zwei Jahre zuvor wurde also auch dieses Mal ein drittes Entscheidungsspiel auf neutralem Boden notwendig. Im schweizerischen Lausanne ging der FC Barcelona durch zwei Tore des alten Bekannten Kocsis mit 2:1 in Führung. Aber der HSV hatte ja Uwe Seeler, und der hatte gegen Barcelona immer noch eine Rechnung offen. Durch zwei Tore des »Dicken« drehten die Rothosen die Partie und gewannen mit 3:2.

Doch auch dem HSV sollte dieser Erfolg letztendlich kein Glück bringen. In der nächsten Runde kam das Viertelfinalaus gegen Olympique Lyon. Ganz glatt, nach zwei Partien, ohne Wiederholungsspiel. Das gab es gegen den gleichen Gegner dann allerdings kurioserweise vier Jahre später. Auf dem Weg zum Endspiel des Europapokals der Pokalsieger 1968 in Rotterdam bezwang der HSV die Franzosen aus Lyon im Viertelfinale erst im dritten Spiel. Wie gegen Barcelona war also auch hier die Revanche bereits einige Jahre später gelungen. Auch wenn sich die besagte 91. Minute und das Tor von Kocsis von 1961 bis heute tief in das Bewusstsein vieler älterer HSV eingefressen hat, bleibt also festzuhalten, dass sich die Mannschaft von diesem Trauma relativ schnell erholt hatte.

27. GRUND

Weil sich Ernst Happel 1987 mit dem DFB-Pokalsieg aus Hamburg verabschiedete

»Sieben Mal Deutscher Meister! Drei Mal Pokalsieger! Immer erste Liga! H-S-V!« Dieses Lied erfreut sich bei HSV-Fans seit einiger Zeit großer Beliebtheit. Auch wenn bei der Anzahl der Meistertitel aufgrund des (vom DFB aufgezwungenen) Verzichts 1922 zunächst noch etwas Uneinigkeit herrschte. Keine Diskussion gab es hingegen bezüglich der DFB-Pokalsiege. Drei Mal konnte der HSV den Pott bisher gewinnen, daran gab und gibt es nichts zu rütteln!

1963 besiegte ein Uwe Seeler in Höchstform mit drei Toren den damaligen Angstgegner Borussia Dortmund beim 3:0-Finalsieg in Hannover fast im Alleingang. 1976 schlug der HSV unter Trainer Kuno Klötzer im Pokalfinale in Frankfurt den 1. FC Kaiserslautern mit 2:0. Mit diesem Erfolg legte der HSV den Grundstein für den Europapokalsieg der Pokalsieger 1977 in Amsterdam gegen den RSC Anderlecht. Den bisher letzten Erfolg im DFB-Pokal konnten die Anhänger der Rothosen 1987 bejubeln. Das Endspiel war ab 1985 dauerhaft nach Berlin vergeben worden, weil die Stadt aus politischen Gründen nicht als Austragungsort für die EM 1988 berücksichtigt werden konnte. Letztendlich eine mehr als glückliche Entscheidung, denn das Olympiastadion entwickelte sich in der Folgezeit zum »Deutschen Wembley«.

Mehr als 40.000 HSV-Fans hatten am 20. Juni 1987 den Weg in die geteilte Stadt angetreten und dabei zunächst an der innerdeutschen Grenze zum Teil abenteuerliche Erfahrungen mit dem DDR-Sicherheitsapparat gemacht.

Die Rothosen gingen gegen den Zweitligisten Stuttgarter Kickers als klarer Favorit in das Endspiel – und lagen nach 13 Minuten prompt zurück. Bevor das große Zittern vor einer Blamage aber überhaupt erst einsetzen konnte, gelang dem späteren Sportchef Dietmar Beiersdorfer zwei Minuten später zum Glück der postwendende Ausgleich. Das war es dann aber leider auch, denn weitere Tore sollten vergeblich auf sich warten lassen. Kurz vor dem Ende der regulären Spielzeit warf die Verlängerung schon ihren drohenden Schatten voraus, als sich Manfred Kaltz den Ball schnappte. Statt der von allen erwarteten Flanke versenkte er den Ball aber trocken im kurzen Eck des Stuttgarter Gehäuses. Damit war der Bann gebrochen, der spätere 3:1-Endstand nur noch eine Ergebniskosmetik. Das alte Schlitzohr Kaltz und der Trainerfuchs

Ernst Happel hatten den Titel nach Hamburg geholt! Für Happel war es das letzte Spiel auf der Bank der Rothosen. Dennoch nahm er den Sieg mit gewohnt stoischer Ruhe eher zur Kenntnis, als dass er ihn sonderlich zu beeindrucken schien.

Beim Rest der Anwesenden brachen hingegen alle Dämme. Viele Tausend HSV-Anhänger machten in Berlin die Nacht zum Tage. Vielleicht lag es also auch daran, dass sich am nächsten Tag zur Siegesfeier am Hamburger Rathaus nur einige wenige Tausend HSVer einfanden. »Wärt ihr mal lieber hingegangen«, möchte man ihnen heute rückblickend am liebsten noch zurufen.

Aber was damals natürlich noch niemand ahnen konnte: Der Pokalsieg von 1987 sollte bis heute der letzte große Titelgewinn des HSV bleiben. Nicht einmal ins Endspiel nach Berlin hat es der Verein bis heute wieder geschafft. Geschweige denn auf den Balkon des Hamburger Rathauses.

Bei aller Wehmut blicken viele HSVer dennoch bis heute mit Stolz auf jenen Tag zurück, als der Grantler aus Wien ihnen in seinem letzten Spiel zum Abschied den Pokal geschenkt hatte.

28. GRUND

Weil ein Unentschieden größer sein kann als mancher Sieg

Einige haben Glück. Die sind in den 1960er- oder 1970er-Jahren geboren worden und im Optimalfall nicht gegen den HSV-Virus geimpft worden. Die können heute noch große Reden schwingen und sich der offenen Münder und neidvollen Blicke ihrer jüngeren Zuhörer gewiss sein. Weil sie dabei waren. Als der HSV am Fließband Titel an die Elbe holte und weit über die Grenzen Deutschlands hinaus eine ganz große Nummer im Fußballgeschäft war. Das war früher. Seit dem Pokalsieg im Jahre 1987 sind keine nen-

nenswerten Trophäen mehr in die Vitrinen des HSV-Museums gewandert.

Und so kommt es, dass die jüngeren HSV-Fans ihre schönsten Fan-Augenblicke und Erinnerungen nicht an Titelgewinne knüpfen können. Trotzdem blicken sie auf stolze Spiele zurück. Auf Partien, die unvergessen bleiben. Spiele, die eine Gänsehaut bei allen hervorrufen, die live dabei waren. Gänsehaut. Bei allen, die sich die Bilder noch einmal anschauen. Auch nach Jahren noch.

Der 13. September 2000 ist so ein Tag. Für nicht wenige der emotionalste ihres Fan-Daseins. Es hat unfassbar lange Zeit gedauert, bis der HSV zurück ist. Zurück auf Europas höchster Fußballbühne, die jetzt Champions League heißt. Es ist so eine Geschichte, die nur der Fußball zu schreiben vermag: Bei der Rückkehr trifft der HSV ausgerechnet auf Juventus Turin. Den Club also, gegen den man 17 Jahre zuvor den größten Erfolg der Vereinsgeschichte feierte – bevor eine viel zu lange europäische Durststrecke begann. Und nicht nur das macht das Match zu etwas Besonderem.

Juventus Turin zählt im Jahr 2000 zur absoluten Spitzenklasse des Vereinsfußballs. Nicht wenigen stockt im Stadion der Atem, als im Rahmen der gegnerischen Aufstellung Namen wie Zidane, Del Piero und Davids verlesen werden. Der Sieger scheint bereits festzustehen, noch bevor das Spiel angepfiffen ist. Es ist der berühmte Kampf des David gegen Goliath. Große internationale Klasse und Erfahrung gegen sportlich unterlegene Unerfahrenheit. Die Atmosphäre im Stadion ist trotzdem elektrisierend. Zumindest zu Beginn der Partie. Dann nimmt das Schicksal seinen Lauf. Spätestens als Inzaghi kurz nach dem dringend notwendigen Pausentee sein zweites Tor macht und auf 1:3 erhöht, scheint das letzte Fünkchen Hoffnung erloschen.

Doch es kommt anders. Anstatt sich dem bis dahin übermächtigen Gegner zu ergeben, bieten die Rothosen der Alten Dame die Stirn. Der unermüdliche Kampfgeist wird belohnt: Das 2:3 wird auf den Tribünen bereits als beachtlicher Erfolg verbucht. Als

Mahdavikia im Strafraum zu Fall gebracht wird, steht der Volkspark kopf. 50.000 Fans wissen, wessen Stunde nun geschlagen hat: »Butt, Butt, Butt« dröhnt es durch das Rund. Ausgerechnet der Torwart des HSV ist der sicherste Schütze und enttäuscht das Publikum nicht. Als der Ball ins Tor einschlägt, gibt es auf den Tribünen kein Halten mehr, nach hanseatischer Zurückhaltung sucht man vergebens. Von den teuren Plätzen regnet es blaue Sitzkissen in den Innenraum, das Freudenchaos ist perfekt.

Was keiner für möglich hält: Der HSV wächst weiter über sich hinaus und spielt den haushohen Favoriten plötzlich an die Wand. In der 82. Minute ist es Kovač, der eine scharf geschossene Flanke vorbei an Van der Sar ins Netz befördert – der Volkspark explodiert! Das längst verloren geglaubte Spiel ist gedreht, die Sensation scheint perfekt. Die Stimmung im Stadion ist in Worten nicht zu beschreiben. Euphorisiert, ausgelassen, ängstlich. Ängstlich, weil das Spiel noch nicht beendet ist. Und weil sich Juve noch nicht mit der Blamage abgefunden hat. (Dies ist die Stelle, an der die meisten Fans später die Stop-Taste ihrer Fernbedienung drücken und auf den Anfang zurück spulen werden.) Bei einem der letzten Angriffe der Italiener nutzt Inzaghi einen Trikotzupfer des heraneilenden Barbarez und verwandelt den folgenden Strafstoß mit der ihm eigenen Abgebrühtheit.

Kurz darauf ertönt der Schlusspfiff. Spieler und Zuschauer sacken erschöpft in sich zusammen. Nach 90 Minuten kollektiver Höchstleistung überwiegt zunächst der Frust über das späte Gegentor. Erst später wird allen Beteiligten klar, dass sie an diesem Abend keine Punkte vergeben haben, sondern mit diesem legendären 4:4 ein Unentschieden für die Ewigkeit erkämpft haben.

29. GRUND

Weil 1983 die Königskrönung stattfand

HSVer, die vor 1960 geboren wurden, sollten ihren Eltern heute noch die Füße dafür küssen. Die Gnade der frühen Geburt machte es ihnen möglich, die größte und erfolgreichste Ära des HSV bewusst und hautnah mitzuerleben. Anfang der 1970er-Jahre wurden die ersten Fanclubs gegründet und organisierte Fahrten zu Auswärtsspielen zunehmend im größeren Stil angeboten. Anlässe, dem HSV in die Fremde zu folgen gab es damals mehr als genug. Mitte der 1970er-Jahre begann eine Serie von nationalen und internationalen Endspielteilnahmen, Titeln und Triumphen, die man als HSVer wahrscheinlich nie wieder erleben wird.

Insbesondere eine Frage wird innerhalb der HSV-Fanszene immer wieder gestellt, wenn es um die guten alten Zeiten geht: »Warst du '83 in Athen?« Wer auf diese Frage mit Ja antwortet, der kann sich bis heute der Anerkennung, aber auch des Neids der späteren Generationen sicher sein. Gemeint ist damit der Tag, als der HSV im Endspiel des Europapokals der Landesmeister in Athen Juventus Turin mit 1:0 schlagen konnte. Der Tag, als Felix Magath in der achten Minute traf und den HSV auf Europas Fußballthron schoss. Der Tag, der bis heute als der bedeutendste Erfolg in der mittlerweile 126-jährigen Geschichte des HSV gilt. Gemeint ist der 25. Mai 1983. Ein Datum, das sich ohne Frage für immer in die Gehirne vieler HSVer eingebrannt hat. Genauso wie die Worte aus der Fernsehübertragung von damals. Viele HSV-Anhänger werden die folgenden Worte im Schlaf mitsprechen können: »Magath. Schüsse aus dieser Distanz hat der HSV hier gestern Abend geübt. Tooor! Tooor! Felix Magath. Eins zu null«, waren die Originalworte von ZDF-Kommentator Günter-Peter Ploog.«

Was danach folgte, waren die wohl längsten 82 Minuten der Vereinsgeschichte. »Ich habe die Arme hochgerissen. Und dann kam aber schon der nächste Gedanke: Oh, das war viel zu früh!«, gab Felix Magath in einer Rückblende später zu Protokoll. Und auch draußen war die Spannung fast mit den Händen greifbar. Masseur und HSV-Ikone Hermann Rieger erinnert sich im Buch *Kinder der Westkurve* noch genau an das Zittern und Bangen auf der Spielerbank: »Und dann macht Felix das Tor in der achten Minute. Ich saß auf der Bank und habe immer nur auf die Uhr geschaut. Das war mein längstes Spiel. Das war der Wahnsinn. Das war der HSV!«

Wahnsinn sind auch die Strapazen, die einige HSV-Fans auf sich genommen haben, um in Athen live im Stadion dabei zu sein. Knapp 8000 Anhänger aus der Hansestadt standen letztendlich einer Übermacht von mehr als 45.000 Juventus-Tifosi gegenüber. Die Mehrzahl der Hamburger war mit dem Flugzeug angereist. Einige unverwegene Hanseaten machten sich mit dem Zug auf die fast zweitägige Reise in die griechische Metropole. Die anstrengendste Variante wählte eine Reisegruppe um den späteren HSV-Vorstand Christian Reichert. Die acht HSVer bewältigten die insgesamt knapp 7000 Kilometer lange Hin- und Rückfahrt in Reicherts 50-PS-Mercedes 200 D und in einem alten VW Bully. Letzterer blieb kurz vor Athen mit einem Motorschaden liegen. Also blieb der Gruppe nichts anderes übrig, als sich zu acht in das Auto zu quetschen und so die letzten Kilometer bis zum Athener Olympiastadion zu bewältigen. Aber die Strapazen sollten sich mehr als gelohnt haben.

Juventus Turin galt als absolute Ausnahmemannschaft und ging als haushoher Favorit in das Finale. Die Mannschaft der »Alten Dame« war gespickt mit Superstars wie Platini, Tigana und Boniek. Davon zeigte sich der HSV allerdings überhaupt nicht beeindruckt. »Wir haben überhaupt nicht über diesen Punkt nachgedacht, ob man dieses Spiel verlieren kann«, so HSV-Mittelstürmer Horst Hrubesch.

Und genauso trat der HSV dann auch auf. In einem der vielleicht besten Spiele der Vereinsgeschichte zog man den Italienern relativ schnell den Zahn. Vor dem Spiel hatte Torwart Uli Stein versprochen: »Männer, ich krieg keinen rein. Ihr müsst nur ein Tor schießen!« Er sollte Wort halten!

Für die HSV-Anhänger wurde mit dem Schlusspfiff der Traum zur Wirklichkeit. Sie waren Zeugen eines historischen Erfolges geworden. Der HSV war auf Europas Königsthron angelangt! Für viele HSV-Fans ist Athen 1983 bis heute ihr schönstes HSV-Erlebnis. Egal ob sie in Athen live dabei waren, das Spiel zu Hause vor dem Fernseher verfolgt haben oder gar erst sehr viel später eine Videoaufzeichnung ansahen. Der Europapokalsieg ist die Mutter aller Triumphe. Die Spieler, die damals auf dem Platz standen, werden heute noch wie Helden verehrt. Und das völlig zu Recht!

4. KAPITEL

»HIER REGIERT DER H-S-V!«

Sportstätten & Stadien des HSV

30. GRUND

Weil das Volksparkstadion (k)eine triste Betonschüssel ist!

Haha, was haben sie sich immer lustig gemacht, die Anhänger anderer Vereine, die Kommentatoren und eigentlich gefühlt so ziemlich jeder, der das alte Volksparkstadion noch kennenlernen durfte. Ja sogar die Fans selbst, denen die periphere Lage der Betonschüssel gar eine Strophe in einem ganz wunderbar ironischen Lied über den HSV wert war.

Das hat sich natürlich alles geändert. Heute darf der Hamburger im Allgemeinen und der HSV-Fan im Speziellen stolz sein auf den Tempel im Volkspark. Okay! Der HSV hat als erster Club den traditionellen Stadionnamen zugunsten eines Sponsoren gestrichen. Trotzdem hat sich der HSV hier ein Schmuckkästchen hingesetzt, in dem derzeit maximal 57.000 Fans Platz finden und das von der UEFA mit fünf Sternen ausgezeichnet wurde. Hier dürfen Endspiele im Europapokal ausgetragen werden, und das ist auch schon geschehen. Doch darüber redet man in Hamburg ungern, denn statt des HSV trat hier Fulham FC gegen Atlético Madrid an. Die Boys aus London hatten im Halbfinale die Hanseaten rausgekegelt. Aber zurück zum Thema: Fünf UEFA-Sterne, das kann mancher größenwahnsinnige Nordrivale nicht von sich behaupten.

Doch wir wollen noch einmal auf die Vergangenheit zurückkommen. Natürlich war das Volksparkstadion grau und es war meistens kalt, windig und regnerisch. Die Kurven lagen tatsächlich weit, weit vom Spielfeld entfernt, die Anzeigetafel war meistens kaputt und die Zuschauer sahen mehr triste als großartige Spiele in der Schüssel. Das alles ist aber ganz und gar kein Grund, von einer tristen Betonschüssel zu sprechen. Überhaupt nicht! Das Volksparkstadion war ein Biotop! Insbesondere in der Westkurve war das Wort »Freiheit« kein Fremdwort, sondern Realität. Männliche

Jugendliche kamen hier zur freien Entfaltung. Es roch nach Bier und den Spezialitäten von Güldi's Imbiss, wo es Knoblauchbrote mit Knoblauchmayonnaise gab und Pfannengyros, das mancher sich durch einen beherzten Griff in die heiße Pfanne zu eigen machte. Fanzine-Schreiber priesen ihre Produkte an und bunte Fahnen aller Größen und Formen wurden von einer wogenden Masse in den Blöcken E und F geschwenkt. Wie, das finden Sie nicht gut? Dann hätten Sie damals immer noch einen Ordner mit einer Flasche Schnaps bestechen können, um auf die Haupttribüne zu gelangen, oder dem Sicherheitsmann am Durchgangstor zur Südtribüne erzählen können, Sie müssten »mal kurz telefonieren«. Das konnte man damals nämlich noch aus einer Telefonzelle heraus. Heute geht das nicht mehr. Wenn der HSV vor meist ausverkauftem Haus spielt, bricht nämlich das Mobilfunknetz zusammen.

Triste Betonschüssel … Ich bitte Sie!

31. GRUND

Weil der Hamburger SV um 17.30 Uhr gegen Barcelona kickte

April 1961, Hamburger SV gegen FC Barcelona, das Rückspiel im Europapokal-Halbfinale. Aufholen muss der HSV lediglich einen 0:1-Rückstand, es ist das wohl wichtigste Spiel der bisherigen Vereinsgeschichte. Anstoß ist am späten Nachmittag, um 17.30 Uhr – heute undenkbar, da die Fernsehanstalten die Anstoßzeiten bestimmen. Die Uhrzeit hatte aber einen genauso einfachen wie gewichtigen Grund: Es gab kein Flutlicht im Volksparkstadion.

Flutlichtmasten prägten oftmals den Charakter der Spielstätte, das taten auch die gewaltigen »Zahnbürsten« im Volksparkstadion über Jahrzehnte. Das gleißende Licht bei Flutlichtspielen, das auch Regen- oder Schneeschauer zu einem faszinierenden Anblick ausleuchtete, die Atmosphäre in der ansonsten ruhigen Umgebung; dies alles hatte etwas beinahe Mystisches und war magischer Anziehungspunkt auch für Außenstehende. Damit ist es vorbei, die modernen Arenen haben die entsprechenden Scheinwerfer meist in die Dachkonstruktionen integriert.

Kaum vorstellbar, dass in Hamburg noch vor wenigen Jahrzehnten heftig um das Für und Wider einer Flutlichtanlage gestritten wurde. Während andere Städte schon längst auf künstliches Licht bei Fußballspielen setzten, hinkte Hamburg hinterher. Ein Politikum, denn der damalige Senat war nicht bereit, gut eine Million DM in eine Fluchtlichtanlage zu investieren. Verein und Fans drohten und demonstrierten, doch es half nichts. Bis der HSV 1960 Deutscher Meister wurde.

Der Verein durfte damit am Europapokal teilnehmen, und Europapokal-Spiele fanden auch damals schon in der Regel mittwochs statt, und zwar am Abend. Ständig musste der HSV Spiele verschieben, nach Ausweichmöglichkeiten suchen und sich mit anderen Ärgernissen herumplagen bis hin zu Strafzahlungen für die »Ablösung von Terminverpflichtungen« – und alles nur, weil es dunkel war abends im Stadion.

Die lokale Presse ging mit dem Senat hart ins Gericht: »Die Rolle einer mittleren Provinzstadt« war dort zu lesen. Oder: »Einer Stadt wie Hamburg unwürdig!«, »Hamburgs Ruf als Sportstadt ist ernsthaft in Gefahr«. Der HSV-Spieler Jupp Posipal sagte frustriert: »Der Sport ist allzeit gut genug gewesen, wenn man ihn ausnutzen konnte. Nun sind wir uns klar darüber, welche Phrasen in Hamburg gedroschen worden sind, als der HSV als Deutscher Meister zurückkehrte und man ihm als Belohnung eine Flutlichtanlage in der Hansestadt versprochen hatte.«

Ende November 1960 stiegen die Chancen auf ein Flutlicht in Bahrenfeld, unter anderem weil man davon ausging, dass der Deutsche Fußballbund Flutlicht zur Auflage machen könnte. Angesichts der sich abzeichnenden Einführung der Bundesliga bewilligte der

Senat am 8. Dezember schließlich eine 1,14 Millionen DM teure Anlage: Es entstand »Europas modernste Flutlichtanlage«, wie die Presse jubelte. Allerdings nicht rechtzeitig für das Spiel gegen Barcelona im April 1961 – das musste der HSV noch bei Tageslicht bestreiten. Und bei der Einweihung der Flutlichtanlage am 6. Mai 1961 spielte nicht der HSV, sondern Altona 93.

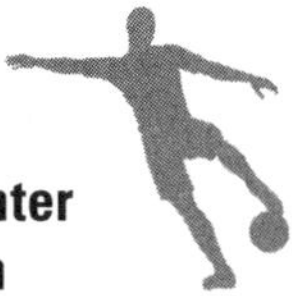

32. GRUND

Weil man beim HSV auch hinter die Kulissen gucken kann

Was für ein Gefühl! Als im Hintergrund die Hymne *HSV forever* ertönt und ich durch den Tunnel in das Volksparkstadion einlaufe, da fühle ich mich tatsächlich ein bisschen wie ein Profi. Okay, das Lied kommt per Knopfdruck vom Band und das Stadion ist menschenleer. Aber alleine die Perspektive ist beeindruckend. Von dort unten am Rande des Spielfeldes wirkt das Stadion noch einmal um ein Vielfaches größer. Was für ein Kessel. Was für ein Gefühl muss es erst sein, wenn hier 57.000 Leute einen Höllenlärm veranstalten und auf der Nordtribüne noch eine der gigantischen Choreografien stattfindet?

Wer diese Erfahrungen einmal teilen möchte, dem seien die Stadionführungen beim HSV dringend ans Herz gelegt. Unter Federführung des HSV-Museums finden mehrfach täglich Touren durch das Volksparkstadion statt. Auch am Wochenende und an Feiertagen. Es sei denn, der HSV hat ein Heimspiel. Denn die Touren führen nicht nur, wie schon beschrieben, in den Stadioninnenraum, sondern auch in das Allerheiligste der Stadionkatakomben: die Umkleidekabinen der Spieler. Genauer gesagt in die Auswärtskabine. Seit der HSV sein Trainingszentrum von Ochsenzoll zum Stadion verlegt hat, ist die Heimkabine tabu. Die Spieler sollen sich dort ungestört auf die Spiele vorbereiten, und dabei würde der ständige Strom an Stadiontouristen sicherlich zu viel Unruhe mit sich bringen. Lediglich in der Sommerpause, wenn die Spieler im Urlaub sind, dürfen die Besucher auch einen Blick in diesen ansonsten hermetisch abgeriegelten Bereich werfen. Bei diesen sogenannten »Heimkabinentouren« bietet sich zudem die Möglichkeit, das Spielfeld zu betreten. Auch das ist ansonsten nicht gestattet, um das sowieso oftmals arg ramponierte Geläuf nicht noch weiteren Belastungen auszusetzen.

Ansonsten gibt es aber keine Einschränkungen beim Blick hinter die Kulissen. Die Tour führt in Bereiche des Stadions, die ansonsten für den normalen Stadionbesucher nicht zugänglich sind. Dazu gehören unter anderem der VIP-Bereich, die VIP-Logen, die Pressetribüne und der PK-Raum. PK steht für Pressekonferenz. Dort stehen die Trainer den Journalisten Frage und Antwort. Wenn der HSV einen spektakulären Transfer-Coup landet, wird der Neuzugang dort ebenfalls präsentiert, wie zuletzt bei Ruud van Nistelrooy oder der Rückkehr von Rafael van der Vaart. Die Teilnehmer der Stadionführung haben dabei die Möglichkeit, sich auf der aus dem Fernsehen bekannten kleinen Bühne fotografieren zu lassen. Fotografieren ist ohnehin auf der gesamten Tour erlaubt.

Geleitet werden die Führungen von extra geschulten Guides. Diese verfügen über ein breites Hintergrundwissen über das Stadion und die Geschichte des HSV. In der Regel dauert eine solche Führung zwischen 70 und 80 Minuten und ist gespickt mit interessanten Informationen, Details und Anekdoten rund um den Hamburger Sport-Verein. Egal ob die Höhe oder Anzahl der Pylone, welche das Stadiondach tragen, die Größe der Anzeigetafeln, der Mietpreis für eine VIP-Loge oder die Anzahl der Bundesligaspiele von Uwe Seeler – es gibt kaum eine Frage, die bei einer Stadionführung unbeantwortet bleibt.

Das gilt übrigens auch für Besucher aus dem Ausland, denn bei vorheriger Anmeldung werden die Touren auch in englischer Sprache angeboten.

Wer dann noch Fragen hat, dem sei ein anschließender Gang in das HSV-Museum zu empfehlen. Dieses kann auch als Kombiticket zusammen mit der Stadionführung gebucht werden. Bleibende Erinnerungen und völlig neue Eindrücke sind beim Besuch der Stadiontour auf jeden Fall garantiert.

33. GRUND

Weil es im Volkspark wieder Vollbier gibt

Fußballfans und Bier. Das gehört für viele zusammen. Beim HSV ist das nicht anders. In Hamburg trinkt man das Stadionbier heute durchaus bewusst. Denn den Vollbier-Ausschank, den mussten sich die Zuschauer über Jahre hart erkämpfen. Zwischen 1980 und 2002 wurde im Volksparkstadion »aus Sicherheitsgründen« kein Vollbier ausgeschenkt. Ursache war eine Panik im HSV-Fanblock bei der Meisterschaftsfeier im Jahre 1979. Obwohl übermäßiger Alkoholkonsum bei den damaligen Vorkommnissen (überfüllte Blöcke, überschäumende Begeisterung) wohl keine Rolle spielte, reagierten die Verantwortlichen zum Entsetzen von HSV-Fans mit einem Bier-Stopp.

Fußball ohne Bier? – Der Unmut unter dem Publikum war anhaltend groß. Der damalige HSV-Schatzmeister Kallmann sprang den Fans bei und protestierte öffentlich dagegen, mündigen Bürgern das Bier im Stadion zu verwehren. Durchsetzen konnte er sich aber nicht. Das Volksparkstadion gehörte zu 100 Prozent der Hansestadt Hamburg, und die politischen Verhältnisse ließen seinerzeit keinen Platz für Verhandlungsspielraum. Zwar wurden im Jahre 1991 die Auflagen etwas gelockert und dem HSV zumindest die Lizenz zum Ausschank von Light-Bier erteilt, doch Zufriedenheit stellte sich dadurch in keiner Weise ein. Dass einer der größten HSV-Sponsoren, nämlich die Holsten-Brauerei, mit der gegebenen

Situation kaum zufrieden sein konnte, interessierte Einflussreiche der Stadt nicht.

Unterdessen wurde beim Lokalrivalen am Millerntor weiterhin Bier gereicht; ein Umstand, der die HSV-Fans erst recht wurmte und nicht ruhen ließ. In der Kurve wurde der Faden schließlich aufgenommen und massiv für einen Vollbier-Ausschank geworben. »Volle Gleichbierrechtigung« lautete dabei eines der Spruchbänder, das auch Medien aufgriffen, wodurch sich der Druck auf den Senat spürbar verstärkte. Im Februar 2000 winkte eine Versöhnung. Das Bezirksamt Altona hatte den Ausschank von Vollbier zumindest probeweise für ein Jahr genehmigen wollen. Die Staatskanzlei des Inneren aber beharrte auf dem Bierverbot und bremste die Entscheidung des Bezirksamtes kurzerhand aus.

Dadurch schaukelten sich die Diskussionen wieder hoch. Auf den Bierausschank beim Lokalrivalen angesprochen, trat der damalige Innensenator Wrocklage ins Fettnäpfchen. Linksgerichtete Fußballanhänger würden in Extremsituationen friedlicher auftreten als rechtsgerichtete. HSV-Chef Hackmann protestierte gegen diese Form der Verunglimpfung öffentlich. Hinzu kam, dass in den VIP-Logen des Volksparkstadions mittlerweile nach Lust und Laune Champagner und Bier ausgeschenkt wurden. Mit anderen Worten: Alkoholverzehr bei einem Fußballspiel war in Hamburg nur bei passendem Geldbeutel oder »richtiger« Vereinswahl möglich.

Im April 2000 erfolgte in der Bürgerschaft eine Abstimmung zu dem Thema. Bis auf die CDU stimmten alle Fraktionen gegen den Vollbier-Ausschank im Volkspark. Durch die Übertragung des Eigentums am Volksparkstadion von der Stadt auf den HSV war der Verein fortan für die Stadionordnung selbst verantwortlich. Der HSV konnte daher die früher geltende Einschränkung beim Alkoholausschank aufheben. Die Stadt aber sah das weiterhin anders. Eine Beilegung des »Bierstreits« war also nach wie vor nicht in Sicht. Erst im Sommer 2001 sollte eine Wende erfolgen. Innensenator Wrocklage trat zurück. Mit seinem seinerzeitigen Nachfolger Olaf Scholz wurden die Gespräche wieder intensiviert. Da es in den vergangenen Jahren keine Vorfälle gegeben hatte, welche die Hartnäckigkeit der Politik in diesem Fall hätten weiterhin rechtfertigen können, erhielt der HSV am 30. Januar 2002 endlich die Lizenz zum Vollbier-Ausschank.

34. GRUND

Weil HSV-Fans Wind und Wetter trotzen

Die Zeit der Spielausfälle ist vorbei. Zumindest in der 1. Liga und auch beim HSV. Seit 1998 ist das Volksparkstadion mit einer Rasenheizung ausgestattet. Gespielt wird seither immer, wenn sich nicht gerade riesige Werbebuchstaben oder Schneelawinen vom Stadiondach zu verabschieden drohen. Da gab es schon ganz andere Zeiten. Es ist noch keine Ewigkeiten her, da hieß es bei schlechtem Wetter mit Dauerregen oder Schnee, am Mittag den Radionachrichten entgegenzufiebern. Was mochte die Rasenbegehung der Platzkommission nun ergeben haben? Diese fand meist am Spieltag um elf Uhr statt. »Das HSV-Spiel fällt aus!« – Wie tief konnte man seinerzeit in ein seelisches Loch fallen?! Eine Woche Vorfreude – und dann das!

Um die 400 Spiele sind seit Beginn der Bundesliga 1963 abgesagt worden, meistens wegen schlechter Witterung. Erst seit der Saison 2007/08 ist die Rasenheizung für die Vereine der 1. und 2. Bundesliga verbindlich vorgeschrieben. 1974, bei der Umrüstung vieler Stadion auf WM-Tauglichkeit, und auch bei Modernisierungen für die EM 1988 im eigenen Land wurde dies noch versäumt. In Hamburg sorgte bereits der Rekordwinter im Jahre 1979 für Rasenheizungs-Diskussionen.

Mit Schnee und Eis ist so manche HSV-Anekdote verbunden. Beispielsweise gefährdete 1979 das Wetter die Austragung des HSV-Heimspiels gegen Stuttgart. Ein Spitzenspiel. Das Bezirksamt

Altona, zuständig für das Volksparkstadion, fürchtete die Kosten für eine Räumung von Platz und Rängen und stellte eine Spielabsage in Aussicht. Der damalige HSV-Manager Netzer rief die Aktion »Auf los geht's los – Fans schaufeln das Stadion frei« per Radiodurchsage ins Leben. 750 HSVer standen kurze Zeit später parat, um das Stadion freizuschaufeln. HSV-Trainer Branko Zebec schickte die Mannschaft zur Verstärkung. Die Stadt, beeindruckt von so viel Engagement, steuerte schließlich Bagger, Bulldozer und 100 Bedienstete bei. Das Spiel konnte stattfinden.

1981 war es dann das HSV-Spiel gegen Nürnberg, das von einer dicken Schneeschicht auf dem Rasen bedroht wurde. Die Wetteraussichten für die kommenden Tage ließen die Verantwortlichen bis zuletzt mit der Räumung warten. Manager Netzer damals im Hamburger Abendblatt: »Ich verstehe das Zögern der Behörde. Das Räumen kostet viel Geld, und die Stadt investiert nicht gern. Wir müssen aber wissen, woran wir sind.« Die Räumung fand letztlich statt, es konnte gespielt werden, und eine neue Diskussionsrunde um das Thema Rasenheizung war eröffnet. Ergebnis: Der Hamburger Senat beschloss am 21. Oktober 1981, eine 4,7 Millionen DM teure Rasenheizung zu installieren. Für entsprechende Wärme sollte die benachbarte Müllverbrennungsanlage sorgen. Doch der Haushaltsausschuss stoppte später das Projekt. Vorerst. Die Diskussionen flammten in den kommenden Jahren immer wieder auf – und hielten an bis zum Stadion-Neubau 1998. Seither erwärmen 3000 Liter Wasser den Rasen dauerhaft.

Das neue HSV-Stadion macht's möglich: Keine Spielausfälle mehr! Allein die Leistungen der HSV-Truppe waren in der jüngeren Vergangenheit dergestalt, dass sich manch Anhänger nichts sehnlicher wünschte als eine defekte Rasenheizung. Denn so ein Spielausfall kann das Wochenende schon auch retten: Zumindest droht dann keine Niederlage. So aber kommen nun übermächtige Gegner wie Heidenheim, Regensburg oder Fürth und entführen die Punkte aus Hamburg bei Wind und Wetter. Frei nach »Norbert und die Feiglinge«: Wir geh'n trotzdem immer noch zum HSV! Natürlich gehen wir hin, denn wir sind immer hingegangen!

35. GRUND

Weil der HSV Stehplätze erhält

Sitzen ist für'n Arsch: Dieser flapsige Spruch vereint die Fanszenen aller Clubs. Die Anhänger des HSV sind schließlich auch so aufgewachsen – im alten Volksparkstadion wurde auf 50 Prozent aller Plätze gestanden. Aus Sicht vieler Fans hätte das gerne so beibehalten werden können. Allerdings leuchtet auch ein, dass FIFA und UEFA immer strengere Auflagen erteilen. Diese sind zu erfüllen, wenn man denn weiterhin mitspielen und gelegentlich auch mal international auftreten möchte. Heute fasst das Stadion 57.000 Zuschauer, darunter gut 10.000 Stehplätze. Immerhin. Denn was dieses Thema angeht, sieht es bei anderen Vereinen weitaus düsterer aus. Auch in der Stadion-Bauphase wurden HSV-Fanvertreter gehört, die massiv und mit Erfolg darauf pochten, Stehplätze zu berücksichtigen. Es drohte damals nämlich durchaus ein reines Sitzplatzstadion. Der HSV Supporters Club wirkte zudem an der Variante mit, Sitzplätze durch Umdrehen ganzer Reihen in einen Stehplatzblock umzuwandeln. Dies kommt einem herkömmlichen Stehplatzbereich noch am nächsten, und in Hamburg ist diese Lösung noch immer zufriedenstellend. Bis heute ist das Volksparkstadion weltweit das einzige Stadion, in dem dieses – allerdings kostenintensive – Umbaumodell verwendet wird.

Der HSV dürfte auch der einzige Verein sein, der einige Jahre nach Fertigstellung des Stadions weitere Stehplätze schuf, nämlich im Oberrang, wohin eine große Gruppe aktiver Fans vor allem aus stimmungstechnischen Gründen gezogen war. Der Verein kam den Anhängern entgegen und verwandelte dort oben Sitzplatzblöcke in einen großen Stehbereich. Damit wirkte man in Hamburg ganz und gar gegen den Trend, der auf immer weniger Stehplätze ausgerichtet war. Dass im Volksparkstadion die Uhren diesbezüglich zumindest ein bisschen anders laufen, wird von HSVern gern und nicht ohne Stolz betont. Das gilt auch für die Tatsache, dass man sich im HSV-Stadion frei bewegen kann und selbst Gästefans sich nicht in »Käfigen« wiederfinden.

Bei allem Ärger um Kommerz und Fußballfeindlichkeit, der selbstverständlich auch in Hamburg verbreitet ist, stellt das Volksparkstadion – gemessen an heutigen Gegebenheiten – immer noch eine Art kleinsten gemeinsamen Nenner der verschiedenen Interessen. Zugegeben: Viel ist es nicht, was Fans heute glücklich machen kann, doch es überwiegt die Genugtuung, der bedenklichen Gesamtentwicklung eben doch einige Nischen abgetrotzt zu haben.

Um die Hände in den Schoß zu legen, reicht das selbstverständlich nicht aus. Faninteressen sind ständig bedroht und müssen bewacht werden. Einer der großen Vorzüge von Stehplätzen ist beispielsweise die Möglichkeit, ein Fußballspiel für einen günstigen Tarif besuchen zu können. Doch selbst bei den Stehplätzen drehen die Vereine teilweise massiv an der Preisschraube – auch der Hamburger SV. Mittlerweile gibt es Initiativen wie »Kein Zwanni für 'nen Steher« und deren Forderung: »Fußball muss bezahlbar bleiben.« Auch hier wirken HSV-Fans tatkräftig mit. Ziel ist es, den Fußball als »Volkssport« zu erhalten und nicht etwa einzelne Bevölkerungsgruppen auszuschließen. Viele Anhänger vertreten daher die Meinung, dass es dem HSV gut zu Gesicht stünde, »gegen den Trend« zu agieren und den Fans entgegenzukommen. Der »Marke HSV«, auf die Vereinsbosse und Wirtschaftsstrategen ja so großen Wert legen, würde dies gewiss einen sympathischen Aufschwung geben. Gemeinsam sind Fans und Verein nämlich deutlich stärker als gegeneinander. Aber das muss sich erst noch rumsprechen.

36. GRUND

Weil es nur beim HSV auch mal Cider gab

Güldi's Imbiss! Bei diesem Namen geraten viele HSV-Fans auch heute noch ins Schwärmen. Die Imbissbude hinter der Westkurve hatte fast schon legendären Status und war einer der zentralen Anlaufpunkte. Aber die Bude mit dem kleinen Giebeldach war dort nicht der einzige und vor allem auch nicht der alleinige Anbieter. Im alten Volksparkstadion sorgten zahlreiche unabhängige Unternehmer mit Schnitzelbrötchen, Gyros im Fladenbrot oder Fischbrötchen für ein gastronomisches Angebot, das weit mehr als die obligatorische Wurst zu bieten hatte.

Damit war es nach dem Stadionneubau vorbei. Für die Speisen und Getränke ist im gesamten Stadion mittlerweile ein deutschlandweit tätiges Cateringunternehmen zuständig. Auf die Qualität der Speisen hat sich das nicht unbedingt positiv ausgewirkt, denn wo im alten Stadion vieles noch per Hand zubereitet wurde, bekommt man mittlerweile teilweise bereits vorverarbeitetes Essen angeboten. Zumindest schmeckt es häufig so. Preislich bewegt sich das Ganze zudem an der oberen Schmerzgrenze. Aramark musste sich die Lizenz für die Gastronomierechte beim HSV für einige Millionen Euro teuer erkaufen und holt sich dieses Geld an den Spieltagen logischerweise von den Fans wieder zurück. Und wie in jedem Restaurant wird das meiste Geld nicht mit den Speisen, sondern mit den Getränken eingenommen. Beim HSV heißt das natürlich vor allem eines: Bier! Und zwar König Pilsener! Mit Alkohol! Es sei denn, es ist Europapokal oder die Polizei stuft aus mehr oder weniger nachvollziehbaren Gründen ein Bundesligaspiel als Risikospiel ein und verbietet den Ausschank von Alkohol. Aber das ist glücklicherweise nur selten der Fall.

Interessanterweise ist die von den HSV-Fans kritisierte Stückelung der Spieltagsterminierungen nicht nur für die Anhänger, sondern auch für den Caterer im Volkspark ein stetes Ärgernis. Das gilt vor allem dann, wenn die Spielplangestalter dem HSV mal wieder ein Sonntagsspiel aufgedrückt haben. Vielen HSVern, die zudem ja auch oftmals aus mehr als 100 Kilometern Entfernung anreisen, sitzt dann bereits der Montag und damit die nächste Arbeitswoche im Nacken. Das wirkt sich automatisch auch auf den Bierkonsum im Stadion aus.

Kein Wunder also, dass sich nicht nur die Fans möglichst viele Spiele am traditionellen Sonnabend um 15.30 Uhr wünschen. Da kann man dann im Stadion unbeschwert auch das eine oder andere Bierchen mehr schlürfen, das nötige Kleingeld natürlich vorausgesetzt. Zahlreiche sogenannte »Bierrunden« nebeneinander sitzender oder stehender Fangruppen zeugen davon, dass von dieser Möglichkeit auch reichlich Gebrauch gemacht wird.

Im April 2013 schlich sich unter die Bierbestellungen allerdings auch die eine oder andere Neuerung ein, denn beim Spiel gegen Fortuna Düsseldorf bot Aramark zum ersten Mal auch Cider zum Verkauf im Stadion an. Zunächst testweise und nur an einigen ausgewählten Kiosken hinter der Nordtribüne. Bei Cider handelt es sich um eine britische Form des Apfelweins. In den Pubs auf der Insel gehört dieses süße und sehr erfrischende Getränk neben Lager und Ale-Bieren zu den meistbestellten Getränken und daher zum Standardangebot. In Deutschland findet man ihn hingegen bisher nur sehr selten und wenn, dann meistens nur in britischen oder irischen Pubs. Insbesondere bei der britisch geprägten Allesfahrerszene unter den HSV-Fans erfreut sich das Apfelgetränk schon lange sehr großer Beliebtheit.

Der Sportpub Tankstelle, die zentrale HSV-Kneipe auf dem Kiez, hat deshalb schon seit geraumer Zeit Cider im Angebot. Ob und wie lange es dieses Angebot nun auch im Stadion gibt, hatten die Freunde des Apfelweins selber in der Hand beziehungsweise in der Kehle. Sollte die Nachfrage stimmen, sollte aus dem Testangebot auch ein dauerhaftes Angebot werden. Beim Spiel gegen Düsseldorf bildeten sich an den entsprechenden »Spezialständen« jedenfalls auf Anhieb längere Schlangen. Auch in der Folgesaison konnten die Fans noch mit einem Becher Cider den Hit der bekannten englischen Spaß-Combo The Wurzels anstimmen, die nach der Melodie von »Paloma Blanca« in ihrem heimatlichen Bristol-Dialekt sangen: »I am a cider drinker. I drink it all of the day. I am a cider drinker. It soothes all me troubles away.« Leider aber nicht mehr heutzutage. Die Nachfrage war am Ende doch zu gering.

37. GRUND

Weil der HSV seinen eigenen Friedhof hat

Dass Fans ihrem Verein »treu bis in den Tod« sein wollen, ist ein weit verbreiteter Slogan, der sich auf Fanartikeln und in Gesängen wiederfindet. Nicht wenige nehmen ihn im wahrsten Sinne todernst. Einmal Fan des HSV zu sein, bedeutet in aller Regel, für den Rest des Lebens Fan des HSV zu sein. In guten wie in schlechten Zeiten. Zuweilen scheint der Bund mit dem Club verlässlicher als der Bund der Ehe: »Frauen kommen und gehen – die Raute bleibt bestehen«, hört man die Männer in der Fankurve sagen. Scherzhaft. Meistens zumindest.

Doch was ist nach dem Tod? Soll die Treue zum Verein mit dem Ableben etwa enden? In Hamburg muss das nicht sein. Denn als einziger Verein in Europa verfügt der HSV über einen vereinseigenen Friedhof. Der liegt direkt neben dem Stadion und ist ein Teil des benachbarten Altonaer Friedhofs. Im Jahre 2008 öffnete der HSV-Friedhof seine Tore – zunächst für lebende Neugierige. Bis zu 500 Anhängerinnen und Anhänger werden hier ihre letzte Ruhe finden können und ihrem Club dabei weiterhin ganz nah sein. Stilecht ist das Grabfeld dabei einer Fankurve nachempfunden – in Hör- und Sichtweite zur Westtribüne der modernen Arena.

Doch damit nicht genug. Der Friedhofsgärtner Lars Rehder und sein befreundeter Steinmetz Ulrich Beppler erfüllen so ziemlich jeden Extrawunsch. Von individuell gestalteten HSV-Grabsteinen über Fußball-Gestecke bis hin zu Särgen in den Vereinsfarben blau, weiß und schwarz wird jeder noch so verrückte Fan-Wunsch umgesetzt. Die Eröffnung sorgte nicht nur in Hamburg für Aufsehen. Abgesehen vom legendären argentinischen Club »Boca Juniors« kann schließlich kein anderer Verein der Welt auf eine solche eigene Begräbnisstätte verweisen. Journalisten aus aller Herren Länder strömten nach Hamburg, um von der außergewöhnlichen Einweihung zu berichten. Schnell wurden sie auf der Suche nach Fans fündig, die sich – noch im besten Alter und bei bester Gesundheit – bereits jetzt ihren Platz sichern wollten.

»Das Interesse für einen solchen Friedhof kam hauptsächlich von jüngeren Fans, da dauert es glücklicherweise etwas länger bis zu deren Ableben«, berichtet der damalige Vorstand Christian Reichert im Buch *Kinder der Westkurve.* Zweifel daran, dass letztlich auch die Plätze auf dem Friedhof beizeiten vergriffen sein werden wie die Tickets der Heimspiele nebenan, hat kaum jemand. Zu verlockend scheint der Gedanke, eben nicht nur bis, sondern über den Tod hinaus die Treue zum HSV zu unterstreichen und dabei unter vertrautem Boden zu liegen. Für viele ist die Liedzeile der Fan-Band »Abschlach!« eben nicht nur eine leere Phrase. Dort heißt es: »Das Wichtigste ist, wenn ich sterbe, begrabt mich in Hamburger Erde!«

38. GRUND

Weil beim HSV selbst Goethe einmal eine Ausnahme macht

Namen sind wie Schall und Rauch. Das sagt zumindest der Volksmund und bezieht sich dabei – wissend oder unwissend – auf Johann Wolfgang von Goethes Drama *Faust*. Dort heißt es: »Nenn es dann, wie du willst. Nenn's Glück! Herz! Liebe! Gott! Ich habe keinen Namen Dafür! Gefühl ist alles; Name ist Schall und Rauch, Umnebelnd Himmelsglut.« Selbst in den literarisch eher unbewanderten HSV-Fankreisen dürfte dieses Drama aus dem ausgehenden 18. Jahrhundert wohl zumindest vom Namen her ein Begriff sein. Dabei könnte der Text wohl ebenso gut auch aus dem 21. Jahrhundert stammen. Zumindest wenn man ihn auf einige Geschehnisse beim HSV in den letzten knapp zwölf Jahren beziehen würde. Denn wenn sich in diesem Verein in der letzten Zeit etwas schneller verändert hat, als der Wind die Richtung wechselt, dann sind es Namen. Nein, gemeint sind hier ausnahmsweise einmal nicht die Namen der Fußball spielenden Angestellten. Gemeint ist das Stadion. Beziehungsweise dessen Bezeichnung. Zumindest wenn es nach dem Willen einiger Funktionäre geht.

Seit 1963 trägt der HSV seine Heimspiele dauerhaft im Bahrenfelder Volksparkstadion aus. Die Tradition dieses Ortes als Stadionstandort geht allerdings bis in die 1920er-Jahre zurück. Damals legte die Stadt Altona den heutigen Volkspark an. Bestandteil dieser Parkanlage war auch ein Stadion. Dieses erhielt zunächst den Namen Altonaer Stadion, benannt nach der bis 1937 noch eigenständigen Nachbarstadt. Nach dem Zweiten Weltkrieg erfolgten umfangreiche Erweiterungsmaßnahmen. Unter anderem wurden mithilfe von Trümmerschutt aus zerbombten Gebäuden hohe Wälle aufgeschüttet. Darauf entstanden dann die Traversen des nun als Volksparkstadion wieder eingeweihten Stadions.

Ähnlich wie in anderen Städten auch war das Stadion also stets nach einer geografischen Bezeichnung benannt worden. Der Name stellte somit neben der räumlichen Lage immer auch eine sprachliche Verbindung zwischen dem Bauwerk und seinem Umfeld her. Das Volksparkstadion gehörte der Stadt Hamburg. Es war somit im Besitz der öffentlichen Hand. Aber nicht nur das. Es war auch ein fester Bestandteil des allgemeinen Sprachgebrauchs und der Berichterstattung über den HSV. Wann immer in den Medien über HSV-Heimspiele geschrieben oder gesprochen wurde, tauchte fast zwangsläufig immer auch das Volksparkstadion mit auf. HSV und Volksparkstadion – das war eine untrennbare Verbindung. Und somit diente das Stadion natürlich auch als wichtiger Identifikationsfaktor für die Anhänger des HSV. Hier war ihr Zuhause, ihr Wohnzimmer, ihre spirituelle Heimat.

Aber dann passierte das, was wohl bei jedem zu Hause im Laufe der Jahre oder Jahrzehnte irgendwann einmal passiert: Es wird zunehmend unmodern, gefällt einem nicht mehr so richtig und genügt den eigenen Ansprüchen einfach nicht mehr.

In Deutschland hatte seit Anfang der 1990er-Jahre der »moderne Fußball« Einzug gehalten. Gemeint ist die zunehmende Kommerzialisierung und Vermarktung des Fußballs auf allen Ebenen. Der Sport wurde zu einem Event. Und zu einem solchen Event passte die alte Schüssel nicht mehr. Hinzu kamen die Bestimmungen der FIFA und UEFA, die ab 1997 für internationale Spiele nur noch reine Sitzplatzstadien mit Einzelsitzschalen und Rückenlehne zuließ. Kein Wunder also, dass der Druck für den Bau eines neuen, modernen Stadions für den HSV immer größer wurde.

Im Sommer 1998 rollten schließlich die Bagger an und begannen mit dem Abriss und schrittweisen Neubau des Volksparkstadions. Knappe zweieinhalb Jahre und zahlreiche Spiele auf einer Baustelle später war an gleicher Stelle das nunmehr modernste und für viele bis heute schönste Stadion Deutschlands entstanden. Doch für viele HSVer sollte die Freude nicht allzu lange währen. Im Juni 2001 gab der Verein über die Medien bekannt, dass man die Namensrechte für knapp 30 Millionen DM und eine Laufzeit von fünf Jahren an ein amerikanisches Internetunternehmen verkauft hatte. Der Großteil der Fans und die Öffentlichkeit wurden hiervon völlig überrumpelt. Entsprechend groß waren dann auch der Schock und anschließend die Wut und Fassungslosigkeit. Für zahlreiche Anhänger hatte der HSV-Vorstand mit dieser Entscheidung eine Grenze überschritten. Für viele war das Stadion ein wichtiger Bestandteil der Tradition, die man für kein Geld der Welt hätte verkaufen dürfen. In der Folgezeit gab es diverse Protestaktionen gegen den neuen und vor allem für die Weiterverwendung des alten Namens.

15 Jahre später ist das Stadion bereits zum dritten Mal umbenannt oder »rebranded« worden, wie das im Sprech der dafür verantwortlichen Leute mittlerweile heißt. Damit sind sie aber auch schon fast die Einzigen. Die Medien sind zunehmend dazu übergegangen, die ständig wechselnden kommerziellen Bezeichnungen nicht mehr zu verwenden. Denn wer will schon seine zahlenden und zu recht verärgerten Werbekunden aufgrund der kostenlosen Nennung eines Stadionnamensgebers endgültig verprellen. Selbst viele HSV-Anhänger, die von der Umbenennung zunächst emotional weniger betroffen waren, haben mittlerweile entweder die Lust oder den Überblick verloren. Beim engeren Kern der Fansszene ist die Verwendung des Namens Volksparkstadion ohnehin schon lange ein fanpolitisches Statement und fester verwurzelt als vor der ersten Umbenennung. Dies erkannte auch HSV-Investor Klaus-Michael Kühne, der sich im Jahr 2015 die Rechte am Stadionnamen sicherte und verfügte, dass der Bau nun wieder Volksparkstadion heißen soll. Bis mindestens 2019 wird dieser Name Bestand haben und hoffentlich auch darüber hinaus.

39. GRUND

Weil der HSV wieder Leben in den Volkspark bringt

»Der Volkspark lebt!« So lautete der Spruch auf einem riesigen Fanbanner im Block 22C des Volksparkstadions. Und tatsächlich. Seit dieser Block vor einigen Jahren zu einem Stimmungsblock mit Stehplätzen umgerüstet wurde, hat sich das auf die Atmosphäre bei HSV-Heimspielen durchaus positiv ausgewirkt. Es ist wirklich etwas mehr »Leben« in der Bude.

Wenn man die HSV-Spiele aber einmal außen vor lässt, dann wird schnell deutlich, dass der Volkspark alles andere als lebte. Gemeint ist hier jetzt ausnahmsweise einmal nicht das Stadion, sondern der Park, nach dem die Heimat des HSV bis heute benannt ist. Außer ein paar vereinzelten Spaziergängern, Gassigehern und Joggern tat sich in der naturbelassenen Grünanlage rund um das Stadion nämlich ansonsten kaum etwas. Vergleicht man den Volkspark einmal mit dem Stadtpark, wird der Unterschied besonders deutlich. In Winterhude spielt sich das pralle urbane Leben ab. An sonnigen Tagen quillt der Park fast schon über und die große Festwiese zwischen dem Planetarium und dem Stadtparkbad platzt aus allen Nähten. Am Rande des Stadtparks befinden sich diverse Sportanlagen, es gibt ein Kinderplanschbecken, das Landhaus Walter, die Jahnkampfbahn, den Sportplatz des VfL 93 und natürlich die stimmungsvolle Open-Air-Bühne für Livekonzerte. All das sucht man im Volkspark vergebens. Das alte Schwimmbad hinter der Ostkurve des Stadions wurde bereits vor dessen Umbau geschlossen. Okay, es gibt eine Minigolfanlage, aber von deren Existenz wissen wahrscheinlich nur Insider oder echte Minigolffanatiker. Und die Trabrennbahn, auf der neben den Pferderennen dann und wann auch einmal große Konzerte stattfinden, ist auch nicht wirklich in den Park integriert.

Gleiches gilt für den Altonaer Friedhof und den Dahliengarten. Wer dorthin fährt, erledigt die Grabpflege oder guckt sich die Blumen an und fährt dann wieder nach Hause. Erschwerend kommt noch hinzu, dass der Park im Hamburger Westen eher dezentral gelegen und mit öffentlichen Verkehrsmitteln nicht besonders gut zu erreichen ist. Am Stadtpark gibt es direkten U-Bahn-Anschluss über die Station Borgweg. Die nächsten beiden S-Bahn-Stationen am Volkspark in Eidelstedt und Stellingen liegen immerhin jeweils eine gute Viertelstunde Fußmarsch entfernt. Und wenn man ganz ehrlich ist, wirkt das gesamte Volkspark-Areal auf den ersten Blick auch irgendwie etwas dunkel, unfreundlich und daher wenig einladend. Bei genauerer Betrachtung ist das natürlich sehr schade, denn der Park hat durchaus nette Ecken mit hoher Aufenthaltsqualität. Aber dieses Potenzial liegt brach und wird nicht genutzt.

Für jemanden, der in seiner Freizeit unter Leute kommen möchte, ist der Volkspark auf jeden Fall nicht die richtige Anlaufstelle gewesen. Aber das wird sich in den nächsten Jahren ändern und tut es auch schon. Bei der Stadt Hamburg gab es nämlich Bestrebungen zur Reaktivierung des Volksparks. Eine wichtige Rolle spielt dabei ein Projekt, das vom HSV angeschoben und kurzfristig umgesetzt wurde: der HSV-Campus. Hierbei handelt es sich um ein neues Gebäude, welches in direkter Nachbarschaft zum Stadion entstanden ist. Neben einem intern genutzten Bereich für die Nachwuchsmannschaften des HSV dient das Haus aber vor allem als Treffpunkt und Anlaufstelle, vor allem auch außerhalb der Spieltage. Auf einer großen Freitreppe hat man einen guten Blick auf die Trainingsplätze, und mancher verfolgt von hier die Trainingseinheiten. Hinzu kommen Tagungsräume in der Westtribüne. Durch diese zusätzlichen Angebote und Nutzungen soll der Standort am Stadion in seiner Funktion als Heimat des HSV und Tagungszentrum weiter gestärkt werden.

Besonders wichtig ist den Planern dabei, dass die Angebote des HSV-Stadions nicht nur HSV-Mitgliedern vorbehalten bleiben, sondern auch für die Öffentlichkeit zugänglich sind. Auf der Internetseite des HSV hieß es dazu auch: »Zudem sollen Einrichtungen für Freizeitsportler angeboten werden, um den ›HSV-Campus‹ auch für Besucher des Volksparks attraktiv zu gestalten.« Das ist allerdings leider nicht passiert.

Doch dieser Ansatz könnte noch umgesetzt und zudem das Problem der schlechten Verkehrsanbindung gelöst werden, und im Rahmen der EM 2024 tatsächlich zu einer Aufwertung des Volksparks führen. Das HSV-Stadion könnte sich zunehmend als zentraler Anlaufpunkt und Kern des gesamten Volksparks etablieren. Und davon würden dann nicht nur der HSV, sondern auch die Bürger der Stadt Hamburg profitieren. Eine Sache also, auf die man als HSVer durchaus stolz sein kann.

5. KAPITEL

»AUF, IHR MÄNNER! HEPP HEPP HEPP …«

Frühzeit des HSV

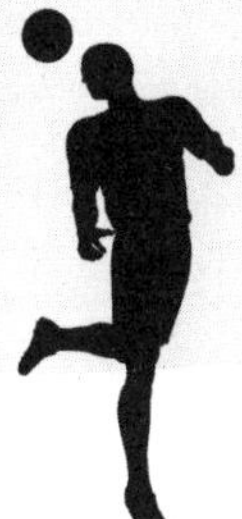

40. GRUND

Weil Tull Harder mehr als 400 Tore für Hamburg schoss

Als Uwe Seeler noch nicht einmal geboren war, spielte ein Mann beim HSV, dessen Name für immer mit dem Verein verbunden sein wird: Otto Fritz Harder, genannt »Tull« (1892–1956). In Braunschweig geboren, begann er seine Karriere mit 17 Jahren bei Eintracht Braunschweig. Im Frühjahr 1912 wechselte er zum Hamburger FC 88, aus dem 1919 der Hamburger SV hervorgehen sollte. Otto Harder leistete Kriegsdienst im Ersten Weltkrieg und erhielt das »Eiserne Kreuz« erster und zweiter Klasse. Nach Gründung des Hamburger SV begann für Harder das erfolgreichste Jahrzehnt seines Lebens: Dreimal wurde er mit dem HSV Deutscher Meister (1922, 1923 und 1928).

Otto Harder war mit seinen 1,90 Metern ein sehr bulliger Typ, und seine Größe machte es ihm mehr als leicht, gegnerische Abwehrreihen zu durchstürmen. Seinen Spitznamen »Tull« bekam er schon in seiner Zeit in Braunschweig von einem englischen Mittelstürmer verpasst. Er war groß, zweikampfstark, robust, ein »Brecher«, »Durchreißer«, gut im Kopfball, dribbel- und schussstark, bekannt durch seine Alleingänge. Eine Tageszeitung titelte damals über Harder: »Der Leben gewordene Torschuss«. Harder selbst gefiel diese Schlagzeile – er hatte keine Probleme damit, wenn im Zusammenhang mit seiner Person übertrieben wurde. In Hamburg genoss er hohes Ansehen in der Gesellschaft.

Die Popularität des Otto Fritz »Tull« Harder in den Zwanzigern ist selbst nach heutigen Maßstäben erstaunlich – und nicht auf Hamburg begrenzt. Seine Vita diente als Vorlage für den Spielfilm *Der König der Mittelstürmer* mit Ufa-Star Paul Richter. Harder war einer der ersten Fußballer, mit denen Werbung gemacht wurde, und das 1942 erschienene Buch *Tull Harder stürmt für Deutschlands Fußballruhm* war ein Verkaufsschlager.

Harder stellte in puncto Tore einen Rekord auf, der vielleicht für die Ewigkeit Bestand haben wird. In einem Pflichtspiel gegen Wandsbek 81 schoss er nicht weniger als zwölf Tore (Endergebnis 18:5). In 211 Meisterschaftsspielen erzielte »Tull« knapp 400 Tore für den HSV. Nicht eingerechnet sind hierbei die Treffer für die Vorgängervereine HFC 88 und HSV 88 vor 1919. Für den HSV bzw. den Hamburger FC ging er insgesamt 19 (!) Jahre auf Torejagd, länger als jeder andere HSV-Spieler. Harder wurde 1914 in die Nationalmannschaft berufen und trug insgesamt 15 Mal das Nationaltrikot. Interessant ist, dass in den Kriegs- und Aufbaujahren bis 1920 keine Länderspiele stattfanden. Tull hat also in nur sechs Jahren an 15 Spielen teilgenommen und dabei 14 Tore geschossen. Im Januar 1931 wechselte Harder zum SC Victoria, um zwei Jahre später mit 41 Jahren seine Karriere zu beenden.

Nach seiner Zeit als aktiver Fußballer ließ sich Harder verschiedene Male von den NS-Machthabern vereinnahmen und fungierte unter anderem als Wächter im Konzentrationslager Hamburg-Neuengamme. Viele damalige Spitzensportler kamen zur Wehrmacht und leisteten dort ihren Kriegsdienst. Bezeichnend für die damaligen Ansichten ist unter anderem eine Aussage Sepp Herbergers, welcher Fritz Walter bei dessen Einberufung zur Wehrmacht mit den Worten »Ein guter Fußballer ist auch ein guter Soldat« zu motivieren versuchte. Nach dem Krieg wurde Harder inhaftiert und musste sich vor einem britischen Militärgericht verantworten. Er wurde als Kriegsverbrecher zu 15 Jahren Haft verurteilt. Tatsächlich kam er allerdings bereits nach viereinhalb Jahren frei, weil Freunde eine Begnadigung für ihn erwirkten.

Als er sich danach am Rothenbaum zu Spielen seines HSV blicken ließ, wurde er stürmisch gefeiert: Die Fans und Aktiven erinnerten sich an den Jungen, der mit 17 Jahren seine Sportkarriere begann und als fairer Sportler ewige Rekorde aufstellte.

Harder starb am 4. März 1956 im jungen Alter von nur 63 Jahren. Bei der Trauerfeier waren viele Vereinsvertreter des Hamburger

Sport-Vereins anwesend und die HSV-Jungkicker übernahmen die Ehrenwache, den Sarg mit der Vereinsfahne geschmückt. Was in den 1920ern für den HSV ein Tull Harder war, der in 200 Spielen 400 Tore schoss, ist heute ein Lionel Messi für den FC Barcelona, der in 240 Spielen 210 Tore machte: unbezahlbare Weltklasse.

41. GRUND

Weil Oscar Algner seit 88 Jahren Mitglied des Vereins ist

Sollte sich jetzt ernsthaft jemand fragen, warum dies ein Grund ist, den HSV zu lieben, möchten wir gern antworten: Hallo?! Geht's noch?! Der Mann ist seit unfassbaren 88 Jahren Mitglied im Hamburger Sport-Verein! Allein beim Verfassen dieser Zeilen läuft uns ein ehrfürchtiger Schauer den Rücken hinunter. Wir möchten uns verneigen vor Herrn Algner, der im Jahre 1930 in den Verein eintrat und ihm bis heute ohne Unterbrechung treu geblieben ist.

Wenn Herr Algner Geschichten erzählt, wie er es zum Beispiel im Buch *Kinder der Westkurve* tut, verschlägt es einem die Sprache. Er hat in seinem Leben Dinge erlebt, die die meisten von uns höchstens aus dem Geschichtsunterricht kennen. Und er war in all den Jahren stets eng verbunden mit seinem HSV. Bereits als Fünfjähriger besuchte er mit seinem Vater Spiele am ehrwürdigen Rothenbaum. Wenn er krank war, gaukelte er seiner Mutter vor, im Bett zu liegen – und schlich sich dann heimlich zu den Spielen.

Als Soldat ist Algner später in Ostpreußen stationiert. Nur zwei Monate vor Ausbruch des Zweiten Weltkrieges bestreitet der HSV ein Vorrundenspiel um die Deutsche Meisterschaft gegen den VfB Königsberg. Unter strengen Auflagen nimmt er Kontakt zu seinem Vater auf und beschließt, die Gelegenheit zu nutzen, um seine Familie und seinen Club in Königsberg zu sehen. Sein Vater bestätigt dem Kommandeur, dass er für zwei Tage geschäftlich in Königsberg weile. Von der Familie und dem Spiel des HSV erwähnt er nichts.

Oscar Algner hat Glück und bekommt einen Tag Urlaub, um, so glaubt der Vorgesetzte, seinen Vater zu treffen. Während seine Verwandten gemeinsam mit der Mannschaft im Zug aus Hamburg anreisen, hat er eine vergleichsweise kurze Fahrt zum Spielort. Er sieht an diesem Tag nicht nur seine ganze Familie, sondern auch einen Auswärtssieg der Rothosen. Während des folgenden Krieges, in dessen Verlauf er für mehrere Jahre in russische Gefangenschaft gerät, informiert ihn sein Vater per Feldpost über alle Entwicklungen ihres Vereins. Als er Jahre später nach Hamburg zurückkehrt, kann er die Spiele seines Clubs endlich wieder live verfolgen. Das tut er bis heute im Stadion. Den Geschichten Oscar Algners zu folgen ist, wie in einem beeindruckenden Geschichtsbuch des Hamburger SV zu lesen. Fesselnd, interessant, unterhaltsam. Wir sind stolz, mit Menschen wie ihm den Verein teilen zu können. Er allein hätte dieses Buch füllen können mit seinen Geschichten und Anekdoten. Und darum sagen wir es noch mal ganz deutlich, Herr Algner: Wir verbeugen uns vor Ihnen! Auf die nächsten zehn Jahre, mindestens!

42. GRUND

Weil eine Raute mehr sagt als 1000 Worte

Einfach, einprägsam, einzigartig: So muss ein Logo sein. Das Vereinswappen ist ein für alle sichtbares Zeichen der Zusammengehörigkeit. Doch leider wirken die meisten Fußball-Logos deutscher Vereine vergleichsweise bieder. Es dominiert die klassische Kreisform. Gerade im Vergleich zu ausländischen Vereinslogos fällt auf, dass andere oft kreativer sind. Da ziert auch schon mal ein Tier das Wappen – Beispiel Liverpool F.C. Der Vogel heißt »Liverbird« und ist gleichzeitig das Wahrzeichen der Stadt. Im Nachgang zur Hillsborough-Tragödie wurde das Vereinswappen des Liverpool FC um zwei Fackeln an den Flanken sowie den Schriftzug »You'll never walk alone« ergänzt, um eine bleibende Erinnerung an die Opfer zu schaffen. Dagegen sind die deutschen Wappen oft langweilig und austauschbar – siehe Karlsruher SC, Borussia Dortmund und 1. FC Nürnberg. Dabei werden sie tausendfach genutzt, sei es auf Trikots, Schals, Fahnen, Tassen oder Schlüsselanhängern. Ein extremes Traditionsbewusstsein gepaart mit antiquiertem Erscheinungsbild ist allerdings kein Merkmal der Bundesliga. In den spanischen, englischen und italienischen Ligen tummeln sich fast immer noch die gleichen Wappen mit Krönchen und Löwen-Signets wie schon vor 100 Jahren. Ganz anders in den amerikanischen Sportligen NFL und NBA: Dort hat jeder Verein eine eigens entworfene Bildmarke. Im Gegensatz zu deutschen Bundesliga-Logos werden die Logos ständig weiterentwickelt und zeitgemäß angepasst. In der Basketball-Bundesliga sieht das ähnlich aus. Über Geschmack lässt sich bekanntlich nicht streiten, aber der gewöhnliche Fußballfan denkt bei Namen wie »Sinupret Ice Tigers« vermutlich nicht mehr an Sport.

Es gibt aber auch deutsche Fußballvereine, die ihr Logo schon mehrfach erneuert haben. Das aktuelle Logo des FC Bayern hat immerhin acht (!) Vorgängerversionen. Die letzte Umwandlung des Logos fand 2002 statt, nachdem der FC Bayern in eine AG ausgegliedert wurde. Danach wurden die Buchstaben »e. V.« für »eingetragener Verein« entfernt. Weitere »Logo-Sammler«, also Vereine mit mehrfacher Wappen-Überarbeitung, sind unter anderem Hannover 96 (zwölfmal) Schalke 04 (achtmal) Werder Bremen (siebenmal) und Eintracht Braunschweig (sechsmal).

Der Hannoveraner Diplom-Designer Achim Schaffrinna untersuchte in seinem *Design-Tagebuch* die gestalterische Qualität der Logos der Bundesligavereine und stellte sich die Frage, welche Mannschaft eigentlich das beste Logo hat. Sein Fazit: Das Niveau ist zuweilen erschreckend niedrig. Den letzten Platz belegte Borussia Dortmund. Sein Kommentar dazu: »Ich bin sicher, würde man heutzutage so eine Form einem Auftraggeber vorlegen, würde man die Präsentationsmappe links und rechts um die Ohren kriegen. Liebloser kann Formsprache nicht sein.« Den ersten Platz sicherte sich kein Geringerer als der HSV. Das Urteil des Designers: »Eine Kombination aus Rechteck und Rauten bildet ein tolles Zeichen. Einfach, klar und mit starker Wiedererkennung.«*

Und so kam es überhaupt zur »Raute«: Nach der Vereinigung des SC Germania, des Hamburger Sport-Vereins von 1888 und des FC Falke im Jahre 1919 entschied man sich für ein gemeinsames Vereinslogo, das eine maritime Anmutung, einen hohen Wiedererkennungswert und die Farben der Gründervereine vereinen sollte. Die Raute ist einem oft verwendeten Symbol der Hamburger Handelsschifffahrt entliehen. Pate gestanden haben soll auch der sogenannte Blaue Peter, ein Flaggensignal für »Alle Mann an Bord«.

Wer es entworfen hat, ist nicht ganz geklärt. Es kursieren bis heute zwei Namen: Otto Sommer und Henry Lütjens, beide Ur-HSVer. Sommer war 1919 zwar erst 14 Jahre alt, aber zeichnerisch begabt: Später wurde er Werbegrafiker. 1957 berichteten hingegen die Vereinsnachrichten, dass Henry Lütjens der Erfinder des HSV-Emblems war. »Alle Mitglieder standen treu zur Fahne, für dessen Spieltracht Henry Lütjens das Vereinszeichen, das auf der Spitze stehende blau-weiß-schwarze Quadrat, erfand.« Letztlich ist die Urheberschaft also nicht mit Gewissheit zu klären.

Fakt ist allerdings, dass die Raute ein grafisches Meisterwerk darstellt und in ihrer Einfachheit genial ist. Das Logo des HSV ist als einziges eines deutschen Bundesligisten bis heute im Wesentlichen unverändert. Es ist vermutlich das einzige Vereinswappen weltweit, das ohne Buchstaben und Zahlen auskommt. Auch Tierköpfe, Krönchen oder sonstigen Schnickschnack sucht man vergebens. Eine frappierend simple Form und dennoch lebendig und stolz. Und das nun schon seit fast 100 Jahren.

* *www.designtagebuch.de/die-fusball-bundesliga-logo-tabelle*

43. GRUND

Weil Hamburg das Tor zur Welt ist

Bereits früh erkannten die Verantwortlichen der Hansestadt die herausragende Wirkung von internationalen sportlichen Vergleichen. Am Ostersonntag 1897 trifft das erste Mal eine deutsche Fußball-Auswahlmannschaft auf der Altonaer Exerzierweide auf ausländische Gäste. Gegner sind die früheren Landesherren aus Dänemark. Mit von der Partie sind mehrere Germania-Spieler sowie Walter Sommermeier vom HFC. Die Dänen gewinnen das Spiel deutlich mit 5:0.

In den Anfangsjahren des Vereins wurde die Mannschaft im tristen Punktspielalltag selten wirklich gefordert. Die Zuschauerzahlen blieben dementsprechend überschaubar und die Einnahmen auch. Um das Interesse zu wecken, wurden berühmte internationale Gäste eingeladen. Freundschaftsspiele hatten in dieser Zeit – lange vor dem Europapokal – eine hohe Bedeutung. Zu diesen Spielen kamen nicht selten 20.000 und mehr Zuschauer, und das spülte Geld in die klammen Vereinskassen. Der HSV bot seinen Fans einiges. Hochrangige Clubs aus Europa, aber auch Teams aus Chile, Ägypten und Uruguay gastierten am Rothenbaum.

Dass der Zusammenbruch an der New Yorker Börse am 24. Oktober 1929 auch für den Sport schwerwiegende Folgen haben würde, konnte damals noch keiner ahnen. Mit der dramatisch steigenden Arbeitslosigkeit sanken die Zuschauerzahlen und damit die Einnahmen. Von sinkenden Kopfsteuer-Aufkommen und Spielabgaben war auch der Verband betroffen. Sparen musste in diesen Tagen auch der DFB. Aus Kostengründen musste er die Einladung zur ersten Weltmeisterschaft 1930 in Uruguay absagen.

Mitte der 1930er-Jahre befindet sich der HSV kurz vor dem wirtschaftlichen Ruin. Etliche Lieferanten stehen im Clubhaus Schlange und wollen ihr Geld haben, der Gerichtsvollzieher soll dort ein und aus gegangen sein, heißt es. Da hat Geschäftsführer Walter Gratenau eine geniale PR-Idee. »Welche prominente Mannschaft des kontinentalen Europas möchtest du gerne mal sehen?« Umfragesieger wird mit deutlichem Abstand Arsenal FC vor Juventus Turin und Ambrosiana Mailand.

Die Presse ist skeptisch: »Die Verpflichtung der ausländischen Clubs dürfte wohl die finanziellen Kräfte des HSV übersteigen.« Vereinsführer Hellmuth Schwarz, Trainer Hans Lang und Spielmacher Rudi Noack reisen zu Verhandlungen nach London. Mit Erfolg, denn sie kommen mit einer Zusage im Gepäck zurück in die Hansestadt. Am 19. September 1939 soll das Sensationsspiel gegen die »Gunners« stattfinden! Doch dazu kommt es leider zunächst nicht. Deutschland und England befinden sich seit dem 3. September im Kriegszustand. Erst mehr als 20 Jahre später, am 17. August 1963, wird das Freundschaftsspiel gegen den Club aus London ausgetragen.

Nach dem Zweiten Weltkrieg ist es dann der HSV, der nur fünf Jahre nach Kriegsende als erste deutsche Mannschaft überhaupt 1950 in die USA reist, um »die Brücken zu den internationalen Fußballfeldern, die unsägliche Ereignisse eingerissen haben, wieder aufzubauen«, wie es die Zeitschrift *Hamburg und die Welt* damals formulierte. Sportlich stellt die Tour keine große Herausforderung für Spundflasche, Warning und Co. dar. Sechs Siege in sechs Spielen, so die Bilanz der »Goodwill-Tour«. Irritieren lassen sie sich nicht einmal davon, dass die Amerikaner ständig ein- und auswechseln, in Rochester 16 Mal! Auch die Tatsache, die zweite Halbzeit erstmals unter Flutlicht spielen zu müssen, lässt die Mannschaft nicht verzweifeln. Ertragen wird sogar der weiß lackierte Ball.

»Ihr habt dem Namen Hamburgs Ehre gemacht!«, verkündete Senatsdirektor Lüth nach der Rückkehr am 26. Mai 1950. Vier Monate später wurde der DFB wieder Mitglied der FIFA. Am 10. November fand das erste Nachkriegsländerspiel statt und an den Olympischen Spielen 1952 durften bundesdeutsche Sportler teilnehmen. Dieser

Ausflug war also sportlich wie politisch ein echter Erfolg und förderte nachhaltig das Ansehen der Hansestadt Hamburg.

Es folgte ein in der deutschen Fußballgeschichte beispielloser internationaler Freundschaftsspielverkehr. Bis zur Bundesligagründung bestritt der HSV jährlich mehrere attraktive Ländervergleiche, die ihm nicht nur weltweites Renommee, sondern auch Geld einbrachten. In den 1950er-Jahren war kein deutscher Club so umworben wie der Hamburger SV. Real Madrid, Manchester United, AC Mailand, Belenenses Lissabon, Tottenham Hotspur, FC Santos – kaum ein ausländischer Topverein fehlte in der Liste der Hamburger Gegner. Von größter Bedeutung waren nicht nur Image- und Finanzaspekte, sondern natürlich auch sportliche Gesichtspunkte. Gerade in den Fünfzigern, als europäische Vereinswettbewerbe noch in den Kinderschuhen steckten, war die Gefahr der Stagnation groß. HSV-Kapitän Meinke: »Nur durch diese Spiele war es möglich, den Anschluss zu halten. Ich bin mir nicht sicher, ob wir ohne diese internationalen Vergleiche später im Europapokal gegen Burnley und Barcelona so gut ausgesehen hätten.«

44. GRUND

Weil »Spundbuddel« das erste Hamburger Sportidol der Nachkriegsjahre war

Auf den ersten Blick flößte er dem Gegner trotz seiner beachtlichen Körpergröße zunächst wenig Respekt ein – zu freundlich der Blick, zu hängend die Schultern. Der Eindruck verflog regelmäßig, wenn er seine Tricks auspackte – und seine taktischen Manöver. Halbstürmer oder Außenläufer spielte der hoch aufgeschossene Schlaks aus Altona – heute würde man seine Position als Spielmacher oder Zehner einordnen. Das *Hamburger Abendblatt* adelte Heinz Spundflasche als »Genie, das Fußball mit dem Kopf spielte«. Jeder, der in den Genuss kam, diesen stets fairen Sportsmann, den von allen gerühmten Spielgestalter, einmal live spielen zu sehen, muss begeistert gewesen sein. Hans Vinke schwärmt in seinem Buch *Die goldene Ära des Hamburger SV*: »Majestätisch sein Laufstil, eine Augenweide seine nahezu perfekte Ballbehandlung, ein Genuss seine Spielintelligenz und Fähigkeit, das Tempo zu variieren – selten hat ein Fußballer Kraft, Technik und Übersicht so sehr in sich vereint wie der spindeldürre Tischlersohn aus dem vornehmen Hamburger Stadtteil Pöseldorf.« Sportjournalist Horst Frese: »Er war ein Fußball-Künstler, der die Massen begeisterte.«

Spundflasche, genannt »Spundbuddel«, wechselte 1933, als damals 14-Jähriger, zum HSV, wo er 1938 beim 6:1-Sieg gegen Wilhelmsburg 09 sein Punktspieldebüt feierte. Kurz darauf zählte er zum Stammpersonal und führte die »Rothosen« in den Jahren 1938, 1939 und 1941 zu drei Nordmark-Meistertiteln. Als Mannschaftskapitän und begnadeter Spielgestalter verhalf er seiner Mannschaft nach Kriegsende zu zwei weiteren Zonenmeisterschaften (1947 und 1948) sowie fünf norddeutschen Meisterschaften (1948–1952). Seinen vermutlich glanzvollsten Auftritt legte das Fußballgenie, in dessen Blut sich laut *Hamburger Morgenpost* »stolzes hanseatisches Understatement und Hamburger Arbeitertemperament« vermischten, am 11. Dezember 1950 hin. In einem Freundschaftsspiel wurde der 1. FC Kaiserslautern mit 7:2 geschlagen. Bei ebenjenem Spiel stellte Spundflasche den Kaiserslauterer Superstar und späteren WM-Helden Fritz Walter in den Schatten. Spundflasche hingegen sah ein anderes Spiel als seinen größten Triumph an. Er schrieb seinerzeit: »Das Zonen-Endspiel 1948 gegen unseren alten Widersacher FC St. Pauli. In harter, aber fairer Gangart wird ehrlich um den Sieg gekämpft, bis zur letzten Konsequenz. Wir siegten 6:1!«

Spundflasche erzielte in 127 Oberligaspielen für den HSV 35 Tore und er wurde mehrfach in die Norddeutsche Auswahl berufen. Spundflasche gilt als eine der größten norddeutschen Fußballerpersönlichkeiten aller Zeiten. Dass er nicht auch zu internationalen Einsätzen kam, wird der Tatsache zugeschrieben, dass seine große Zeit in die des Krieges und der sich bis 1950 anschließenden erzwungenen Abstinenz der DFB-Nationalelf fiel. Zudem war dort seine Position durch den genialen Fritz Walter »blockiert«.

Als ihm der HSV eine erhoffte Existenzbeihilfe nicht gewährte, wechselte der inzwischen 32-Jährige 1952 für eine inoffizielle Ablösesumme von 8000 DM zum Traditionsverein Altona 93, für den er bis 1958 weitere 142 Oberligapartien bestritt und dabei 42 Tore erzielte. Spundflasches Wechsel stürzte den HSV in seine bis dahin schwerste Krise. Ohne seinen »Regisseur« stürzte der Serien-Nordmeister mit seinem umstrittenen Trainer Georg Knöpfle auf den elften Platz in der Oberliga ab. Nach seiner aktiven Fußballerkarriere trainierte Heinz Spundflasche zunächst Altona 93 und den VfB Lübeck, ehe er sich ins Privatleben zurückzog. Fortan kümmerte er sich um seinen Tabakwarenladen im Herzen Altonas, den er bereits 1950 erworben hatte und der noch heute seinen Namen trägt.

Mit großer Bestürzung und Trauer reagierten seine früheren Sportskameraden, als sie am 6. November 1972 von »Spundbuddels« Tod erfuhren. Heinz Spundflasche starb im Alter von nur 52 Jahren an einer unheilbaren Nierenkrankheit.

45. GRUND

Weil man mit der »Burg« früher eine echte Heimat hatte

»Ohne Heimat sein, heißt leiden«, sagte bereits der russische Schriftsteller Dostojewski. Und damit liegt er auch heute noch goldrichtig. Denn Heimat ist ein Ort, an dem man sich sicher und geborgen fühlt. Wo man Freunde und vertraute Personen trifft, seit

Jahren oder Jahrzehnten. Ein Platz, zu dem man eine emotionale Verbundenheit hat, mit dem man sich uneingeschränkt identifiziert. Heimat kann ein Land sein, eine Region, der Wohn- oder Geburtsort, das eigene Haus – oder das Stadion. Zumindest wenn man Fußballfans fragt. Jedenfalls sprechen viele Anhänger von ihrem Stadion häufig auch liebevoll von ihrem »Wohnzimmer« und jedes Heimspiel ist gleichzeitig immer auch wie ein Nachhausekommen.

Das ist bei den Schlachtenbummlern des HSV natürlich nicht anders. Jedes zweite Wochenende pilgern sie hinaus in den Volkspark. *Heim*spiel heißt das dann passenderweise. Und irgendwie ist ja auch alles wie immer: der Weg zum Stadion, das Bierchen mit dem Freundeskreis, der gleiche Platz im Stadion. Vertraut halt. Wie zu Hause.

Und dennoch gibt es viele HSV-Fans, die sich noch ein Stückchen mehr Heimatgefühl wünschen würden. Denen es nicht ausreicht, ihren HSV alle zwei Wochen zu sehen, zu leben und zu fühlen. Die sich auch außerhalb der Spiele gerne treffen möchten und denen das Zusammengehörigkeitsgefühl innerhalb der HSV-Familie ein wichtiges Anliegen ist – auch oder gerade weil diese Familie durch das starke Mitgliederwachstum mittlerweile ziemlich groß und unpersönlich geworden ist.

Leider fehlt diesen HSVern allerdings ein geeigneter Treffpunkt. Während fast jeder Dorf- und Amateurverein über ein Clubheim verfügt, hat man es beim großen HSV trotz des Stadionneubaus bisher nicht geschafft, für die engagierten Vereinsmitglieder und Anhänger eine adäquate Räumlichkeit zu schaffen. Klar, es gibt die »Raute« in der Nordtribüne. Aber die ist eben doch mehr Restaurant als gemütliches Vereinsheim. Mal abgesehen davon, dass das Stadion alles andere als zentral gelegen ist und die »Raute« somit an normalen Wochentagen mit öffentlichen Verkehrsmitteln nur sehr schwer erreichbar ist. An Spieltagen fährt zwar ein kostenloser Shuttlebus, aber gerade dann wird das sogenannte Fanrestaurant ironischerweise als VIP-Raum genutzt und ist für den normalsterblichen Fan nicht zugänglich.

Wehmütig blicken daher vor allem ältere HSVer zurück auf die Zeit, als der HSV noch nicht in Bahrenfeld, sondern noch am Rothenbaum beheimatet war. Dort stand die Wiege des Vereins, denn der Vorgängerverein Hamburger FC hatte das Gelände bereits im Jahre 1911 eingeweiht. Als sich der HFC acht Jahre später dann mit dem SC Germania und dem FC Falke zum Hamburger SV zusammenschloss, wurde der Rothenbaum sofort zur Heimat des neu gegründeten Großvereins und seiner Mitglieder. Und mit Heimat war damals nicht nur der Fußballplatz gemeint, sondern eben vor allem auch das gegenüberliegende Clubhaus. Bereits 1921 hatte der HSV eine Gründerzeitvilla gekauft, die aufgrund ihrer mit Zinnen verzierten Fassade schnell den Namen »Burg« bekam. In diesem Gebäude befanden sich neben der Geschäftsstelle und der Vereinsgastronomie im Keller auch die Umkleidekabinen der Spieler. Diese mussten dann die Rothenbaumchaussee überqueren, um zum Stadion zu gelangen. Daher war es auch fast schon eine Selbstverständlichkeit, dass die HSV-Akteure nach den Spielen oder nach dem Training noch nach oben kamen, mit den Anhängern zusammensaßen, über das Spiel fachsimpelten oder einfach nur einen Klönschnack hielten. Aber auch sonst war in der Burg der zentrale Dreh- und Angelpunkt des Vereinslebens. In der urigen Vereinsgastronomie trafen sich HSVer zum regelmäßigen Stammtisch und in dem großen Saal fanden bei gediegenem Ambiente größere Feiern und Empfänge statt.

Zu verdanken hatte der HSV dieses Prunkstück zu einem Großteil dem Engagement seiner eigenen Mitglieder. Viele Einrichtungsgegenstände waren Sachspenden und zahlreiche Ausbauten wurden in Eigenarbeit verrichtet. Kein Wunder also, dass die »Burg« für das Zusammengehörigkeitsgefühl und die Identifikation mit dem Verein eine elementare Rolle spielte. Nicht ganz ohne Stolz verkündete der damals einberufene »HSV-Haus-Ausschuss« bei der Einweihung: »Wir stehen jetzt vor der vollendeten Tatsache, daß wir neben einer Sportplatzanlage, wie sie in Norddeutschland ihresgleichen sucht, das vornehmste und praktischste Clubhaus geschaffen haben, wie es bisher kein anderer Verein zu schaffen gewagt hat. Wieder einmal hat der HSV bahnbrechend gewirkt!«, so die »Vereins-Nachrichten des Hamburger Sport-Verein e.V.« im Jahre 1921.

Mit der Einführung der Bundesliga 1963 verlor der Rothenbaum dann leider langsam seine Bedeutung für den HSV. Die legendäre »Burg« war im Zweiten Weltkrieg bereits stark beschädigt worden. 1973 wurde sie dann aus Geldgründen endgültig abgerissen und durch ein schnödes achtstöckiges Hochhaus ersetzt. In den Erinnerungen vieler HSVer lebt sie aber bis heute weiter. Und mit ihr die Sehnsucht. Nach einem Treffpunkt. Nach einem Stück Heimat.

46. GRUND

Weil Reisestrapazen früher auch für die Mannschaft dazugehörten

Der Aufwand, den unzählige HSV-Anhänger Woche für Woche auf sich nehmen, um ihren Verein spielen zu sehen, ist schwer zu beziffern. Tausende HSV-Fans reisen jedes Wochenende regelmäßig quer durch die Republik. Und das betrifft nicht nur Auswärtsspiele, sondern auch die Heimspiele des HSV. Schließlich kommen jedes zweite Wochenende zahlreiche Fans ins Volksparkstadion, deren Wohnort zum Teil weit mehr als 100 Kilometer von Hamburg entfernt liegt. Insbesondere Fans, die keinem Fanclub angehören, reisen oftmals am liebsten mit dem Auto an. Das ist oft am schnellsten und erlaubt zudem eine gewisse Flexibilität bei der Reiseplanung. Immerhin etwas. Zumal das Volksparkstadion nach wie vor mit dem Pkw wesentlich bequemer zu erreichen ist als mit Bus und Bahn.

Früher, vor dem Beginn der Bundesliga, sah das alles noch etwas anders aus. Damals war die Oberliga Nord noch die höchste Spielklasse. Kerngebiet des HSV waren in der Anfangszeit zunächst die Stadtteile Harvestehude, Rotherbaum, Eppendorf und Winterhude in der Nähe des Rothenbaums. Es dauerte jedoch nicht lange, bis der HSV auch Zuschauer aus dem gesamten Hamburger Stadtgebiet zu seinen Spielen anzog. Dass aber jemand beispielsweise aus Kiel, Lübeck oder Bremerhaven zum HSV fuhr, war lange Zeit eher die Ausnahme. Schließlich gab es mit Holstein Kiel, dem VfB Lübeck oder Bremerhaven 93 vor Ort noch starke lokale Teams.

Im Gegensatz zum Volksparkstadion verfügte der HSV-Platz am Rothenbaum über eine ausgezeichnete Anbindung an den öffentlichen Nahverkehr. Direkt vor dem Stadion lag der Eingang zur U-Bahn-Station Hallerstraße und der Fernbahnhof Dammtor befand sich in fußläufiger Entfernung. Auch die Spiele gegen die anderen Hamburger Vereine waren für die HSV-Anhänger relativ gut erreichbar. Aufgrund der geringen Distanzen war das Fahrrad damals neben den öffentlichen Verkehrsmitteln ein beliebtes Reisemittel. Ein Auto hatte noch bei Weitem nicht jeder Haushalt zur Verfügung. Zu den weiter entfernten Spielen in der Oberliga ging es daher meistens mit dem Bus oder der Bahn.

Insbesondere in der Zeit nach dem Zweiten Weltkrieg waren die Reisen zu den Spielen noch extrem beschwerlich. Eine besondere Herausforderung stellten stets die Spiele in der Endrunde um die Deutsche Meisterschaft dar. Besonders beeindruckend sind die Schilderungen des Ur-HSVers Walter Koninski von einer Fahrt zum Britischen Zonenendspiel 1947 in Düsseldorf gegen Borussia Dortmund.

»Die Fahrt haben wir mit einem Lkw angetreten. Auf der Ladefläche waren Bänke, ähnlich wie die heute bekannten Bierzeltgarnituren, hintereinander aufgestellt. Darüber war eine einfache Zeltplane gespannt. Die Lkw fuhren mit Holzvergaser, und jeder, der mitfuhr, musste einen Sack Holz mitbringen als Fahrpreis. So ein

Lkw mit Holzvergaser brauchte für die Strecke nach Düsseldorf eine halbe Ewigkeit. Von Hamburg bis Hannover gab es keine Autobahn, erst von dort konnten wir auf die Autobahn nach Düsseldorf.«

Aber nicht nur für die Fans waren die Reisen zu den Auswärtsspielen damals noch wesentlich beschwerlicher als heute. Auch die Spieler waren damals für viele Partien deutlich länger unterwegs als die heutige Spielergeneration. Fliegen war noch sehr viel teurer und kam deshalb für die meisten Fahrten alleine schon aus Kostengründen nicht infrage. Viele Spiele wurden daher mit der Bahn angefahren. Somit war es auch keine Seltenheit, dass Spieler und Anhänger auf der Rückreise nach Hamburg zusammen im selben Zug reisten.

Auf dem Rückweg vom Europapokalhalbfinale 1968 im walisischen Cardiff bewältigte die HSV-Mannschaft eine wahre Odyssee. Nach einer Übernachtung ging es zunächst in die südenglische Hafenstadt Southampton. Dort bestieg der Tross dann ein deutsches Passagierschiff, mit dem er über den Ärmelkanal und die Nordsee nach Cuxhaven fuhr. Am darauffolgenden Tag erreichte die Delegation endlich wieder deutschen Boden. Von Cuxhaven ging es dann mit dem Bus auf die letzte Etappe nach Hamburg. Die Mannschaft um Uwe Seeler wurde Strapazen ausgesetzt, wie sie heutzutage allenfalls noch preisbewusste oder abenteuerlustige Allesfahrer auf sich nehmen würden. Und das als frischgebackener Europapokalfinalist. Irgendwie unfassbar und sympathisch zugleich.

47. GRUND

Weil für den HSV sogar gestreikt wird

Flutlichtspiel! Alleine der Gedanke daran lässt die Augen vor Begeisterung funkeln. Die besondere Atmosphäre und die etwas mystische Aura eines in gleißendes Licht gehüllten Stadions lassen kaum jemanden kalt, egal ob Fans, Funktionäre, Journalisten oder

Spieler. Sie alle werden nicht müde zu betonen, wie sehr sie diese Spiele lieben. Dabei hatte die Einführung von Flutlicht zunächst eigentlich eher praktische denn emotionale Gründe. Mit Hilfe der künstlichen Beleuchtung sollte es auch in dunklen Monaten und an Abenden unter der Woche möglich sein, Spiele unter regulären Bedingungen durchzuführen. Als die Bundesliga 1963 eingeführt wurde, zählte unter anderem auch ein Stadion mit einer leistungsstarken Flutlichtanlage zu den Aufnahmekriterien.

Davor sah es allerdings düster aus. Nicht selten sorgte fehlendes Flutlicht dafür, dass attraktive Spiele bereits tagsüber angepfiffen werden mussten, weil es an freien Wochenendterminen fehlte und es abends zu dunkel war. Insbesondere Europapokalspiele waren davon in der Anfangszeit häufiger betroffen. Diese schmerzliche Erfahrung musste auch der HSV machen, als er sich nach dem Gewinn der Deutschen Meisterschaft 1960 erstmals für den Europapokal der Landesmeister qualifizierte. Denn das Hamburger Volksparkstadion, in das der HSV für solche großen Spiele auswich, verfügte nicht über ein Flutlicht. Die Folge waren Terminchaos, Aufwandsentschädigungen für verlegte Spiele und letztendlich Partien zur Nachmittagszeit unter der Woche. Kein Wunder also, dass einige HSV-Fans im Stadion mit lautstarken Protestrufen und einem Transparent mit der Aufschrift »Wir wollen Flutlicht« ihren Unmut kundtaten. Sowohl für den Verein als auch die Anhänger war das Thema auf jeden Fall ein echtes Ärgernis.

Insbesondere Letztere stellten solche frühen Anstoßzeiten zum Teil vor erhebliche Probleme. So zum Beispiel im März 1961 beim Viertelfinalrückspiel gegen den englischen Meister Burnley F.C. Wer als Berufstätiger den Anpfiff um 16.00 Uhr nicht verpassen wollte, brauchte in der Regel einen sehr verständnisvollen Chef oder aber eine gute Ausrede, um seinen Arbeitsplatz vorzeitig verlassen zu dürfen. Tausende HSV-Fans nahmen ihr Schicksal allerdings lieber gleich selbst in die Hand und verließen den Arbeitsplatz einfach ohne Erlaubnis ihres Vorgesetzten. Diese sahen sich dann mit dem

Problem konfrontiert, zum Teil nur noch mit der halben Belegschaft auskommen zu müssen. Wenn überhaupt. Einige Hamburger Betriebe mussten aufgrund fehlender Arbeitskräfte an diesem Tag sogar eher schließen. Die Folge waren erhebliche Produktionsausfälle und Umsatzeinbußen.

Die skurrilsten Szenen spielten sich an jenem 15. März 1961 aber nicht in Hamburg, sondern auf dem Gelände der Kieler Howaldtswerft ab. Auch in der dortigen Belegschaft hatte der HSV eine begeisterungsfähige Anhängerschaft. Und auch dort wollte natürlich niemand das bedeutende Spiel gegen Burnley verpassen. Vonseiten des Betriebsrates wurde aus diesem Grund der Wunsch nach einem vorgezogenen Schichtende geäußert. Die Betriebsleitung bot daraufhin an, die Schicht zumindest um eine halbe Stunde zu verkürzen und ausgefallene Zeit an einem anderen Tag nachzuholen. Diese halbe Stunde war allerdings nicht ausreichend, um es pünktlich zum Anpfiff vor den heimischen Fernseher zu schaffen. Der Vorschlag stieß daher auf taube Ohren. Die Arbeiter beharrten darauf, spätestens um 15.30 Uhr die Werft verlassen zu dürfen. Nachdem sich bis in die Mittagsstunden immer noch kein Kompromiss abzeichnete, wurde die Stimmung zunehmend angespannter. Die Werksleitung ließ verlauten, dass die Übertragung eines Fußballspieles kein Grund sei, die Arbeit früher zu beenden. Alle Werkmeister wurden angewiesen, keine Passierscheine mehr auszustellen.

Von dieser Drohhaltung zeigten sich die mittlerweile sehr aufgebrachten Mitarbeiter allerdings wenig beeindruckt. Im Gegenteil: 2500 von ihnen zogen laut protestierend vor das Verwaltungsgebäude und errichteten dort sogar einen Galgen (!), um ihrer Forderung Nachdruck zu verleihen. Nachdem weitere 5500 Kollegen in den Hallen auch noch ihre Arbeit niedergelegt hatten, sah sich die Werksleitung gezwungen, dem Druck nachzugeben. Mehr als 8000 Werftangehörige strömten durch die Tore vom Gelände und hatten somit durch einen wilden und damit illegalen Streik ein früheres Schichtende erzwungen. Und das alles »nur«, um rechtzeitig zu einem HSV-Spiel zu Hause vor dem heimischen Fernseher sitzen zu können. Sportlich sollte sich der Aufwand lohnen. Der HSV fegte die Briten nach einem 1:3 im Hinspiel noch mit 4:1 aus dem Volksparkstadion und erreichte damit das Halbfinale gegen den FC Barcelona. In der Werft stand einigen Arbeitern allerdings gehöriger Ärger ins Haus. Die Geschäftsleitung kündigte an, gegen die Verantwortlichen des Streiks arbeitsrechtlich vorzugehen.

48. GRUND

Weil Hamburg bis 1963 eine echte Festung hatte

Nein, liebe Archäologen unter den Lesern. Wir können an dieser Stelle leider nicht mit neuen Erkenntnissen über die Geschichte der legendären »Hammaburg« dienen. Trotz zahlreicher Ausgrabungen konnte nämlich bis heute immer noch nicht wissenschaftlich einwandfrei nachgewiesen werden, wo genau die Hammaburg damals im 8. Jahrhundert überhaupt gestanden hat. Das ist natürlich schon ziemlich lange her, aber trotzdem schade. Schließlich leitet sich der Name Hamburgs von dieser Burg ab.

Wenn es um die Geschichte ehemaliger Festungsanlagen unserer Stadt geht, dann können wir als HSVer aber natürlich trotzdem mitreden. Schließlich waren wir jahrzehntelang in einer solchen Festung zu Hause. Dort haben wir zuhauf gegnerische Angriffe abgewehrt, zahlreiche historische Siege gefeiert und unseren heimkehrenden Helden nach so manch legendärer Schlacht einen triumphalen Empfang bereitet. Unsere Festung trug zwar nicht den Namen der Stadt, aber immerhin den des Stadtteils, in dem sie lag. Unsere Festung war der legendäre Sportplatz Rothenbaum.

Dort an der Rothenbaumchaussee trug der HSV bis 1963 Ligaspiele aus. Bei den gegnerischen Mannschaften hatte der Rothenbaum einen gefürchteten Ruf. Das Publikum war in der eng gebauten Anlage sehr dicht am Geschehen dran. Sie verwandelten das Stadion regelmäßig in einen Hexenkessel. Lautstark wurde die eigene Mannschaft dort nach vorn getrieben. Insbesondere wenn es mal nicht so gut lief, konnten sich die Rothosen der Unterstützung ihrer Anhänger gewiss sein. Missfallensbekundungen wie Pfiffe oder Buhrufe gegen die eigenen Spieler waren ein absolutes Tabu.

Dafür gab es allerdings auch kaum einmal einen Grund. Sicherlich, der HSV erlaubte sich auch das eine oder andere schlechte Spiel. Dennoch wurden die Heimspiele fast immer siegreich gestaltet. Und wenn hier »fast immer« steht, dann ist das auch wirklich so gemeint. Insbesondere in der Oberliga Nord hatte der HSV am Rothenbaum eine beeindruckende Erfolgsbilanz. Von 1947 bis 1963 trug man dort 221 Heimspiele aus. Sagenhafte 176 (!) dieser Partien gewann der HSV. Hinzu kamen 27 Unentschieden. In 16 Jahren gingen lediglich 18 Heimspiele verloren. Das entspricht einer unglaublichen Siegquote von fast 80 Prozent.

Bayerns Mittelfeldstratege Paul Breitner hatte 1982 nach einer der zahlreichen Niederlagen beim 1. FC Kaiserslautern einmal gesagt: »Am besten schicken wir die Punkte gleich mit der Post!« Ähnliche Zitate sind aus der Oberligazeit zwar nicht übermittelt, aber die meisten Vereine hätten sich die Reise an den Rothenbaum in der Tat auch schenken können. Lediglich neun Vereinen gelang es überhaupt, die Festung Rothenbaum zu stürmen, wie Werner Skrentny in seinem wunderbaren Buch *Orte der Leidenschaft* auflistet: fünfmal dem SV Werder Bremen, viermal dem FC St. Pauli, dreimal Holstein Kiel und je einmal dem VfL Osnabrück, dem Eimsbütteler TV, Altona 93, Bremerhaven 93, SC Concordia und Hannover 96.

1963 wurde die Bundesliga eingeführt und der HSV musste aus Kapazitätsgründen in das weitaus größere Volksparkstadion nach Bahrenfeld umziehen. Damit wurde auch das schleichende Ende des Rothenbaums eingeläutet. Denn wie jede Festung, die nicht mehr benötigt und verteidigt wird, verfällt sie irgendwann. Das geschah leider auch mit dem alten HSV-Stadion. Die Stadt Hamburg hatte zudem ein Auge auf das lukrativ gelegene Grundstück geworfen und verweigerte dem HSV die Verlängerung des Pachtvertrages. 1997 rollten schließlich die Bagger an und machten die Reste des Stadions dem Erdboden gleich.

Heute ist der Rothenbaum nur noch Geschichte. In den Köpfen der Menschen lebt sein Mythos allerdings weiter. Und das ist auch wichtig, denn bauliche Überbleibsel des Stadions sucht man dort heute ebenso vergeblich wie eine Gedenktafel oder ein schlichtes Hinweisschild. Sollte sich die Politik irgendwann einmal dazu durchringen, vorbeieilende Passanten auf die historische Bedeutung dieses Ortes aufmerksam zu machen, ist aber im Gegensatz zur Hammaburg zumindest der Standort bekannt.

6. KAPITEL

»HAMBURG, MEINE PERLE, DU WUNDERSCHÖNE STADT …«

Kulturgestein beim HSV

49. GRUND

Weil der HSV ein eigenes Museum hat

Der HSV ist ein bekannter und ruhmreicher Verein. Zahlreiche Pokale und Trophäen konnten die Rothosen in ihrer knapp 130 Jahre langen Geschichte einheimsen. Doch wir müssen es mit gesenktem Haupt eingestehen: Nicht immer wurde in der Vergangenheit gut damit umgegangen. Um genau zu sein, betrieb der Verein wahrlich Schindluder mit den Zeugnissen seiner Triumphe. Zahlreiche Trophäen verstaubten in großen alten Kisten und Schränken in den Katakomben des Stadions am Rothenbaum und wären beinahe Opfer der Abrissbagger geworden, die 1997 anrollten. Man kann also fast sagen, dass der HSV seine Trophäen ebenso vernachlässigt hatte wie den Kampf um ein Fortbestehen des traditionsreichen Rothenbaums. Nur dass Dirk Mansen, damals Fanbeauftragter, anders als die Vereinsoffiziellen noch rechtzeitig reagierte und die Sammlung in letzter Sekunde rettete.

Dirk Mansen war es dann auch, der die Idee eines HSV-Museums im neuen Stadion im Volkspark vorantrieb. Die glorreiche Geschichte des Vereins durfte nicht einfach in den Lagerräumen des Stadions in Vergessenheit geraten, sondern sollte einer breiten Öffentlichkeit zugänglich gemacht werden. So oblag es ihm, unterstützt vom Supporters Club, ein Konzept für einen Museumsbereich zu entwerfen und dieses auch umzusetzen.

Dies gelang Mansen außerordentlich gut, und so eröffnete unter großer öffentlicher Teilnahme im Februar 2004 das HSV-Museum als erstes seiner Art in Deutschland.

Und dabei handelte es sich nicht einzig um eine Ausstellung der Trophäen, die der HSV bisher eingeheimst hatte. Diese fanden zwar in der »HSV-Schatzkammer« ihren Platz, doch der überwiegende Teil der mehr als 700 Quadratmeter großen Ausstellungsfläche befasst sich mit der ganz allgemeinen Geschichte des

Universalsportvereins. So beginnt ein Rundgang stets mit der gerade aktuellen Sonderausstellung des Museums. Hier wurde zum Beispiel die Entwicklung der Fanszene genauso behandelt wie das 125-jährige Vereinsjubiläum oder auch das dunkelste Kapitel der Vereinsgeschichte, die NS-Zeit. Unter dem Titel »Die Raute unter dem Hakenkreuz« hatte der HSV im Juni 2007 Pionierarbeit geleistet und als erster Bundesligist seine NS-Vergangenheit aufgearbeitet.

Nach dem Sonderausstellungsraum folgt ein Streifzug durch die Stadien des HSV und durch die sich wandelnde Fanszene. Zahlreiche Exponate wie Fahnen, Kutten, Fanzines und Schals sind Dauerleihgaben von HSV-Fans und vermitteln einen bunten Eindruck in die Szenerie jenseits des Platzes. Ein Highlight ist dabei sicherlich auch der gemeinsame Spind von Kevin Keegan und Franz Beckenbauer, die hier künstlerisch tätig geworden waren. Daneben bietet das Museum auch Informationen über Audio an. Weiter geht es in ein kleines Kino, wo der geneigte Besucher mittels eines Films über die Geschichte des HSV informiert wird.

Vor der bereits erwähnten Schatzkammer, wo sich neben den Pokalen auch Wimpel und Ankündigungsplakate großer Spiele befinden, befasst sich das HSV-Museum mit den aktiven Sportlern im HSV. Zahlreiche Devotionalien von früher lassen sich hier finden. Alte Fußballschuhe, Trophäen der jeweiligen Abteilungen und nicht zuletzt auch das Toupet von Charly Dörfel, der heute nicht mehr ganz so eitel wie früher zu sein scheint. Sonst hätte er es dem Museum schließlich nicht geliehen.

Doch wer glaubt, dass das Museum des HSV nur für HSV-Fans interessant ist, der irrt. Schnell mauserte sich die Einrichtung zu einem beliebten Ziel von Touristen, die überdies ihren Museumsbesuch gleich noch mit einer Stadionführung verbanden. Das HSV-Museum ist zudem fester Bestandteil der »Langen Nacht der Museen« in der Hansestadt und veranstaltet auch Kindergeburtstage in den eigenen Räumlichkeiten.

50. GRUND

Weil der HSV auch in der Literatur stattfindet

Es gibt Fußballfans, deren Interesse sich nicht nur auf die Spiele im Stadion beziehungsweise auf dem Sofa vor dem Fernsehen beschränkt. Und Sie, lieber Leser, sind so jemand, sonst würden Sie ja nicht in diesem Augenblick diese Zeilen lesen. Und genau für Leute wie Sie und mich werden Fußballbücher geschrieben. Bücher über den HSV trotzen dem Trend zum Internet: Und es gibt tatsächlich auch Fans, die sie lesen. Denn der HSV-Fan schwelgt schließlich am liebsten in Erinnerungen.

Mit den Erfolgen des Vereins ab 1979 häuften sich auch die Veröffentlichungen über den Verein. Text- und Bildbände unter Titeln wie *Der Weg zur Meisterschaft* sind zwar nicht für Bestsellerlisten verfasst, für HSVer aber halten sie den Moment fest und stecken voller grandioser Erinnerungen. Richtig dick aufgetragen wurde anlässlich des 100-jährigen Vereinsjubiläums 1987: Die *HSV-Chronik Hundert Jahre HSV* erschien, ein 300-Seiten-Wälzer.

In den 90er-Jahren dann füllten die sportlichen Leistungen der jeweiligen HSV-Elf nicht eben dicke Bücher, entsprechend rar waren daher Veröffentlichungen in Buchform. Wirklich schön ist die Produktion *Immer erste Klasse* der Autoren Skrentny und Prüß, eine punktuelle Aufarbeitung der HSV-Vereinsgeschichte mit vielen kleinen Randgeschichten, außergewöhnlich lebendig geschrieben. Neben allgemeinen Büchern über den Verein, Bildbänden und Nachschlagewerken gibt es natürlich auch Bücher über einzelne Spieler wie etwa Uwe Seeler oder Uli Stein – oder aber über HSV-Originale wie Charly Dörfel. Und wenn es um den HSV geht, wird sogar ein Buch des Masseurs interessant. *In Hamburg sagt man tschüß* lautet der Titel des Hermann-Rieger-Buchs.

Weitere gute, empfehlenswerte Bücher sind *Mit der Raute im Herzen* des Duos Skrentny/Prüß und *Unser HSV* von Axel Formeseyn sowie die zum 125-jährigen Vereinsjubiläum herausgegebene Festschrift und Chronik.

Besonders erfreulich ist die Tatsache, dass es zunehmend auch HSV-Titel von Fans für Fans gibt. Zu nennen ist hier *Hamburg away* von Mirko Beyer, der HSV-Fans ein Jahr lang begleitete und Emotionen in einem bemerkenswerten Bildband zusammengefasst hat. *In kleinen Gruppen, ohne Gesänge* von Alexander Hoh blickt zurück auf Erlebnisse der Hamburger Hooligans. Ihm ist es gelungen, die Gruppe aus einem anderen Blickwinkel heraus zu betrachten als üblich, nämlich aus dem menschlichen. Ergänzt werden diese Fantitel von Acki-Erlebnissen *(Voll die Latte)*, in dem Autor Axel Formeseyn das Fan-Dasein anhand eigener Erlebnisse auf die ihm eigene, lesenswerte Weise verarbeitet. HSV, Bier und Frauen – darum dreht es sich meist bei Volker Keidels Kurzgeschichten *(Die Ersten Elf; Zweite Mannschaft)*.

Im September 2012 erschien mit *Kinder der Westkurve* – DAS Fanbuch überhaupt, nach dem Motto »von Fans für Fans«. Damit ist wohl eines der großartigsten Werke über Fans entstanden, das ein Fan in seinem Bücherregal haben kann. Auf 660 Seiten mit unglaublichen 2000 Abbildungen werden alle Fangenerationen und Themen behandelt, die der HSV zu bieten hat. In 13 Themenabschnitten widmet sich das Buch allen Aspekten der vergangenen und heutigen Fankultur und bietet einen tiefen Blick in das Dasein eines HSV-Fans. Dabei wird sich auch intensiv mit den Schattenseiten des Fußballs beschäftigt. Nicht als bloßes Nacherzählen der Ereignisse, sondern aus Sicht der Anhänger, die zahlreich zu Wort kommen: Ultras, Rocker, Hooligans, Kutten.

51. GRUND

Weil es ein eigenes HSV-Panini-Album gibt

Fußballfans und Sammelleidenschaft. Das ist ein äußerst bemerkenswertes Kapitel. Auch HSVer stellen da keine Ausnahme dar. Schals, Anstecknadeln, Pins, Stadionpostkarten, Wimpel aller Art Programmhefte, Aufnäher, Bücher, Zeitungsausschnitte: Es wird gesammelt, was das Zeug hält. Auch da steckt oftmals jede Menge Leidenschaft dahinter. Über Sinn und Zweck darf – wie so oft im Fußball-Fanbereich – getrost der Mantel des Schweigens gebreitet werden. Die sind eben so, die HSV-Fans. Was Aufnäher angeht, so gibt es mittlerweile wirklich höchst erstaunliche HSV-Sammlungen, die auch in anderen Fankreisen schon tiefe Bewunderung geerntet haben.

Zahlreiche HSVer horten darüber hinaus Eintrittskarten, zumeist als Erinnerung an besuchte Heim- und Auswärtsspiele. In manchen Kartons oder Schubladen von HSV-Vielfahrern schlummern dabei sicherlich Schätze, die Profi-Sammler dringend benötigen würden. Vor allem Tickets von Europapokalspielen sind beliebt. Nur wenige Glückliche haben beispielsweise das Endspielticket von Athen 1983 im Fotoalbum kleben.

Das Sammeln von Stadionzeitungen hat besondere Tradition und seinen Ursprung in England: Bereits 1886 erschienen dort sogenannte Match-Cards, die Informationen zum Spiel wie etwa Aufstellung und Namen der Schiedsrichter enthielten. Fans begannen bereits in den 40er-Jahren, die kleinen Heftchen von den Spielen mit nach Hause zu nehmen und sorgfältig zu archivieren. Die Sammelleidenschaft in England ist bis heute ungebrochen. Es gibt zahlreiche Fachgeschäfte, die sich auf Fußballprogramme spezialisiert haben, und Zehntausende Sammler. Einzelne Programme haben dort bei Auktionen bereits für 30.000 Euro den Besitzer gewechselt. Doch auch in Hamburg gibt es einige »Verrückte«, die nahezu alle Programmhefte von Spielen mit HSV-Beteiligung ihr Eigen nennen können.

Das italienische Panini-Unternehmen hat sich die manchmal irrwitzige Sammelleidenschaft von Fußball-Anhängern längst zunutze gemacht. Deren Sammel- und Tütenbilder sind mittlerweile Kultobjekte und bei Jung und Alt gleichermaßen beliebt. Neben den Bundesliga-Spielzeiten sind für Fußballfreunde auch die Europa- und Weltmeisterschaften Anlässe, solche Bilder zu kaufen und in die dazugehörigen Sammelhefte zu kleben. Phasenweise entsteht hier ein regelrechter Wahn. Dabei mutet es schon merkwürdig an, wenn der leidenschaftliche HSVer plötzlich an Schlaflosigkeit leidet, weil ihm jetzt nur noch das Werder-Bremen-Vereinsabzeichen und das Tim-Wiese-Bildchen fehlen, um das aktuelle Heft zu komplettieren. Es hat denn auch schon manchen Vater gegeben, der angeblich seinem kleinen Sohn zuliebe Panini-Bilder sammelte und noch auf der Jagd nach den letzten Lücken im Heft war, obwohl das Interesse des Nachwuchses schon längst erloschen war.

Zum 125. Vereinsjubiläum des HSV im Jahre 2012 gab es einen ganz besonderen Panini-Schatz. Die beiden Hamburger Journalisten Oliver Wurm und Alexander Böker brachten das erste Heft exklusiv rund um den HSV auf den Markt. 125 Jahre Hamburger Sport-Verein als Klebechronik. Die Sammelbilder zeigen Porträts legendärer Spieler, Szenen unvergessener Spiele, die größten Erfolge des Vereins und beeindruckende Choreografien der Fans. Die Idee wurde zu einem spektakulären Erfolg: Die Startauflage von 500.000 Sammeltütchen war nach wenigen Tagen vergriffen, und nach zwei Monaten wurde die nächste Grenze geknackt: Das einmillionste Tütchen ging über den Verkaufstisch. Kinder, Jugendliche und Erwachsene tauschten auf dem Schulhof oder am Arbeitsplatz Uwe Seeler gegen René Adler und zweimal Yeboah gegen einen van der Vaart. Nicht wenige HSVer warten auf eine baldige Wiederholung dieses Spaßes.

52. GRUND

Weil der HSV die beste Musik hat

Wir könnten sie jetzt natürlich alle aufzählen: Abschlach!, die Hamburger Jungz, Elvis, Die Gefahr, Space Kelly und wie sie noch alle heißen. Dabei reicht es, sich nur einen einzigen Songtext durchzulesen. Die Band »Norbert und die Feiglinge« hat ihn geschrieben. In den dunklen Neunzigern. Als beim HSV die großen Zeiten vorbei waren und der Stadtteilverein zu Everybody's Darling wurde. Als es grausam war, HSVer zu sein. Das ganze Jahr über!

Der Song *Trotzdem HSV* ist der Beweis, dass HSVer einfach die besten Lieder schreiben, denn er strotzt nur so vor Selbstironie. Er ist quasi die Liedwerdung des HSVers und seiner Probleme, ganz egal, ob es der Mann ist, dessen Tante aussieht wie Pergament und die auch noch bis ins Treppenhaus zu riechen ist, oder des wenig beneidenswerten Menschen, dessen Katze nur drei Beine hat, weshalb er sie eigentlich erschießen müsste, dieses aber einfach nicht übers Herz bringt. So sind sie, die HSVer. Verschrien als tumbe Schläger, doch eigentlich Menschen mit einem guten Kern. Umso schlimmer, dass sie mit diesem Verein gestraft sind, dem sie ewige Treue geschworen haben. Zu dem sie immer noch hingehen, obwohl die Profis ihrer Fußball-Arbeit eher lustlos nachgehen, mühevoll unentschieden spielen und das auch noch extrem schwach.

Trotzdem HSV war die ultimative Hymne der 1990er-Jahre, als man noch verloren im Volksparkstadion stand, »zwischen einem Zaun und Stahlbeton«. Als man deprimiert war und sich schon darüber freute, wenigstens nicht verloren zu haben. Als es schwer war, Fan vom HSV zu sein. Dazu lag das Stadion »irgendwo am Arsch«. Zwischen ihm und dem Fan war noch der lange Marsch durch den Volkspark. Aufgrund des Wetters meist über schlammige Wege. »Und kommst du endlich an, hast du ein großes Loch im Bauch. Der Wurstverkäufer lächelt schon, der weiß das nämlich auch.«

Zugegeben, eine Wurst zum Preis von zwei'n gibt es auch heute noch und sie schmeckt auch heute noch »wie fettes Wasser mit 'nem Hauch von Schwein«. Immerhin aber ist das Bier nicht mehr genau so »warm und alkoholfrei wie die Wurst«, dafür aber mit 4,20 Euro noch teurer!

Und trotzdem ging man damals zum HSV, wie man es auch heute tut. »Natürlich geh'n wir hin, denn wir sind immer hingegangen, auch wenn sie heute wieder von uns Topzuschlag verlangen.« Auch das ist leider heute noch Usus. Und zwar zu deutlich unverschämteren Preisen als in den 1990er-Jahren. Aber es ist immer noch »billiger, als wenn man an die Ostsee fährt.« Was soll ich da, wo man sich eh nur in der Sonne dreht.

Damals wie auch heute gab es vor allem Leute, »die machen ein Geschrei, weil sie meinen, dass bei Pauli alles besser sei. Das Stadion, die Fans, sogar die Farben Weiß und Braun.« Und natürlich ham' sie recht, wir woll'n uns gar nicht mit ihn' hau'n.

Sie sehen, es sprach und spricht eigentlich kaum etwas dafür, zum HSV zu gehen. Bei näherer Betrachtung genauso wenig wie auf den ersten Blick. Aber wie es »Norbert und die Feiglinge« zum Ende hin ausdrückten:

»Und wir geh'n trotzdem immer noch zum HSV. / Unsere Farben sind Schwarz-Weiß-Blau. / Es regnet sowieso, das ist kein Grund, nicht hinzugeh'n, / und vielleicht bekomm' wir heute ja ein gutes Spiel zu seh'n. / Das Volksparkstadion ist viel zu groß. / Und ich bin wieder mal arbeitslos. / Scheißegal, die Kohle für 'nen Stehplatz ist noch drin. / Wir sparen halt woanders und geh'n trotzdem wieder hin. / Denn nun spielt er wieder, unser HSV. / Hier regiert der HSV!«

Das war so, das ist so und das bleibt so. Klingt ziemlich uncool und doof, aber damit haben wir uns längst arrangiert. Und immerhin vom Regen bekommen wir dank kompletter Überdachung des Stadions heute nichts mehr mit. Wir HSVer freuen uns eben auch über die kleinen Dinge des Lebens.

53. GRUND

Weil der HSV nicht nur im Stadion stattfindet

Wenn der HSV auswärts antritt, dann freut sich längst nicht nur der Kassierer des gastgebenden Vereins. Denn HSV-Fans geben in den verschiedenen Städten ihre ganz eigene Visitenkarte ab. Da hüpft das jeweilige Wirte-Herz in den Kneipen, Lokalen und Gaststätten. Die Jungs mit der Raute sind am Tresen immer gern gesehen. Jedenfalls fast immer. Der Umgang mit manchmal nicht nur pflegeleichten Fans will natürlich gelernt sein. Doch wenn der richtige Ton getroffen wird, dann kommen die HSVer immer und immer wieder. »Oben an der Treue blau«, wie es in einer alten Vereinshymne heißt.

Mal ein Beispiel: Fragt man im Münchner »Augustiner-Stüberl« im Stadtteil Pasing nach, ob gestern der HSV in der Stadt war, dann denkt Wirtin Marianne nicht an Adler, Aogo oder Rudnevs, dann hat sie Horden in Schwarz und Weiß und Blau vor Augen, die bis in die frühen Morgenstunden ihr Lokal bevölkerten und für reichliche Stimmung und Umsatz gesorgt haben. Wie seit vielen Jahren immer dann, wenn der Hamburger Sport-Verein in München spielt. Marianne: »Ich bin sehr stolz darauf, dass der HSV in meinem Lokal so toll feiert.« Das sagt sie wirklich so. Die Fans bei ihr in der Kneipe, das ist für sie »der HSV«. So kommt es denn – Tendenz steigend – durchaus auch vor, dass Anhänger gar nicht mehr ins Stadion fahren, sondern gleich in der Kneipe bleiben, um dort das heutige Spiel in nicht selten netter und engagierter Runde zu verfolgen. Prognose: Je mehr Sicherheitswahn rund um die modernen Stadien herrscht, desto eher wird sich dieser Trend in der Bundesrepublik durchsetzen.

Was sich Jahr für Jahr rund um das Auswärtsspiel in München abseits des Stadions abspielt, ist auch anderswo zu beobachten. HSVer in Bremen findet man an Spieltagen vor allem im »Taubenschlag«, in Dortmund ist die »Reithalle« beliebt, in Bochum das »Bermuda Dreieck«, in Nürnberg der Irish Pub am Bahnhof, in Frankfurt das »Moseleck«, in Freiburg der Biergarten am Stadion, in Stuttgart das »Polizeisportlerheim«, in Leverkusen die Nähe zur Düsseldorfer Altstadt – und in Hoffenheim dann allerdings doch lieber das Bier am eigenen Bus auf dem Gästeparkplatz.

HSV-Kneipenkultur natürlich auch in der Heimatstadt. Und wie! Kein Wunder, ist doch das Nachtleben in Hamburg im wahrsten Sinne weltberühmt. Ein kleines Wunder stellt hier die HSV-Kneipe »Tankstelle« mitten auf dem Kiez dar – für jeden HSVer aus nah und fern ein echtes Erlebnis. Rund um diesen Treff gibt es jede Menge Bars, Kneipen, Lokale mit HSV-Bezug. Auswärtsfans und HSVer treffen in der »Pils-Börse« aufeinander, in aller Regel durchaus friedlich, weil auch Gästefans zumeist mit vernünftigem Respekt in die Freie und Hansestadt Hamburg kommen.

Mit Freunden am Tresen in den verschiedensten Städten rund um die HSV-Raute immer wieder zusammenkommen – was könnte es Schöneres geben! Da können sie für die Stadien und modernen Arenen immer neue Regeln und Beschränkungen erdenken, in den Kneipen werden die Umgangsformen von Fans gemacht! Und auch das ist der HSV – vielleicht sogar mehr und intensiver als das nicht immer sehenswerte Gekicke dort unten auf dem Rasen.

54. GRUND

Weil der HSV auch im Radio fasziniert

Wohl kein anderer deutscher Fußballclub hat das Phänomen der Radioreportage so geprägt wie der Hamburger SV. Heute haben modernste Fernseh-Übertragungen von allen Bundesligaspielen die gute alte Radio-Konferenz zwar ein wenig verdrängt, aber noch nicht komplett ins Abseits stellen können. Es gibt sie noch, und wer sich ihr hingibt, wird schnell feststellen, dass sie von ihrer Ursprünglichkeit, von ihrer Dramatik und von ihrer Faszination nichts verloren hat. Auch heute sitzen dort noch wahre Künstler am Mikrofon. Vielleicht sind es nicht mehr ganz so unverwechselbare Stimmen, doch auf Ballhöhe sind die Jungs um Sabine Töpperwien allemal.

»Tooor! Tooor! Tooor! Ein herrlicher Treffer! Ein wunderbarer Treffer!« – Bei jeder Menge HSV-Fans gibt es noch heute eine ordentliche Gänsehaut, wenn sie diese Worte hören. Radio-Legende Kurt Emmerich (1930–2006) rief sie aus, als Felix Magath damals, 1983, in Athen den HSV zum Europapokalsieg im Landesmeisterwettbewerb über Juventus Turin schoss. »Aus dem Volksparkstadion: Kurt Emmerich!« – Man muss kein rabiater Traditionalist sein, um schon bei dieser Ankündigung wehmütiges Herzklopfen zu verspüren. 30 Jahre lang war »Emme« für den Norddeutschen Rundfunk am Mikro und begleitete den HSV mit seiner unverwechselbaren Stimme durch Höhen und Tiefen.

Ob Günter Maletzko, Alexander Bleick, Rolf-Rainer Gecks oder Lars Pegelow – die »HSV-Reporter« sind durchaus auch Helden, auch wenn der Fangemeinde oftmals das Gesicht zu diesen Größen fehlt. Doch nicht nur im NDR wurden HSV-Tore ausgerufen. In der WDR-Schlusskonferenz waren es auch Edgar Endres, Günter Koch, Tom Beyer, Manfred Breuckmann, Werner Hansch oder Erich Laaser, die wichtige Siege oder bittere Pleiten bei HSV-Auswärtsspielen zu verkünden hatten. Leider nicht mehr zu ermitteln ist, welchem Reporter dieser große Satz mitten im Treiben einer bei knapper HSV-Führung dramatischen Partie in der letzten Spielminute zuzuschreiben ist: »Doch HSV-Torhüter Rudi Kargus nimmt die schwarz-weiß getupfte Lederkugel in seine behandschuhten Hände.« Welch wohlige Erleichterung sich noch heute breitmacht! Dann kann ja nichts passieren! Das wird der Sieg sein! Radioreportagen von HSV-Spielen – das erinnert bis heute an das leichte nostalgische Kratzen auf Schallplatten aus Kindertagen.

Eines der wenigen spektakulären Spiele, die der HSV in der Vergangenheit abgeliefert hat, war ein 4:4 in der Champions League 2000/01 gegen Juventus Turin. Ganz besonders in Erinnerung geblieben ist dabei eine mitreißende Radioreportage des Journalisten Alexander Jacob, der für das HSV-Internet am Mikro saß, und mit dem die Emotionen schließlich komplett Achterbahn fuhren. Der damals nicht einmal 30-Jährige, eigentlich Fan von Wattenscheid 09, hat durch seine Schilderungen (»Ich fass es nicht, kneif mich doch mal einer!«) einen festen Platz in der HSV-Historie. Aus seinen originellsten Ausrufen ist sogar eine Musik-CD entstanden, die sich bis heute unter HSVern großer Beliebtheit erfreut. Ein weiterer »Ohrenschmaus« für HSV-Freunde ist das 2010 erschienene Audiobook *Toooor! ... für den HSV. Die besten Fußballmomente seit 1963* von Claudia Hoogestraat und Lars Pegelow. Sie haben aufregende Radioreportagen, skurrile Geschichten, Gänsehautmomente und Original-Interviews der Hamburger Bundesligageschichte zusammengetragen. HSV im Radio: Das ist ein echter Liebhaber-Tipp. Da geht es um das Spiel, da lenkt nichts ab. Da scheint ein Eckball immer gefährlich. Einblendungen gähnender Kinder mit Eistüte in der Hand sind nicht notwendig und auch gar nicht möglich. Keine Werbebanden, keine 3-D-Analyse, kein Marcel Reif. Wer »Nur der HSV« nicht nur rufen, sondern auch leben will, der ist vor dem Radiogerät gut aufgehoben. Oder natürlich im Fanblock.

55. GRUND

Weil es beim HSV nicht nur auf dem Rasen manchmal Theater gibt

Fußballfans gehören im Allgemeinen nicht zu den Menschen, denen man kulturell viel zutraut. Das mag am Image liegen, das dem Kurvengänger noch aus der Zeit nachhängt, als die Stadien eher als Sammelbecken gewalttätiger Proleten denn als Treffpunkt distinguierter Kulturfreunde galten. Oder auch, weil es immer noch genügend Fußballfans gibt, die das Klischee des Wüstlings nur zu gern erfüllen. Hoch- und Fankultur, das geht nicht zusammen, so die landläufige Meinung.

Beim HSV funktionierte das im Jahr 2005 ganz hervorragend. Der Regisseur Martin Kreidt und der Autor Christoph Twickel hatten die Idee zu einem Theaterstück mit den und über die Fans des HSV, das sie zusammen mit dem HSV-Fanprojekt und dem bekannten Hamburger Thalia Theater realisieren wollten. Titel: *Hinter euren Zäunen*. Der Name des Stückes hat durchaus eine Bedeutung: »Weil der Titel die Perspektive, aus der erzählt wird, gut ausdrückt und auch gleichzeitig die Thematik der Einpferchung in unbequeme Gästeblöcke ein wenig anreißt. Das passt in unseren Augen und in denen der Schauspieler«, erklärte Autor Twickel im Buch *Kinder der Westkurve*.

Das Besondere an dem Projekt: anstatt eine vollkommen fiktive und daher vielleicht fanfremde Geschichte zu erfinden, wurden die Fans von Beginn an beteiligt und erzählten ihre Erlebnisse. Verstärkt durch zwei Profischauspieler standen im September 2005 dann eben diese waschechten HSV-Fans nach vielen Monaten harter Proben auf den Brettern, die die Welt bedeuten, um die Zuschauer auf Auswärtsfahrt mitzunehmen. Einer der Darsteller des Stücks: »Vom ersten Zusammentreffen mit Martin Kreidt bis zur Premierenvorstellung mussten wir so manche Kröte schlucken. Je näher das Stück kam, desto mehr vereinnahmten uns die Proben. Text lernen, Ausdruck, Stimmübungen. An einem Workshop-Wochenende stand das Projekt dann auf der Kippe, als Martin Kreidt auf einem Flipchart die kommenden HSV-Spiele aufgelistet hatte und eins nach dem anderen für uns strich. Trotzdem war es eine einmalige und sensationelle Erfahrung.«

Und das nicht nur für die Laienschauspieler! Das Publikum, das immer aus Fans und Außenstehenden bestand, wurde je nach eigenen Erfahrungen in eine vertraute oder völlig fremde Welt entführt und sogar selbst gefordert. Denn während (zumindest in den meisten Vorstellungen) betretenes Schweigen herrschte, nachdem die Schauspielerinnen und Schauspieler frech die gesangliche Konfrontation suchten, kamen die Zuschauer nach einer kleinen Pause inklusive einer Nachhilfe im Fan-Brüllen selbstbewusster zurück auf ihre Plätze und wetteiferten mit dem Chor auf der Bühne lautstark um die kreativeren Gesänge.

Neben den bereits eingangs erwähnten Klischees, die natürlich auch hier nicht unter den Tisch fallen durften, machten die schauspielernden Fans, aber auch das »normale« Publikum auf Themen und Probleme aufmerksam, die aktive Fans beschäftigen: Kommerzialisierung, das Verhältnis zwischen Spielern und Fans sowie Probleme mit der Polizei. Aber auch selbstkritische Töne waren zu hören.

Abgerundet wurde das Stück durch Videosequenzen und Gastauftritte des Masseurs Hermann Rieger sowie die HSV-Band »Abschlach!«, die für fußballtypische Töne sorgte.

Nach 13 ausverkauften Vorstellungen am Thalia Theater an der Gaußstraße und einer Benefizvorstellung auf einer improvisierten Bühne im »Sportpub Tankstelle« waren sich Zuschauer, Kritiker und Mitwirkende einig darüber, dass sich der gewagte Versuch gelohnt hatte und Hamburgs Fanszene stolz auf einen weiteren Kulturpunkt blicken kann. *Die Welt* fasste am 3. September 2005 passend zusammen: »›Hinter euren Zäunen‹ konzentriert sich auf den Kern des Fan-Seins, auf die allwöchentliche Suche nach unbezahlbarer Zugehörigkeit und nur sehr schwer zu erschütternder Treue; es ist kein feinziseliertes Stück für Ästheten, die vergrübelt nach Hause gehen wollen, sondern ein Muss für Zeitgenossen, deren Herzen am Sonnabend Nachmittag schneller schlagen und die nicht müde werden, an einen Fußball ohne Käsehäppchen in der VIP-Lounge zu glauben. Und sei es im Theater.«

Dem ist nichts hinzuzufügen.

56. GRUND

Weil Lotto King Karl die schönste Stadionhymne singt

Wenn im Hamburger Volkspark der Anpfiff naht, fährt eine gelbe Hebebühne vor die Nordtribüne. Diese Hebebühne besteigen zwei Männer, die dann damit nach oben fahren und mit Akustikgitarre und Schellenkranz bewaffnet ein Lied singen, bei dem fast das gesamte Stadion mit einstimmt, teilweise sogar Fans der Gastmannschaft. Bei den beiden Männern handelt es sich um Lotto King Karl und Carsten Pape, ihres Zeichens Musiker. Das Lied heißt *Hamburg, meine Perle* und ist die wohl beliebteste Hymne der Bundesliga. Und das kam so:

Im Jahr 2000 veröffentlichte der Hamburger Gerrit Heesemann alias Lotto King Karl sein drittes Album mit dem Titel *Bier her now*. Heesemanns Kunstfigur Lotto King Karl ist in Hamburg relativ bekannt. Er singt über Hamburg-spezifische Themen und lässt den Proll aus Barmbek heraushängen, nämlich den Gabelstaplerfahrer Karl König, der Lottomillionär geworden ist. Der lokale Touch seiner Songs findet besonders in der HSV-Fanszene Anklang, die sich mit seinen Songs identifizieren kann und auch lautstark mitgrölt. Insbesondere auf Auswärtsfahrten im Sonderzug oder auf den legendären Auftritten des Sängers im Stadtpark.

Auf *Bier her now*, einem Album, das auch in der HSV-Kneipe »Sportpub Tankstelle« in der Musikbox zu finden war und ist, war damals der Titel *Hamburg, meine Perle* zu finden, eine Hommage an die Hansestadt und das dortige Leben mit seinen ganz speziellen Eigenheiten. Der Titel war Kult und wurde von den Fans begeistert mitgesungen. Diese Begeisterung für einen Song führte dazu, dass Lotto King Karl eine HSV-Version schrieb, die den Namen *Hamburg, meine Fußballperle* bekam. Hierin veräppelt er die Gegner des HSV mit Texten wie »wenn du aus München kommst, / zieh'n wir dir die Lederhosen aus« oder »wenn du aus Leverkusen kommst, /

lass den Torwart gleich zu Hause«. Letzteres in Anlehnung an den ehemaligen HSV-Torhüter Hans-Jörg-Butt, der damals des Geldes wegen nach Leverkusen wechselte.

Mittlerweile gehört die Hommage an die Stadt beziehungsweise an den Verein zum festen Inventar der Stadionshow des HSV. Zahlreiche Fans behaupten heute, sich ein HSV-Spiel ohne die vermeintliche Vereinshymne gar nicht mehr vorstellen zu können. Das mag vielleicht etwas übertrieben klingen, ist aber tatsächlich die gültige Mehrheitsmeinung im Stadion und mit Sicherheit einer der Gründe, warum der Moderator des lokalen Radiosenders Radio Hamburg auch nach dem Wechsel in der Medienpartnerschaft (Radio Hamburg beendete das Engagement, der NDR kam und brachte eigene Stadionsprecher mit) weiterhin die Stadionshow moderierte und seinen Song zum Besten gab. Der Verein wusste nämlich ganz genau, dass eine Beendigung des Engagements von Lotto King Karl eine wahrhafte Revolte gegen die Club-Oberen nach sich gezogen hätte. Wohl eine einmalige Situation in Deutschland, allerdings auch nicht verwunderlich, wenn man weiß, wie sehr die Hamburger Fans zum Beispiel auch den Kult-Masseur Hermann Rieger verehrten und immer noch verehren.

57. GRUND

Weil man mit dem »Volksparkett« eine echte Alternative zur Stadionshow hat

Früher war alles besser. Na ja, einiges zumindest. Das gilt auch für den Stadionbesuch. Natürlich muss man so manchen Fußballromantiker daran erinnern, dass es durchaus auch Dinge gab, auf die man heute gern verzichtet: Spiele in der ungeschützten und unüberdachten Westkurve des alten Stadions, Westwind und dieser verdammte Hamburger Dauernieselregen, der über kurz oder lang durch noch so wetterfeste Kleidung kriecht. Zum Beispiel. Denn diese Ausflüge lassen sich wirklich nur sehr schwer schönreden. Gefühlte Kilometer vom Geschehen auf dem Spielfeld entfernt, von zwielichtigen Typen umgeben, die noch viel zwielichtigere Parolen brüllen. Einerseits Gründe genug, sich das eine oder andere Bier zu genehmigen. Andererseits waren die sanitären Einrichtungen auch nicht jedermanns Sache. Um es vorsichtig zu formulieren.

Grundsätzlich hielt sich auch das Niveau der Stadionshow in sehr überschaubaren Grenzen. Ein Mix aus eher einfacher Unterhaltung und Werbung berieselte die Zuschauer, die sich (warum auch immer) schon weit vor Spielbeginn in das weite Rund verirrt hatten. Zu besonderen Anlässen ließ man sich besondere Einlagen einfallen. Da kurvten dann Stars playbacksingend in Cabrios durch den Innenraum und Fallschirmspringer landeten unter dem Gejohle der Anwesenden im Mittelkreis des Spielfeldes – zumindest wenn alles nach Plan lief.

Allerdings, und das muss man den alten Zeiten dann fairerweise zugutehalten, gab es auch mal Pausen zum Durchatmen. Das ist heute anders. Die Besucherinnen und Besucher des Stadions werden, ob sie es wollen oder nicht, in einer meist bedenklichen Lautstärke und Penetranz mit Werbung und Schwachsinn beschallt, dass ihnen im wahrsten Sinne die Ohren wackeln. Ein Ende findet das Spektakel meist erst pünktlich mit dem Anpfiff. Bei jeder sich während des Spiels bietenden Gelegenheit und im direkten Anschluss findet es seine Fortsetzung. Früher, da stimmten sich die Fans auf das Spiel ein, sangen sich langsam warm, schmähten die eintreffenden gegnerischen Anhänger oder animierten ihre Stars zum Gruß in die Kurve. All das gibt es heute nicht mehr. Den Kampf um die akustische Hoheit in den Stadien haben die enormen Lautsprechersysteme längst für sich entschieden.

In Hamburg haben sich die Fans mittlerweile eine Alternative geschaffen und ihre eigene kleine Stadionshow ins Leben gerufen, das Volksparkett. Seit einigen Jahren findet das kleine Bühnenprogramm vor allen Heimspielen des HSV im Umlauf der Nordtribüne statt. Ohne Werbung, dafür mit Themen, die die Fans wirklich interessieren. Um einen Gegentrend gegen die oben beschriebene Beschallung im Stadion und das anonyme Gepöbel in den zahlreichen Internetforen zu schaffen, stellt ein Team, das sich aus Fans zusammensetzt, jeweils ein einstündiges Programm auf die Beine, an dem sich die Zuschauerinnen und Zuschauer selbst aktiv beteiligen können. Das Volksparkett bietet Interessantes, Kulturelles, Humorvolles und Kritisches – und ist zugleich eine offene Bühne für alle Fans des HSV. Mittlerweile hat sich das Volksparkett nicht nur in der Hamburger Fanlandschaft etabliert, sondern lockt auch zunehmend Fans anderer Vereine an und hat erfreulicherweise sogar Nachahmer in anderen Städten gefunden.

58. GRUND

Weil man 1977 mit rosa Trikots den Europapokal gewann

Über Geschmack lässt sich nicht streiten. So sagt es der Volksmund. Der Grund ist einfach: Jeder Mensch hat seinen eigenen Geschmack, was auch gut ist. Blickt man in die Modebranche, so gilt der Grundsatz nur noch mit Abstrichen. Denn hier wird von Berufs wegen darüber gestritten, was schön ist und was nicht. Modeexperten und solche, die sich dafür halten, fachsimpeln und entscheiden, was modern und angesagt ist – und was eben nicht. So gibt es jährlich wechselnde Modefarben und besondere Schnitte, die als »in« bezeichnet werden. Das Gleiche gilt natürlich für Stile, die als »out« abgestempelt werden. Wer mit der Mode gehen will, muss sehr aufmerksam, flexibel und zahlungskräftig sein.

Mode gibt es auch in Fußball-Kreisen. Das beginnt schon auf den Tribünen der Spielstätten. Hier werden zwar nicht penibel und alljährlich wechselnde Trends gesetzt, gewisse Entwicklungen sind jedoch unverkennbar. Wenngleich es heute nur noch schwer vorstellbar ist, so war es vor 100 Jahren absolut üblich, im feinsten Sonntagsanzug zum Fußball zu gehen. Mit Schirm, Charme und Melone sozusagen. Auf den Tribünen spiegelte sich ein Stück weit auch die Mode wider. Schlaghosen, lange Haare und Hippie-Flair waren auch auf den Tribünen der 1960er- und 1970er-Jahre unverkennbar. In der Folge wurde dieser zumindest in den deutschen Fankurven zunehmend von einem Rocker-Stil abgelöst, aus dem auch die unverkennbaren Fan-Kutten entstanden: Jeanswesten, die über und über mit Aufnähern übersät waren.

Mit der Jahrtausendwende sind jedoch auch diese Einflüsse fast vollständig verschwunden. Der heutige Fan erscheint oftmals mit Trikot, nur einem Vereinsschal oder ganz zivil zu den Spielen. In manchen Fan-Kreisen wird dabei sogar größter Wert auf sündhaft teure Bekleidungsmarken gelegt.

Aber auch auf dem Rasen gibt es modische Entwicklungen. Im Vergleich zur Alltags- oder Fanmode halten sich die erkennbaren Trends hier allerdings in Grenzen. In Erinnerung geblieben sind sicher die robusten Baumwollhemden, die brustaufwärts mit einem Bändchen geknüpft wurden. Ähnlich verhält es sich mit den auffälligen hemdähnlichen Kragen, die früher viele Trikots zierten. Mit der Zeit, der Weiterentwicklung von funktionaler Sportkleidung und dem einsetzenden Verkauf der jeweiligen Jerseys als Fanartikel ersetzen Polyester-Shirts die alten Baumwollmodelle. Die Schnitte wurden zunehmend figurbetont, der klassische Kragen ist heute eher eine Seltenheit. Neben den obligatorischen Vereinslogos lassen sich heute abgesehen von dem Vereinsnamen auch beliebig Trikotnummern und Spielernamen auf den Trikots der Fans verewigen. Durchaus charakteristisch, wenn auch nicht individuell beeinflussbar, sind heute auch die unübersehbaren Schriftzüge der Sponsoren.

Über die Entwicklung von Muster- und Farbgestaltungen lässt sich hingegen kaum ein Pauschalurteil fällen. Während es Vereine gibt, die seit jeher versuchen, vereinstypischen Kreationen (in Hamburg eindeutig das weiße Shirt in Kombination mit roten Hosen und blauen Stutzen) treu zu bleiben, sind andere Clubs durchaus experimentierfreudig. Manchmal mit Erfolg, manchmal nicht. Jedenfalls gibt es zahlreiche Shirts, die es geschafft haben, in Erinnerung zu bleiben. Und sei es in gruseliger. Denn wer erinnert sich nicht an das schicke grün-gelbe Trikot der Bayern, das kreischend bunte Faber-Trikot der Bochumer oder die gewagte Grün-Orange-Kombination der Spieler von der Weser?

In Hamburg wird glücklicherweise fast ausschließlich bei den Zweit- und Drittsätzen der Spielbekleidung experimentiert. Nicht jedem werden die roten, blauen oder schwarzen Erscheinungsformen der Auswärtstrikots vergangener Spielzeiten gefallen haben – das Heimtrikot allerdings gilt in Fan- und Vereinskreisen als unantastbar.

Einmal in der Vereinsgeschichte gab es allerdings einen recht aufsehenerregenden Ausreißer. In der Saison 1976/77 ließ der damalige Präsident Peter Krohn das Team des HSV in rosa Hemden auflaufen. Der durchaus findige und kreative Krohn, der nebenbei auch für zahlreiche andere unkonventionelle Marketing-Coups verantwortlich war, versuchte durch die etwas ungewöhnliche Aufmachung vermehrt, weibliche Fans zum HSV zu locken. Ob ihm dies durch seinen ungewöhnlichen Schachzug gelang, ist nicht sicher zu belegen. Einen Erfolg kann man in Hamburg allerdings direkt an die rosa Trikots knüpfen. Ohne zu wissen, wie wohl sich die Spieler damals in ihren Shirts tatsächlich fühlten. Fest steht, dass sie mit ihnen den Europapokal der Pokalsieger an die Elbe holten.

59. GRUND

Weil Kai Falke in einer Hamburger Hafenkneipe strandete

Kai Falke? Dieser Name dürfte selbst ausgewiesenen HSV-Statistikern nicht bekannt sein. Das ist aber auch kein Wunder, denn Kai Falke ist nie HSV-Spieler gewesen. Kai Falke ist ein Spieler des FC Barcelona. Wohlgemerkt nur auf dem Papier, denn hierbei handelt es sich um die Hauptfigur einer gleichnamigen Comicreihe des Koralle Verlags aus den 1970er-Jahren. Sie erzählt die Geschichte eines deutschen Stürmers und seiner Karriere beim FC Barcelona. Die komplette Handlung und die dargestellten Personen sind wie die Spielerperson Kai Falke fiktiv. Für die dargestellten Orte gilt das hingegen nicht. Das weltbekannte Stadion Camp Nou findet sich im Heft ebenso detailgetreu wieder wie die umgebenden Gebäude des Trainingsgeländes und Teile der Stadt.

Dieses Stilmittel beschränkt sich nicht nur auf die katalanische Mittelmeermetropole, sondern zieht sich durch alle Bände. Und spätestens hier wird es für HSV-Fans dann interessant. Im dritten Heft der Reihe namens *Kai Falke geht aufs Ganze* dreht sich nämlich alles um das Europapokalspiel des FC Barcelona beim Hamburger SV. Dieses Spiel hat es in der Realität nie gegeben. Dennoch besticht die Geschichte vor allem durch ihre Einbettung in real existierende Orte der Stadt Hamburg und des HSV.

Und da dürfte so manch traditionsbewusster HSVer vor Freude feuchte Augen bekommen, denn die Story führt durch fast alle Bereiche oder Stätten, die in der Geschichte des HSV jemals von Bedeutung waren. Das Vereinshaus »Die Burg«, das Trainingsgelände in Ochsenzoll, der Sportplatz am Rothenbaum oder aber das Volksparkstadion. Alles wird mit einer unglaublichen Liebe zum Detail abgebildet. Bei einer Darstellung des HSV-Trainings hängen am Trainingsgelände in Ochsenzoll tatsächlich Schilder mit der Aufschrift »Paul Hauenschild Sportplätze« und »Restaurant Lindenhof«, am Rothenbaum stößt man auf den bekannten Eingang mit der danebenliegenden U-Bahn-Station Hallerstraße und im Volksparkstadion ragen wie selbstverständlich die prägnanten Flutlichtmasten in die Höhe und am Oberrang der Haupttribüne prangt der Schriftzug »Volksparkstadion Hamburg«.

Gleiches gilt auch für den Rest der Stadt Hamburg. Der Michel, der Fernsehturm, das Trockendock bei Blohm & Voss, die bekannten HADAG-Hafenfähren, das Bismarckdenkmal oder sogar Straßenschilder: Alles ist originalgetreu nachgezeichnet. Die einzige Person in der gesamten Handlung, die übrigens wirklich 1:1 aus der Realität übernommen wurde, ist HSV-Legende Kevin Keegan. Die »Mighty Mouse« mit der Wuschelmähne wäre aber auch ohne die Benutzung seines Namens nicht zu verkennen gewesen. Das Spiel im Hamburger Volksparkstadion endet schließlich mit einem 3:1-Sieg für den HSV. Stolz verkündet auch hier im Comic die charakteristische, stelzbeinige Anzeigetafel in der Ostkurve den Spielstand. Das Dach des Spielertunnels ist natürlich mit einer HSV-Raute bedeckt. Alles ganz genau so, wie es früher aussah.

Eine besondere Wendung erfährt die Geschichte durch eine unberechtigte Rote Karte für Kai Falke in der ersten Halbzeit. Der frustrierte Stürmer flieht daraufhin über die bekannte Fußgängerbrücke hinter der alten Haupttribüne. Letztendlich landet er noch vor dem Spielende in einer Eckkneipe unweit des Hafens. Dort wird er von den HSV-Fans natürlich erkannt und zum Trost auf das eine oder andere Getränk eingeladen. Zu vorgerückter Stunde schleppen die sorgsamen HSVer den mittlerweile sturzbetrunkenen »Star« in das nahegelegene Mannschaftsquartier »Hotel Hafen Hamburg«. Einige Tage später wird die drohende Sperre von der UEFA aufgehoben und Kai Falke kann somit im Rückspiel gegen den HSV wieder auflaufen. Damit endet eine fiktive, aber dennoch herrliche Geschichte, in welcher der HSV, die Stadt Hamburg und die Anhänger der Rothosen die wahre Hauptrolle spielen. Kai Falke mag zwar keine HSV-Legende sein, aber dieser Comic hat auf jeden Fall Kultstatus.

7. KAPITEL

»ZEHNTAUSEND HAMBURGER, SCHALALALALA …«

Fans des HSV

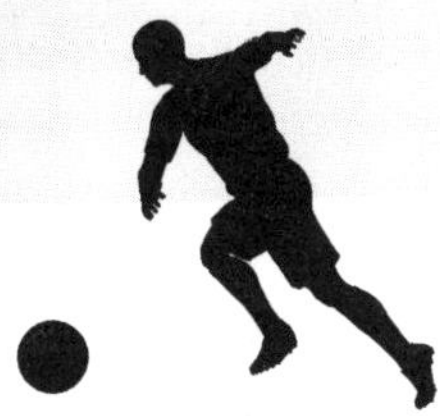

60. GRUND

Weil der HSV Religion ist

Fans und ihr Draht zum Fußballgott. Der glüht. Das unterstreicht auch der Träger der guten alten Kutte, der stolz den Aufnäher »Der HSV ist meine Religion« präsentiert. In Herzhöhe natürlich! Vor der Vereinsfahne beten, Beschwörungen aller Art, Glücksstein, Glückspullover – wenn das nichts Mystisches ist! Oder ist es Religion? Der erste Stadionbesuch quasi als Taufe? Der Fanclub-Eintritt als Konfirmation? Die Vereinshymne als Glaubensbekenntnis? Der neutrale Leser mag schmunzeln. Dem leidenschaftlichen Fan bleibt das Lachen möglicherweise im Halse stecken angesichts der Nähe solcher Bilder zur Realität. Fußball und Fansein: Das geht über eine Modeerscheinung hinaus, ist für manchen eine höchst ernste Angelegenheit und ohne Zweifel auch Lebensinhalt.

Von Spielern wie auch Fans sind allerlei Rituale vor Spielen überliefert. Irgendwie müssen mangelnde Fähigkeiten, die Deutsche Meisterschaft immer wieder nach Hamburg zu holen, ja bezwungen oder zumindest überspielt werden. Immer den rechten Schuh zuerst, immer ins gleiche Trainingslager, Wurst stets an der gleichen Imbissbude oder eine Mannschaftsaufstellung nach Sternenbildern. Gab es alles schon! Und wer weiß, ob der HSV 1979 Deutscher Meister geworden wäre, hätte HSV-Fan Sören aus Tonndorf nicht um 0.01 Uhr des Spieltages seine HSV-Fahne mit Glitzersternen beworfen. Klappt bei wichtigen Spielen immer! Fast immer!

Fußball und Rituale – das hat durchaus Geschichte. Dazu gehört – früher mehr als heute – schon das »Verkleiden«, also das liebevolle Anlegen der Kutte, des Stirnbandes, der Pulswärmer, vielleicht gar der Schminke in den drei Vereinsfarben. Auch Mottofahrten (Motto beispielsweise: »Ballermann. Ab an den Strand.« Also: »Heute alle im Hawaii-Hemd nach Kaiserslautern!«) sind letztlich Rituale. Und Platzstürme. Oder Mittelkreisanbeter. Bald jeder langjährige

Fan hat mal einen gesehen: Ein junger Mann löst sich urplötzlich aus der Anonymität des Fan-Blocks, läuft mit Fahne zum Anstoßpunkt, kniet nieder und beschwört – die Hände zum Himmel und wieder auf den Boden – das Vereinstuch. Wem das auch noch bei Auswärtsspielen gelang, der hatte den ersten heimlichen Sieg für seinen Club bereits eingefahren. Heutzutage würden derartige Auswüchse mit jahrelangem Stadionverbot geahndet. Daher sind die Anbeter am Mittelkreis im Grunde bereits Fußball-Geschichte.

Was bleibt, sind gelegentliche Flitzer. Ein paar Sekunden Adrenalin. Ein paar Sekunden im Blickfeld Zehntausender vor Ort. Ein paar Sekunden vor Millionenpublikum. Mal Mutprobe. Mal Wette. Mal Trunkenheit. Weil sie für unangenehme Störungen des Spielbetriebs sorgen, gelten Flitzer in der Öffentlichkeit als Rowdys oder »sogenannte Fans« und werden von Ordnern oder Polizisten festgenommen. Zuschauer finden sie hingegen meist nur lustig. Verhaltensforscher sprechen von »öffentlicher Obszönität«, wenn es wieder einem – meist männlichen – Jugendlichen gelingt, Sperrzäune zu überwinden und sich auf dem Rasen eines Fußballstadions zu präsentieren. Als Held für den Moment. Und vielleicht auch aus Aberglaube, seinem Verein damit zum Sieg zu verhelfen.

Heute sind TV-Stationen allesamt angehalten, Flitzern möglichst keine Aufmerksamkeit zu schenken, um keine Nachahmungstäter zu animieren. Der sogenannte Fußball-Flitzer findet immer weniger Nischen in den neuen, videoüberwachten Arenen, um sich auszuleben. Möglicherweise gehört auch er bald ganz der Vergangenheit an. Es drohen mittlerweile nämlich harte Strafen, eine Anzeige wegen Erregung öffentlichen Ärgernisses und das Stadionverbot inklusive. Früher reichte ein beherztes Zurückverfrachten in den Fanblock vollkommen aus.

Doch zurück zur Religion. Wenn wir einmal überlegen, was im Laufe der Jahrhunderte schon alles in Gottes Namen gesegnet wurde, dann kann auch ein echtes Gebet für den Verein kein Fehler sein.

61. GRUND

Weil die HSV-Liebe unter die Haut geht

»Ist der etwa tätowiert?« Das fragt – vorurteilsbelastet – heute eigentlich niemand mehr. Schon mal gar nicht beim HSV. Das Motto »Die Raute im Herzen« nehmen immer mehr Fans wörtlich. Tattoos mit dem unverwechselbaren Vereinsabzeichen der Rothosen unter der Haut sind tausendfach verbreitet, darunter gibt es wahre Kunstwerke zu bestaunen. Natürlich sieht man auch heute noch die berüchtigten »Frikadellen« (alte oder schlechte Tattoos), die an »Knackis« oder Seemänner erinnern; in aller Regel aber sind Tätowierungen von HSV-Anhängern mittlerweile von atemberaubender Fantasie, Kreativität und viel Liebe geprägt.

Was einst irgendwo in den Reihen der britischen Armee begann, ist heute vielfach zu einer Kunstform geworden. HSV-Fans entdeckten Vereinstätowierungen Anfang der 1970er-Jahre. Meist Leute, vor denen die eigenen Eltern gewarnt haben, gingen mit einfachen Hilfsmitteln wie Nadeln und Tinte daran, die HSV-Raute mehr oder weniger erkennbar unter der Haut zu platzieren. Ende der 1980er-Jahre steigerte sich dann die Qualität. Und die Quantität. In den Neunzigern wurde das Tattoo zum Modetrend und salonfähig. Deutschlands Fußball-Fanszene präsentierte tätowierte Haut.

Randgruppe? Das war einmal. Ob Mann, ob Frau, ob großflächig oder klein – bald jeder vierte HSV-Fan ist heute tätowiert. Tendenz noch immer steigend. Im Übrigen gilt das auch für die Spieler selbst, von Heiko Westermann über Marcell Jansen bis zu Dennis Aogo. Wobei Spieler leider zumeist auf Vereinstattoos verzichtet haben. Zu groß ist heute die Fluktuation. Es weiß ja niemand, für welche Farben ein Profi morgen kicken geht.

Für den Fan sind Tattoos allerdings mehr als in die Haut gestochene Tinte. Da geht es um ein öffentliches Bekenntnis, um Entschlossenheit, um Werte und um Vereinszugehörigkeit. Und zwar nicht als Modeerscheinung, sondern ein Leben lang! Fans bleiben ihrem Club über viele Jahrzehnte verbunden, nicht selten bis zum Ende aller Tage. Und eben dies kommt durch die Tätowierung auch zum Ausdruck.

Was aber sticht man sich? Für viele Fans ist das eine Gewissensfrage, über der manchmal Jahre gebrütet wird. Generell gilt: Alles, was martialisch aussieht, ist beliebt. Häufig wird die Zeichnung eines Wikingers, eines Ritters oder eines Tieres mit der Raute oder mit einem Hamburg-Schriftzug kombiniert. Verbreitet sind auch Abkürzungen von Fanclubnamen, Symbole und Zahlencodes, die auf Ereignisse der Vereinsgeschichte hinweisen, sowie lokalpatriotische Motive, die über das Bekenntnis zum Verein hinausreichen. Sogar auswärtige HSVer bekennen sich in ihren Tattoos zur Stadt und nicht allein zum Verein, es gibt denn auch tätowierte Fans im pfälzischen Gönnheim, im bayrischen Buddenwiesen und sogar im benachbarten Ausland.

Doch je mehr HSV-Tattoos es gibt, desto schwieriger wird es für die Fans, ein Motiv zu finden, das einzigartig und kreativ ist. Genau darauf wird nämlich größter Wert gelegt. In der Tattoo-Szene sind kopierte Kunstwerke verpönt – allein 450 Motive zeigt das Buch *HSV-Tattoos – Fürs Leben gezeichnet*. Und Achtung: Nicht die Unvergänglichkeit eines Tattoos vergessen! Das gilt nicht nur für gestochene Liebesbeweise an den aktuellen Lebenspartner. Es gilt die gute alte Regel: »Frauen kommen und gehen, doch mein Verein, der bleibt bestehen.« Ein Fan aus Kiel hat sich allerdings als Motiv für ein Stadion mit dem Schriftzug »AOL-Arena« entschieden. Ob der Sponsorenschriftzug mittlerweile überstochen wurde, ist nicht bekannt.

62. GRUND

Weil der HSV grenzenlos ist

Der HSV ist ein gewaltiges Stück Hamburg. Die Hansestadt und der Fußballverein gehören untrennbar zusammen. Und das soll auch so sein. Lokalpatriotismus würzt schließlich den Fußball wie der Senf die Wurst. Die HSV-Fangemeinde ist aber oftmals dennoch grenzenlos. Offiziell registrierte Blau-Weiß-Schwarze gibt es mittlerweile in 46 Ländern auf allen Kontinenten, darunter Antigua und Barbuda, Namibia, Malaysia und Bolivien. Auch hier zeigt sich die faszinierende Ausstrahlungskraft der HSV-Raute. Dass man darauf durchaus stolz sein darf, wird deutlich, wenn man sich überlegt, wie viele Wolfsburg-, Leverkusen-, Hoffenheim-, oder Mainz-Fans es wohl im Ausland geben mag. Das dürfte sich in überschaubaren Grenzen halten. Der HSV hingegen zählt mittlerweile fast 40 offizielle Fan-Clubs außerhalb der bundesdeutschen Grenzen.

Olli Dittrich alias »Dittsche« sieht das so: »Der HSV is'n Weltverein. Ein reiner Weltverein! Das sach' ich dir!« So ist es denn auch keine Seltenheit, dass zu den HSV-Spielen Busse aus der Schweiz, Österreich, Dänemark, Luxemburg, Polen oder Belgien anreisen, organisiert von den Fan-Clubs in der Ferne. Selbst in New York finden sich regelmäßig HSVer in Bars zusammen, um die Spiele via Satelliten-TV zu verfolgen. Auch in Südafrika, Paraguay, Shanghai, Hongkong, Dubai und Australien gibt es HSV-Fan-Clubs, wehen HSV-Fahnen und existieren nicht wenige Leute, die sich zu den Rothosen bekennen.

Oftmals sind es Hamburger, die einen beruflich bedingten Umzug nutzen, um den HSV-Virus auch anderswo zu verbreiten. Manchmal sind es Fans eines Spielers, die den Weg zum Verein finden, oder Leute, die ein ganz spezielles Spiel mitgerissen und die der HSV dann nicht mehr losgelassen hat. Es gibt durchaus auch HSV-Fans, die noch niemals in ihrem Leben in Hamburg waren. Zu ihnen gehört Edwin Dundas. 2008 gründete er den HSV-»Sierra-Leone-Fanclub«. Er verfolgt die Spiele zumeist mit seiner Verwandtschaft in Freetown am Fernseher. Er selbst glaubt, dass es allein in Sierra Leone mittlerweile etwa 100 HSV-Fans gibt.

Gelegentlich lassen es sich Auslands-HSVer aber auch nicht nehmen, die HSV-Spiele vor Ort zu sehen. So sind in München, Stuttgart oder Freiburg häufig auch Fans aus der Schweiz anzutreffen. Auswärtsspiele im Ruhrgebiet ziehen beispielsweise HSV-Belgier an, die zum Verein stehen. Oder blau-weiß-schwarze Holländer. Heimspiele wiederum sind für Dänen interessant. Der reisewilligste HSV-Fan im Ausland ist wahrscheinlich der Kopenhagener Søren Søe-Jensen: Seit 1977 hat er ungefähr 400 Mal den HSV spielen sehen, besitzt seit der Saison 2008/09 eine Dauerkarte und besucht mit seinem Bruder Henrik jedes Heimspiel.

Nicht immer war es ein Einfaches für Auslands-HSVer, Mitglied im Verein zu werden. Noch in den 1990er-Jahren tauchten quasi keine ausländischen Anschriften in den HSV-Mitgliedslisten auf. Der Grund klingt aus heutiger Sicht reichlich banal: Den seltenen Interessenten mangelte es in der Regel an einem deutschen Bankkonto. Aus Sorge vor platzenden Rücklastschriften und Problemen mit dem Postversand von Zeitungen und Unterlagen wurde eine HSV-Mitgliedschaft für das Ausland schlicht und einfach nicht angeboten. Allerdings gab es seinerzeit auch kaum Bedarf. Mit Gründung und Weiterentwicklung des Supporters Club, einem wachsenden Etat und deutlich verstärktem Personal konnte man Ende der 1990er-Jahre auch ausländische Anhänger in die HSV-Familie aufnehmen.

63. GRUND

Weil es den HSV Supporters Club gibt

»Bringt doch erst mal 200 neue Mitglieder. Dann sehen wir weiter.« Das war die Aussage des Vorstandes, als einige engagierte HSVer sich anschickten, einen Supporters Club als Vereinsabteilung zu gründen. Das Ziel war also klar am Sonntag, den 28. März 1993, als vor dem Spiel des HSV gegen den FC Bayern München der HSV Supporters Club aus der Taufe gehoben wurde. 36 engagierte Gründungsmitglieder waren es damals. Heute ist der Supporters Club Deutschlands größte und einflussreichste Fanorganisation, die für Fan- und Mitgliederrechte kämpft und europaweit Vorbildcharakter hat. Gleich geblieben ist bis heute lediglich das Grundziel: das Vereinsleben innerhalb des Hamburger Sport-Vereins aktiv mitzugestalten und im Sinne der Fans und Mitglieder Einfluss auf die Vereinspolitik zu nehmen.

Der Heerschar von Mitgliedern, heute sind es mehr als mehr als 60.000, steht eine fünfköpfige ehrenamtliche Abteilungsleitung vor, die im Tagesgeschäft seit 2006 von dem hauptamtlichen Geschäftsführer, 13 Mitarbeitern und weiteren Teilzeitkräften sowie Aushilfen unterstützt wird. Mittlerweile verfügt der »Suppenclub« standesgemäß über Räumlichkeiten im nördlichen Bürokomplex der HSV-Geschäftsstelle. Doch das war natürlich nicht immer so. Der Supporters Club startete im alten Jugendraum am Rothenbaum, wo es feste Sprechzeiten gab, zu denen Fans sich für Auswärtsfahrten anmelden und Tickets kaufen konnten. Später zog man in die alte Sprecherkabine des Rothenbaumstadions um. Als 1996 trotz der Proteste der HSV-Mitglieder die Bagger anrollten und den Rothenbaum endgültig Geschichte werden ließen, zog man weiter nach Stellingen an die Hagenbeckstraße, ein halbes Jahr später ins HSV Fancenter am Eppendorfer Weg und schlussendlich 2001 in das inzwischen komplett umgebaute Volksparkstadion.

Neben der Betreuung der Fanclubs, den Auswärtsfahrten und dem -kartenverkauf, der Mitgliederverwaltung und dem Supporters Club Merchandising, das nur an Mitglieder des SC verkauft wird, stehen die Mitarbeiter bei Fragen mit Rat und Tat zur Verfügung. Dazu kann der SC auf mehr als 300 ehrenamtliche Helfer zurückgreifen, die in einem Pool erfasst sind. Dazu gehören auch die Ansprechpartner in fast allen größeren Städten und Regionen Deutschlands, an die sich HSV-Fans wenden können. Die Regionalbetreuer organisieren Regionaltreffen sowie Fahrten zu Heim- und Auswärtsspielen des HSV.

Bei ihren Einsätzen leisten die vielen ehrenamtlichen Mitarbeiter pro Jahr insgesamt weit mehr als 15.000 Arbeitsstunden für Projekte, die nicht nur vielen Mitgliedern der Abteilung Fördernde Mitglieder zugutekommen, sondern auch Nichtmitgliedern: vom Verteilen von SC-Informationsmaterial oder Papptafeln bei Choreografien bis hin zur Mitarbeit bei der Mitgliederzeitschrift »HSV Supporters News«, der umfangreichen und stets aktuellen Internetseite der Abteilung oder Veranstaltungen wie Saisoneröffnungs-, Weihnachts- und Saisonabschlussfeiern. All das ist nur durch den Einsatz der Ehrenamtlichen zu schaffen, ohne die es wohl kaum möglich wäre, für mehr als 60.000 Mitglieder da zu sein. Und nicht nur für die, denn die Supporters unterstützen zudem diverse Sportabteilungen, das HSV-Museum und eine Vielzahl fanrelevanter Projekte mit personellem und finanziellem Aufwand. Damit ist der Club mitverantwortlich dafür, dass der HSV so ist, wie er ist und wofür ihn seine zahllosen Fans so lieben.

64. GRUND

Weil für den HSV kein Weg zu weit ist

»Wir fahren 1000 Meilen für den HSV«, trällert die HSV-Combo »Abschlach!« schön laut daher. Mitgesungen ist das schnell. Aber gelebt? Wie das ist, das wissen die sogenannten Allesfahrer rund um den Verein. HSV im mazedonischen Skopje? In Moskau? In Manchester? Oder sogar in Bremen? Oder zu Sinnlos-Kicks in Buxtehude oder Castrop-Rauxel? Der HSV-Allesfahrer ist vor Ort. Dabei gibt es Merkwürdiges zu beobachten: Je unterirdischer der HSV in der Vergangenheit spielte, desto intensiver die Reisefreudigkeit dieser bemerkenswerten Randgruppe unserer Gesellschaft.

Fakt ist: Nicht in den erfolgreichen 1980er-Jahren sah man beruflich mäßig erfolgreiche, dafür humorvolle junge Männer Happel, Hrubesch, Kaltz und Co. bis zur Selbstaufgabe hinterherreisen, sondern in den sportlich tristen Neunzigern. Jusufi, Dammeier oder Stratos hießen die »Götter« in roten Hosen zu jener Zeit. Trainingslager in Sonstwo, Trainingsspielchen auf bundesdeutschen Dörfern, gelegentlich auch mal eine UEFA-Intertoto-Pokal-Runde: Es galt, zu sehen und gesehen zu werden. Die Szene – nicht unbedingt homogen – schenkte uns unvergessliche Fanzines und lieferte reihenweise Fankultur-Geschichten, die noch heute die Runde machen. »Ein Bier ein Korn und Rumkugeln!«, ruft eine freundliche Stimme, und ein paar Dutzend HSVer schmeißen sich auf den Boden, um sich – jawohl! – rumzukugeln.

Der HSV-Allesfahrer war und ist keinem bestimmten Fan-Club zugehörig, keinem Kleidungszwang unterworfen, keinen Trinkritualen ausgesetzt, hat keine Aufnahmeprüfung zu absolvieren. Aber er fährt auswärts. Und zwar immer. Und überallhin. Bis zu 250 Leute waren hier gleichzeitig aktiv. Einige Fan-Clubs (»KdGH«, Elbmacht«, »Mighty Supporters«, »Estonia«) bildeten sich aus diesem Kreis heraus.

In heutiger Zeit gibt es auch noch 50 oder 60 HSV-Allesfahrer, aber sie prägen die Fankultur nicht mehr so nennenswert wie noch vor einigen Jahren. Bei HSV-Spielen in exotischen Europapokal-Ecken wie Dnjepropetrowsk (Ukraine), Lovech (Bulgarien), Urcizeni (Rumänien) oder Chişinău (Moldawien) kann man unter den gelegentlich weniger als 100 HSVern vor Ort heute noch verdächtig viele Ex-Allesfahrer begrüßen.

Das Allesfahrer-Leben ist natürlich vom HSV und manchem Terminsalat geprägt. Das wissen die Familie und auch der tolerante Chef. Geheiratet oder gestorben wird bitte schön nicht, wenn der HSV spielt. Das muss die Verwandtschaft akzeptieren. Tut sie dies nicht, gibt's gelegentlich mal eine Notlüge, oder es ist recht bald von der Ex-Verwandtschaft die Rede. So treu der Allesfahrer dem HSV ist, so knifflig sind dauerhafte Beziehungen. Das weiß auch Abschlach! und hat der Nachwelt folgende Textzeile geschenkt: »Fürn paar Blumen kein Geld, doch auswärts dabei; an unserem Jahrestag.«

Stolz der Allesfahrer sind die eigenen Serien. Da ist es nicht mehr von Bedeutung, eine »34« zu machen (also alle 34 HSV-Spiele einer Saison zu sehen), sondern dies über Jahre oder gar Jahrzehnte so zu handhaben. Bekannt sind Serien wie »Zwölf Vierunddreißiger am Stück« oder »Seit 1991 kein Heimspiel verpasst« oder »Zehn Jahre lang jedes HSV-Spiel gesehen«. Wenn der Allesfahrer »jedes« sagt, dann meint er es auch so und schließt den gestrigen Trainingskick gegen die eigene Zweite auf dem heimischen Trainingsplatz vor 30 Zuschauern ebenso mit ein wie die HSV-Shanghai-Trainingslager-Reise im letzten Sommer. Inwieweit diese Serien am Ende zur Belastung werden und ob man wirklich noch mit Freude bei der Sache ist, darüber schweigt der Allesfahrer. Hartnäckig.

65. GRUND

Weil dem HSV die Fans immer die Stange halten – wirklich immer!

Erfolge? Fragt man heute einen HSV-Fan nach dem größten Erfolg, den er mit seinem Club erlebt hat, dann stehen die Chancen nicht schlecht, dass man auf einen derer trifft, die erst mit dem Stadionumbau um die Jahrtausendwende den Rothosen die Daumen drücken. Damals stiegen nämlich die Zuschauerzahlen sprunghaft an, und im Volkspark stand man zumindest nicht mehr im Regen, wenn man sich dafür entschieden hatte, dem Dino der Liga bei zumeist wenig prickelnden Auftritten zuzusehen.

Doch zurück zum Thema: Es kann also gut sein, dass man als Antwort wahlweise den UI-Cup oder den Ligapokal genannt bekommt. Beides kann man zwar mit etwas gutem Willen als echten Titel bezeichnen, doch wirkliche Trophäen konnte der HSV bekanntlich seit dem Abtritt Ernst Happels nicht mehr sammeln.

Das hat sich auch nach der Jahrtausendwende nicht gravierend geändert. Zwar hatte man weiterhin den Anspruch, ganz oben mitzuspielen, doch diesem konnten die Teams in den Farben der Hanseaten nicht wirklich gerecht werden. Mit Ausnahme dreier Halbfinalteilnahmen in der Europe League und dem DFB-Pokal und dem einen oder anderen europäischen Ausflug blieb der HSV stets in unschöner Regelmäßigkeit hinter den Erwartungen zurück, in den Jahren 2014 und 2015 rettete man sich sogar nur durch Relegationsspiele vor dem Abstieg.

Doch trotzdem halten die Fans dem Verein die Treue. Da kann passieren, was will, und kommen, wer es für richtig hält, in Hamburg kann man auch weiterhin auf eingefleischte Fans setzen. So schaffte es der HSV tatsächlich in der Saison 2015/2016 auf Platz 4 der Bundesliga-Zuschauertabelle. Das ist insbesondere deshalb erstaunlich, weil es der Club vorher nicht nur zwei Mal in Folge geschafft hatte, beinahe abzusteigen, sondern auch noch die Profifußballer auszugliedern und ordentlich Anteile an den Milliardär und Geschäftsmann Klaus-Michael Kühne abzutreten, um nicht in ärgste finanzielle Schwierigkeiten zu geraten. Unerschütterlich pilgerten die Fans trotz so manchen Tiefschlags weiter ins Volksparkstadion.

Und nicht nur das! Denn man darf behaupten, dass die Fans des HSV nicht nur alles verzeihen, sondern sich in den vielen Jahren sportlicher Magerkost und peinlichen Verhaltens in den Chefetagen auch gewissermaßen mit ihrem Schicksal arrangiert haben. Beispiel gefällig? Wohl jeder andere Verein hätte nach zwei aufeinander folgenden Teilnahmen an der Relegation und dem glücklichen Erhalt der Klasse wohl demütig den Kopf gesenkt und sich schamvoll schweigend darangemacht, an einer besseren Zukunft zu arbeiten. In Hamburg hingegen gelingt es sogar, Andenken-DVDs zu diesen nicht gerade ruhmreichen Spielen erfolgreich an den Fan zu bringen, den Tag des Relegationsspiels in Karlsruhe 2015 zum Feiertag zu erklären und sich als Relegations-Champion feiern zu lassen.

Wo, lieber Leser, würden die Fans das wohl mitmachen? Na? Sehen Sie …

66. GRUND

Weil der HSV meerumschlungen ist

»Nich' lang schnacken, Kopp in' Nacken!« So lautet bei uns in Norddeutschland die durchaus ernst zu nehmende Aufforderung, nun mal langsam mit dem Reden aufzuhören und stattdessen einen Schnaps in einem Zug zu trinken. Kurz und trocken, so wie die Menschen hier eben sind. Kurz und bündig ist daher meistens auch die Antwort, die der Norddeutsche bei der Frage nach seinem Lieblingsverein parat hat: »HSV!«

»Was sonst«, möchte man fast noch hinzufügen, aber das wäre fast schon wieder zu viel. Wir sind ja schließlich keine Sabbeltaschen. Das mit dem HSV stimmt aber auch so. Das braucht keine Erklärung. Und Beweise erst recht nicht. Okay, in Niedersachsen mag es vereinzelte Landstriche geben, in denen sich die Leute bevorzugt auch mal in Grün-Weiß, Blau-Gelb oder Schwarz-Weiß-Grün hüllen. HSV-Fans finden sich dort aber trotzdem überall in großer Zahl. Mit Hamburg wollen wir hier gar nicht erst groß anfangen. Hier regiert der HSV! Selbsterklärend! Abgesehen von ein paar Durch- und Zureisenden, die bei einem Galão in der Schanze, auf ihrer Erstsemesterparty oder bei der WG-Zimmersuche im Umfeld der Budapester Straße auf den braun-weißen Trichter gekommen sind. Aber da sind sie eigentlich auch ganz gut aufgehoben. Denn wer in Hamburg wirklich fußballaffin ist, geht sowieso zum HSV. Das spiegelt sich auch auf den Straßen wider. Machen Sie doch zum Spaß mal den Test, und zählen Sie bei einer Autofahrt die HSV-Aufkleber, Nummernschildhalterungen oder Fahnen an Fenstern und Masten. Vom niedlichen Werbeslogan »Hamburg ist braun-weiß« bleibt spätestens dann nicht mehr viel übrig.

Wenn Sie sich überzeugen wollen, dass der HSV sogar ein komplettes Bundesland hinter sich hat, dann fahren Sie am besten noch ein Stück weiter Richtung Norden. Nach Schleswig-Holstein. Dort erwarten Sie unzählige Rautenfahnen, geschmückte Autos und zahllose Fanclubs. Das Land zwischen den Meeren ist ohne Zweifel echtes HSV-Hoheitsgebiet. Zumindest wenn man die üblichen Bayernfernsehfans, Schalker, Dortmunder und Gladbacher mal außen vor lässt. Diese verstreuten Fans anderer Traditionsvereine gibt es schließlich auch in jedem anderen Landesteil. Dass ein Verein ein komplettes Bundesland so dominiert, dürfte in Deutschland hingegen einmalig sein.

Warum aber ist das so? Warum übt der HSV selbst auf Menschen in Flensburg noch so eine magische Anziehungskraft aus? Die Stadt an der dänischen Grenze liegt immerhin schon knappe 150 Kilometer von Hamburg entfernt. Also in etwa so weit wie Hannover. Zum einen ist da natürlich die Tradition. Und die erfolgreichen Zeiten von den 1960er- bis zu den 1980er-Jahren. Von Uwe Seeler und Charly Dörfel über Kevin Keegan bis hin zu den 83er-Helden von Athen. Damals begeisterte der HSV bundesweit die Massen. Damit war es aber spätestens seit dem Abgang von Ernst Happel nach dem Pokalsieg 1987 vorbei. Keinen Titel holte der HSV seitdem.

Doch die Begeisterung für die Rothosen blieb gerade im nördlichsten aller 16 Bundesländer auch in den tristen Jahren danach ungebrochen. In der SPORT BILD gab es Anfang der 1990er-Jahre kurz vor Saisonbeginn einmal eine Umfrage nach dem Favoriten für den Meistertitel. Die Ergebnisse waren interessanterweise regional aufgeschlüsselt. Hier und da gab es mal ein paar Prozente mehr für die jeweiligen einheimischen Mannschaften, aber angeführt wurden die Listen fast immer vom FC Bayern. Der HSV spielte in dieser Umfrage keine Rolle. Mit Ausnahme von Schleswig-Holstein. Mehr als die Hälfte der Teilnehmer setzte dort auf den HSV und machte ihn damit wie selbstverständlich zum alternativlosen Titelkandidaten. Das gab es in diesem Ausmaß für einen einzelnen Außenseiter-Verein in keiner anderen Region. Natürlich war dieses Ergebnis nicht das Resultat einer ernst gemeinten sportlichen Prognose, sondern viel mehr ein eindeutiges Zeichen von Lokalpatriotismus. Und hier liegt dann wohl auch des Rätsels Lösung. In Ermangelung anderer Vereine konzentriert sich zwischen Nord- und Ostsee eben alles voll und ganz auf den HSV. Das gilt zum einen geografisch und zum anderen sportlich. Schleswig-Holstein ist das einzige westliche Bundesland, das in der Geschichte der Bundesliga bisher noch keinen einzigen Erstligisten hervorgebracht hat. Selbst das kleine Saarland hat mit dem 1. FC Saarbrücken, dem FC Homburg und Borussia Neunkirchen diesbezüglich eine weitaus bessere Bilanz vorzuweisen.

Der VfB Lübeck und der ehemalige Deutsche Meister Holstein Kiel haben es hingegen seit 1963 nicht höher als in die 2. Liga geschafft. Wer also Bundesligafußball sehen will, musste und muss das Bundesland seitdem verlassen und da ist Hamburg mit dem HSV als nördlichstem aller Bundesligisten natürlich die naheliegende Wahl. Wenn der HSV zu Hause spielt, wälzt sich auf den Autobahnen und in den Zügen daher eine kaum enden wollende Karawane in Blau-Weiß-Schwarz in Richtung Hamburg. Nicht umsonst endet auch ein schönes Hamburger Fanlied mit der Zeile: »Seht ihr die Fans dort in der Kurve? Das sind die Fans vom HSV. Das sind die Fans aus Schleswig-Holstein. Schleswig-Holstein und der HSV!« Und das völlig zu Recht. Wenn jemandem diese Ehre zusteht, dann den meerumschlungenen Nachbarn aus dem Norden.

67. GRUND

Weil in Hamburg immer volle Hütte ist

Es gibt Phänomene beim HSV, die lassen sich schwer erklären. Das gilt sowohl auf als auch neben dem Rasen. Eigentlich handelt es sich dabei in aller Regel um Wechselwirkungen. Zum Beispiel bei den Zuschauerzahlen. Die Rechnung ist, so sollte man meinen, denkbar einfach: Spielt das Team ansehnlich und erfolgreich, strömen die Zuschauerinnen und Zuschauer ins Stadion. Hält sich die Qualität auf dem Grün in Grenzen, tun es auch die Besucherzahlen. Könnte man meinen. Wäre diese Theorie zutreffend, hätte der HSV ein Problem mehr. Nämlich gähnende Leere im Volkspark. Verständlich wäre das, zumindest phasenweise, durchaus. Denn daran, dass die Erfolge vorläufig ausbleiben, haben sich viele bereits gewöhnt. Doch die zuweilen erschreckend lustlosen Auftritte auf dem Feld schmerzen selbst hartgesottene Fans.

Doch die Realität sieht anders aus. Ganz anders. Denn obwohl die sportliche Durststrecke immer länger anhält, lassen sich nicht nur konstante Zuschauerzahlen bei Heimspielen beobachten, sie steigen sogar kontinuierlich an. Während Ende der Achtziger, und somit recht nah an den letzten großen Erfolgen, durchschnittlich keine 20.000 Leute mehr pro Spiel erschienen, haben sich die Zahlen bis heute mehr als verdoppelt.

Gründe dafür gibt es natürlich viele. In erster Linie ist das neue Stadion wohl für Fans jeglicher Couleur attraktiver als die alte Betonschüssel, in der so gar keine Atmosphäre entstehen wollte, dafür aber viele Zuschauer schutzlos dem üblichen Hamburger Nieselregen ausgesetzt waren. Das ist heute anders. Die Tribünen sind näher am Spielfeld, die Sicht von allen Plätzen ist gewährleistet. Und auch das Drumherum hat sich verändert: Von den sanitären Anlagen bis zum Fanshop hat sich die Messlatte deutlich gen »Wohlfühlen« verschoben.

Darüber hinaus kann man den HSVern eine hingebungsvolle Treue attestieren, deren Wert sich kaum schätzen lässt. Natürlich, da sind die Einnahmen durch Eintrittsgelder. Und die zusätzliche Attraktivität für Sponsoren. Doch all das scheint nebensächlich im Vergleich zum gefühlten Rückhalt. Der HSV hat ein Fundament, das nahezu unerschütterlich scheint. Zwar gilt das Hamburger Publikum nicht gerade als pflegeleicht, doch wenn der Club Unterstützung braucht, ist sie da. So zum Beispiel im Abstiegskampf. Sobald die Anhängerschaft spürt, dass der Dino-Status in Gefahr ist, stehen die Fans wie eine Wand hinter dem Team. Kritik wird nach hinten, das große Ganze in den Vordergrund gestellt. Da kommen dann 57.000 Zuschauer zu Spielen gegen Gegner, die genauso unattraktiv sind wie das Wetter und die Spielterminierung.

In den vergangenen Spielzeiten verkaufte der Club teilweise mehr als 30.000 Dauerkarten. In Anbetracht dessen, was man zuvor aus sportlicher Sicht als »Zählbares« bezeichnen könnte, geradezu sensationell. Top-Spiele sind heute, trotz zum Teil saftiger Eintrittspreise, innerhalb von wenigen Minuten ausverkauft. Im Gegensatz zur Tabelle hat sich der HSV im bundesweiten Zuschauervergleich auf Platz vier und somit direkt hinter Dortmund, Bayern und Schalke festgesetzt. Auch wenn es die HSV-Fans selbst manches Mal nicht verstehen können, die Hütte im Volkspark ist immer voll.

68. GRUND

Weil 20.000 HSVer zusammen auf Saisonabschlussfahrt gingen

Saisonabschlusstouren sind ein beliebtes Ritual. Die meisten Amateurmannschaften veranstalten nach dem Ende der Spielzeit eine solche gemeinsame Ausfahrt. Ein sehr beliebtes Ziel ist die Baleareninsel Mallorca. Noch vor dem Beginn der eigentlichen Hauptsaison fallen dort im Juni bereits zahlreiche Fußballvereine ein, um ihre Mannschaftskasse auf den Kopf zu hauen.

Ganz so weit schaffen es die HSV-Fans zu ihrer Saisonabschlussfahrt leider nicht. Denn sie können sich das Ziel ihrer Reise nicht auswählen. Es wird ihnen von den Spielplangestaltern der DFL vorgegeben. Wenn vor der Saison der neue Spielplan veröffentlicht wird, schauen viele HSVer als Erstes darauf, bei welchem Gegner der HSV zum letzten Auswärtsspiel antreten muss. Denn dorthin findet traditionell jedes Jahr die inoffizielle Saisonabschlussfahrt statt. Meistens ist das Wetter dann schon ganz gut und mit etwas Glück geht es sportlich für den HSV zu diesem Zeitpunkt sogar noch um etwas. Wobei Ersteres leider oftmals eher zutrifft als Letzteres.

An den letzten beiden Spieltagen werden in der Bundesliga zudem alle Spiele traditionell zur selben Uhrzeit am Sonnabend um 15.30 Uhr angepfiffen. Für die anreisenden Fans bedeutet dieses eine frühzeitige Planungssicherheit bei der Organisation von Fahrten und Übernachtungen. Die Nachfrage nach Karten für dieses letzte Auswärtsspiel ist auf jeden Fall immer noch ein bisschen höher als bei anderen Spielen in der Fremde. In den meisten Fällen überstieg der Bedarf in den letzten Jahren das zur Verfügung stehende Kontingent. Aus diesem Grund ist es für den reisenden HSV-Anhang auch keineswegs egal, wohin die Reise führt. Die Statuten der DFL schreiben vor, dass dem Gastverein zehn Prozent der Gesamtstadionkapazität zur Verfügung gestellt werden müssen. Je größer also das Stadion, desto mehr HSV-Fans können sich auf den Weg machen.

Entsprechend groß ist daher die Enttäuschung, wenn es sich beim Gastgeber um einen Verein wie Freiburg, Leverkusen oder Bremen mit relativ kleinem oder schlecht geschnittenem Gästeblock handelt. Ideal sind hingegen große Stadien wie München, Dortmund oder Schalke. Dorthin können problemlos mehrere Tausend HSVer mitreisen. Das allerbeste Los ist aber das Berliner Olympiastadion. Das Stadion in der Hauptstadt ist zwar nicht ganz so groß wie das Dortmunder Westfalenstadion, aber Hertha BSC hat bei Weitem keinen so hohen Zuschauerschnitt wie der BVB. Daher bietet sich für HSV-Fans hier die Möglichkeit, sich zu Tausenden auch mit Karten in den Blöcken neben dem eigentlichen Gästeblock einzudecken.

Genau das passierte dann auch, als der HSV in der Saison 2005/06 am 33. Spieltag in Berlin gastierte. Tausende HSV-Fans nutzten den Vorverkauf über die Internetseite von Hertha BSC. Nie war der oftmals überstrapazierte Begriff »schwarz-weiß-blaue Invasion« wohl passender als an diesem Tag. Knapp 20.000 HSV-Fans sorgten im Olympiastadion für eine atemberaubende Kulisse und Atmosphäre. Als im Gästeblock der populäre Gesang »Wer nicht hüpft, der ist ein Bremer« angestimmt wurde, schloss sich fast die komplette Marathontorkurve an. Kollektiver Wahnsinn und ein mehr als imposantes Bild.

Dem zweitplatzierten HSV hätte in diesem Spiel bereits ein Unentschieden zur sicheren Qualifikation für die Gruppenspiele der Champions League gereicht. Nach einer 1:2-Halbzeitführung gab man den schon so sicher geglaubten Erfolg allerdings wieder einmal leichtfertig aus der Hand. Die Hertha konnte das Spiel noch drehen und gewann am Ende mit 4:2. Am letzten Spieltag vergeigte der HSV dann zu Hause das entscheidende Spiel gegen den direkten Verfolger aus Bremen mit 1:2 und rutschte noch auf den dritten Platz. Abgesehen von einigen Europapokalendspielen dürfte es in der Historie des HSV nicht viele Spiele gegeben haben, zu denen die Rothosen von einer größeren Zahl eigener Fans begleitet wurden. Zumindest den HSV-Anhängern war es also gelungen, an diesem Tag positiv Geschichte zu schreiben.

69. GRUND

Weil HSV-Fans ein feines Gespür dafür haben, ob die Mannschaft kämpft oder nicht

HSV-Fans haben einen siebten Sinn. Dafür, ob sich die Spieler reinhängen oder eben nicht. Bestes Beispiel dafür ist die Saison 1996/97, als der HSV kurz vor dem Ende der Spielzeit seinen Trainer Felix Magath entließ. Ausschlaggebend dafür waren die schlechten Mannschaftsleistungen in den Spielen zuvor gewesen, die in den Augen vieler aktiver Supporters eine vorsätzliche Arbeitsverweigerung gewesen war, um den »Schleifer« Felix Magath seines Amtes zu entheben, weil sein Training zu hart war. Angeblich hatte der Trainer außerdem einem Medienvertreter vor dem Spiel gegen die Rheinländer den Tipp gegeben, einmal ganz genau auf zwei hier namentlich nicht genannte Spieler zu werfen. Diese würden gegen den FC extra schwach auftreten. Magath war tatsächlich nach dem Heimspiel gegen den 1. FC Köln gefeuert worden und der HSV stand kurz vor dem Abstieg. Hätte man nicht das vorletzte Saisonspiel im heimischen Volkspark gewonnen, der

HSV hätte in Düsseldorf ein Saisonfinale gehabt, das sich wohl keiner für seinen Club wünscht.

Nach Magaths Rauswurf brodelte es in der Fanszene und die Mannschaft sah sich veranlasst, einen Sonderzug nach Düsseldorf zu bezuschussen.

Somit mussten die Fans nur noch fünf DM zahlen, um an den Rhein zu gelangen. Viele Anhänger versöhnte diese Geste, andere empfanden sie als Beleidigung. Sie fuhren aus Protest mit dem Schönes-Wochenende-Ticket und übten sich an diesem heißen Sommertag in Schmähgesängen gegen das Team. Die Ausnahme war Vertragsamateur Dirk Weetendorf. Der Protest des unteren Teils des Gästeblocks führte zu Unmutsbekundungen des oberen Teils, wo diejenigen standen, die besänftigt worden waren. Polizei musste aufmarschieren, um Schlimmeres zu verhindern, doch die Stimmung in der Gästekurve war vergiftet.

Als die Mannschaft nach dem Abpfiff auf die Laufbahn vor dem Gästeblock kam, wurde auf dem Zaun ein Spruchband mit der orthografisch nicht ganz einwandfreien Aufschrift »DANKE FÜR NICHT'S« gehisst und es flogen insgesamt 200 Wasserbomben in Richtung der Akteure. Diese flüchteten außer Reichweite und erste Fans überstiegen die Zäune, vor denen sich eine viel zu geringe Zahl Ordner postiert hatte. Eine größere Gruppe Fans lief auf das Spielfeld und den flüchtenden Spielern hinterher, die erst im Kabinentrakt in Sicherheit waren.

Die Hamburger Medien überschlugen sich in den Tagen nach dem Spiel in Forderungen nach Bestrafung. Hieran hatte auch der damalige Torwart Richard Golz erheblich Anteil. Er gab an, dass er bei den Jagdszenen auf dem Feld des Düsseldorfer Rheinstadions auch Mitglieder des HSV Supporters Club ausgemacht hatte. Und er hatte recht. Mitglieder des Supporters Club, die zu großen Teilen dem Stamm der Allesfahrer zuzurechnen waren, waren damals federführend beteiligt und wurden folgerichtig mit Stadionverboten belegt.

Allerdings: So verurteilenswert einige Szenen dieses Nachmittages waren, so eindrucksvoll zeigten sie auch, dass sich die Fans der Rothosen nicht verschaukeln lassen und ein feines Gespür dafür haben, ob sich die Spieler ihres Clubs auch wirklich reinhängen. Vor der Entlassung Magaths war dies nicht zu erkennen. Die Reaktion darauf mag vollkommen überzogen gewesen sein, doch sie führte dazu, dass das »Wasserbombenspiel« von Düsseldorf eine der Geschichten war, die ältere Spieler den Neuzugängen mit als Erstes weitergaben, und dass eine vorsätzliche Arbeitsverweigerung seither nicht mehr vorgekommen ist.

70. GRUND

Weil sich 85.000 Mitglieder nicht irren können

Fußballvereine gibt es viele. Jeder einzelne hat seine Anhänger, die dreist behaupten werden, dass ihr Club der beste sei. Um es gleich vorwegzunehmen: Das ist Quatsch. Natürlich gibt es Vereine, die durchaus sympathisch sind, es gibt bei genauerer Betrachtung sogar Vereine, die ziemlich cool sind. Aber dem HSV kann keiner von ihnen das Wasser reichen. Nicht mal annähernd. Und ohne hier in stumpfes Vereins-Bashing zu verfallen, was ohne Zweifel in manchen Fällen angebracht wäre und jede Menge Möglichkeiten böte, muss man einfach mal in aller Deutlichkeit fragen, ob es wirklich Zufall ist, dass ausgerechnet der HSV einer der ersten Clubs war, über die es diese *111 Gründe-Reihe* zu kaufen gab.

Während man sich anderenorts vermutlich den Kopf zerbrechen musste, um 111 halbwegs seriöse Gründe zu finden, den jeweiligen Club zu lieben, verhält es sich beim HSV anders. Da liegt die Kunst eher darin, eine Auswahl aus den unfassbar vielen Möglichkeiten zu treffen. Man muss diesen Verein einfach lieben. Auch oder gerade weil eben nicht immer alles rund läuft. Dass es sich bei dieser Erkenntnis um kein Hirngespinst einiger verwegener Burschen aus dem Norden handelt, die dann als Autoren dieses Buches zusammengecastet wurden, beweisen die Mitgliederzahlen des HSV. Denn die sind beachtlich. Heute sind mehr als 85.000 Menschen im Besitz eines Mitgliedsausweises mit der unverkennbaren Raute.

Dort gibt es zunächst die vielen aktiven Sportlerinnen und Sportler des HSV. Der hat wahrlich mehr zu bieten als eine Mannschaft in der Fußballbundesliga der Herren. Von insgesamt 34 Abteilungen wird der Verein stolz vertreten.

Mehr als 60.000 der Mitglieder sind beim HSV Supporters Club (SC) angesiedelt, der größten Fanorganisation innerhalb eines Vereins in ganz Deutschland. Die Fanorganisation, die innerhalb der Bundesrepublik und darüber hinaus immer wieder als leuchtendes Beispiel genannt wird, kann dabei auf eine beeindruckende Entwicklung zurückblicken. Im Jahre 1993 waren es gerade einmal 36 Fans, die den Supporters Club ins Leben riefen. Nach einer kontinuierlichen Vergrößerung in den ersten Jahren explodierten die Mitgliedszahlen zu Beginn des neuen Jahrtausends. Allein in der Spielzeit 2004/05 traten über 10.000 Mitglieder in den SC ein und machten ihn damit schnell zu einem unüberhörbaren Teil des Gesamtvereins.

Einen nicht unerheblichen Anteil daran hatte die viel beachtete Kampagne »Die Raute im Herzen? Werde HSV-Mitglied!«. Überall in der Stadt konnten die Hamburger Bürger Plakate mit mehr oder weniger prominenten Personen bewundern, die sich zum HSV bekannten. Und zwar wirklich überall. Davon können auch die Fans des ungeliebten Lokalrivalen ein Lied singen. Denn kurz vor dem Anpfiff des Spiels zwischen dem FC St. Pauli und den Amateuren des HSV in der Saison 2004/05 wurde an einer Hochhauswand in Sichtweite des Millerntorstadions ein übergroßes Plakat dieser Reihe von Industriekletterern entrollt. Den Fans in Braun-Weiß blieb an diesem Abend nichts anders übrig, als auf die ungeliebte Raute und den dazugehörigen Slogan zu blicken: »Die Raute im Herzen? Werde HSV-Mitglied!«

71. GRUND

Weil der HSV auch jede Menge Promis in seinen Bann zieht

Der Hamburger Sport-Verein begeistert Tausende Menschen. In Hamburg und weit über die Grenzen der Stadt hinaus. Fanclubs und Mitglieder gibt es überall auf der Welt. Unabhängig von Alter, Geschlecht oder anderen Kategorien. Der stolze Traditionsverein eint die unterschiedlichsten Charaktere. Und gerade das macht ihn so besonders. Er ist offen für alle, die ihr Herz – warum auch immer – an ihn verloren haben. Wer ein Spiel des Vereins im Stadion besucht, kann das direkt spüren. Hier liegen sich nach Toren der Rothosen Arbeitslose und Investmentbanker genauso in den Armen wie Rentner und Schüler. Woher jemand kommt und was er außerhalb des Stadions treibt, spielt keine Rolle. Hier verfolgen alle ein gemeinsames Ziel, sind einer gemeinsamen Leidenschaft verfallen. Und hier können sie während des Spiels alle nur eines zum besten Gelingen beitragen: ihre Mannschaft leidenschaftlich anfeuern.

Das Rautenfieber macht dabei vor niemandem halt. Und so haben sich auch zahlreiche mehr oder weniger Berühmte anstecken lassen. Das sorgt nicht nur für eine gewisse Zufriedenheit bei den »einfachen« Fans, sondern macht die Prominenten auch zu wichtigen Botschaftern der Hanseaten. Immer wieder freuen sich HSV-Anhänger, wenn sie bei Fernsehauftritten oder in Magazinen Promis entdecken, die ihrer HSV-Affinität mehr oder weniger dezent Ausdruck verleihen. Von kurzen Bekenntnissen in Interviews über kleine Anstecknadeln bis hin zu offensiv zur Schau getragenen Trikots, man ist stolz darauf, HSVer zu sein. Das gilt auch in schlechten Zeiten und wird in solchen umso mehr anerkannt. Denn mit Vereinen wie den Bayern kann sich nachweislich jeder problemlos schmücken. Das ist einfach. Doch auch im glanzlosen Abstiegskampf Farbe für einen seit Jahren erfolglosen Club zu bekennen, davor ziehen die Fans ihren Hut.

Einen gewissen Kultstatus hat sich auf diesem Gebiet sicher Olli Dittrich erarbeitet. Der Schauspieler, Musiker und Komiker ist nicht nur im wahren Leben treuer Anhänger des Bundesligisten, sondern hat diesem mit »Dittsche« auch eine Fernsehfigur erschaffen, die in der gleichnamigen Sendung auf unverwechselbare Weise ausspricht, was mancher Fan schon immer gedacht hat. Oder auch nicht.

Aber auch andere bekannten und bekennen sich zum HSV. Heidi Kabel war eine von ihnen. Der Refrain des von ihr gesungenen Hamburg-Klassikers *An de Eck steiht 'n Jung mit 'n Tüddelband* wurde eine ganze Saison lang von über 50.000 Menschen im Stadion gesungen, sobald der HSV einen Treffer markierte. Und auch Moderator Oliver Geissen, Sänger und Schauspieler Dieter Thomas Heck, Nachrichtensprecher Jo Brauner, Tennisspieler Michael Stich, Scooter-Frontmann H. P. Baxxter und viele andere beweisen guten Geschmack und drücken dem geilsten Verein die Daumen. In guten wie in schlechten Zeiten.

8. KAPITEL

»AUF DER INSEL WITSCHI-WATSCHI-WUH …«

Döntjes rund um den HSV

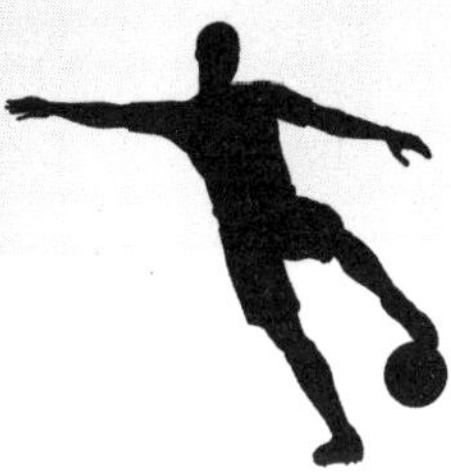

72. GRUND

Weil Nando sein Erspartes in Hamburg ließ. Angeblich.

Fernando Pereira de Pinho Júnior, kurz Nando, wird diese Geschichte wohl ewig verfolgen. Ob sie nun wahr ist oder nicht. Ihren Anfang findet sie jedenfalls im Jahre 1989. Da feiert der Hamburger Hafen seinen 800. Geburtstag. Im Rahmen der Feierlichkeiten findet ein Fußballturnier an der Elbe statt. Der Brasilianer nimmt mit seinem CR Flamengo teil und gibt eine Empfehlung in Form von erzielten Toren ab. Schon einige Monate später wechselt der Mann mit dem klangvollen Namen zu den Rothosen. Allein Nandos brasilianische Herkunft reicht aus, um große Erwartungen zu schüren. Brasilien, das klingt im tristen Fußball-Hamburg der 90er-Jahre nach Spielfreude, Hackentricks und Toren. Und tatsächlich: Schon im ersten Spiel gelingt ein Einstand nach Maß, einem überzeugenden 6:0 gegen die Werkself aus Uerdingen kann Nando zwei Treffer beisteuern. Im Laufe der Saison 1991/92 entwickelt sich mit Thomas Doll, Jan Furtok und Nando so etwas wie ein magisches Dreieck, am Ende der Saison qualifiziert sich der HSV für den UEFA Cup.

Aufgrund der prekären finanziellen Situation ist der Verein dann jedoch gezwungen, mit Thomas Doll das Herzstück des erfolgreichen Teams an Lazio Rom zu verkaufen. Die Mannschaft kann in der folgenden Spielzeit nicht an die Leistungen des Vorjahres anknüpfen und landet letztlich dort, wo sie dieser Jahre viel zu oft steht: im trostlosen Mittelfeld der Bundesliga. 1992 läuft Nando das letzte Mal für den HSV auf, danach verlässt er den Verein trotz eines Angebotes für ein weiteres Jahr an der Elbe. Das Heimweh plagt den jungen Spieler. »Als junger Mensch denkt man mit dem Herzen und nicht mit dem Verstand«, resümiert er Jahre später in einem Interview mit dem Fußballmagazin *11Freunde.*[*]

* *www.11freunde.de/interview/nando-ueber-seine-zeit-beim-hsv-und-100000-dollar*

Doch es werden keine Tore sein, die man noch Jahre nach seinem Fortgang mit Nando verbindet. Es wird diese Geschichte sein, die ihn ewig verfolgt. Woher sie stammt, lässt sich dabei gar nicht mehr so ganz genau rekonstruieren. Jedenfalls hält sich hartnäckig das Gerücht, dass der junge Fußballer damals misstrauisch war. Misstrauisch gegenüber den deutschen Banken oder aber den deutschen Steuerbehörden. Jedenfalls soll er sich entschlossen haben, einen Teil seiner Ersparnisse auf etwas ungewöhnliche Weise in Sicherheit zu bringen: Er soll insgesamt 100.000 US-Dollar in die Wände seines Hamburger Hauses eingemauert haben. Fatalerweise, so das Gerücht, konnte er dieses Geld allerdings nicht mit in seine Heimat retten. Es sei im feuchten Mauerwerk schlicht verschimmelt. Ob die Geschichte der Wahrheit entspricht, wird vermutlich niemals aufgeklärt werden können. Nando selbst erklärt dem *11 Freunde*-Magazin, die Story sei »erstunken und erlogen«. Andererseits, wer würde schon zugeben, dass er 100.000 Dollar verschimmeln ließ?

73. GRUND

Weil aus einer Hummel ein Dinosaurier wurde

Manche machen aus einer Mücke einen Elefanten. Dem HSV reichte das nicht. Er machte aus einer Hummel einen Dinosaurier. Und weil es alle haben, hat es auch der HSV: das offenbar unvermeidliche Vereinsmaskottchen. Allerdings hat der Hamburger Dino weitaus mehr Charme als manche seiner Liga-Kumpane. Er wackelt recht urig durch die Gegend und erfreut die Kleinen. Quasi nebenbei symbolisiert die Figur natürlich eine durchdachte Marketingstrategie und ist längst ein nicht zu unterschätzender Wirtschaftsfaktor. Und vor allem: Der Dino verhindert die Hummel …

Der HSV war nämlich eigentlich früh dran in Sachen Maskottchen. Schon 1993 kam das *Hamburger Abendblatt* auf die Idee, nach einer HSV-Symbolfigur zu suchen, und zwar per Ausschreibung. Werbefirmen und Leser versuchten ihr Glück. Am Ende gingen etwa 200 Vorschläge ein. Medienwirksam entschied sich eine Prominenten-Jury für eine engere Auswahl, in die es schließlich mehr oder weniger zwielichtige Gestalten schafften, wie ein Erpel namens »Uwe« oder »Kuddl, der Möwerich des HSV« beziehungsweise »Hammi, der Hamburger«. Am Ende siegte »Harry, die Hummel«. Das gelb-schwarze Insekt in Spielkleidung schmückte anschließend diverse Fanartikel der 19er-Jahre und zierte auch die Spieler-Autogrammkarten zwischen 1993 und 1997.

Für die Hummel war im Innenraum des Volksparkstadions ein fester Platz vor der Ostkurve vorgesehen. Der Erfolg war mäßig. Bereits bei ihrer Präsentation am 21. August 1993 ging der aufblasbaren Figur die Luft aus. Schon vor Spielbeginn verlor das Tier mehr und mehr an Volumen, und beim Anpfiff lag es komplett platt auf der Tartanbahn. Später schlüpfte dann ein Mensch ins Hummel-Kostüm und winkte den Zuschauern zu.

Kaum im Amt, war das HSV-Maskottchen Gegenstand unschöner Schlagzeilen. Bei der *Abendblatt*-Wahl im selben Jahr war offenbar gemauschelt worden, um »Hummel Harry« den Sieg zuzuschanzen. Eine Nachzählung der Stimmen war letztlich nicht mehr möglich, da die entsprechenden Unterlagen bereits vernichtet waren. Zur Beliebtheit des HSV-Insektes trug dies nicht unbedingt bei. Bei den HSV-Fans in der Westkurve stieß das Maskottchen jedenfalls auf keinerlei Gegenliebe, sondern wurde nur zu gern mit Bierbechern, Senf oder Ketchup beworfen. Ende der 90er-Jahre verschwand das Maskottchen wieder von der Bildfläche.

Mehr Glück hatten die Vereins-Strategen 2003. Der Dinosaurier erinnert an die ständige Zugehörigkeit des HSV zur Bundesliga (»Dino der Liga«). Den Namen »Hermann« erhielt das Maskottchen zu Ehren Hermann Riegers, des langjährigen HSV-Masseurs, selbst eine Art »Club-Dino«. Die Trikot-Nummer 87 bekam der Dino in Anlehnung an das Vereins-Gründungsjahr 1887 verpasst.

Im Zuge des 40-jährigen Bundesligabestehens am 24. August 2003 stellte der Verein das Maskottchen der Öffentlichkeit vor: Der Dino schlüpfte symbolisch aus einem Ei. Was die Zuschauer zunächst noch kopfschüttelnd zur Kenntnis nahmen, wurde zur Erfolgsstory. »Hermann«-Fanprodukte machen mittlerweile einen erheblichen Teil des Gesamtumsatzes aus. Für die jüngeren HSV-Fans gehört »Dino Hermann« inzwischen genauso zu einem Heimspiel wie die elf Spieler auf dem Rasen. »Hermann« feiert auf Wunsch Kindergeburtstage im Stadion, gibt Autogrammstunden bei Supermarkteröffnungen oder bringt eine Weihnachtsfeier in Schwung. Zudem gibt es im Merchandisingbereich so ziemlich alles mit »Hermann« drauf: Pullover, Bettwäsche, Plüschtiere, Babyfläschchen und vieles mehr. Und während die »Dino-Mania« anderenorts schon wenige Monate nach den *Jurassic Park*-Filmen versiegte, ist der Boom rund um die ausgestorbenen Tiere in Hamburg dank »Hermann« ungebrochen.

74. GRUND

Weil jetzt endlich alles gut wird. Wirklich!

Was lange währt, wird endlich gut. Das weiß der Volksmund zu formulieren, und dann wird es ja wohl auch stimmen. Und da der HSV nach seinem Abstieg im Jahr 2018 nun den sofortigen Wiederaufstieg in die 1. Bundesliga anpeilt, erscheint es mehr als logisch, dass nun also wirklich alles gut wird. Und die Vorzeichen verheißen ja schließlich auch nur das Beste!

Die ewig nörgelnden und in das Tagesgeschäft hereinredenden Fans beziehungsweise Mitglieder hat man sauber abgesägt. Beziehungsweise sollte man wohl sagen, dass sie es selbst getan haben. Denn schließlich haben die Mitglieder des HSV in einem rein demokratischen Prozess entschieden, dass sie zukünftig lieber keine Kontrollfunktion übernehmen möchten. Das ist löblich und wurde belohnt mit der Installation eines Aufsichtsrates, der über beste Kontakte zu den großen Fleischtöpfen der Hamburger Wirtschaft verfügt. Denn Wirtschaftskompetenz und sportliches Know-how herrschen nun endlich in dem Gremium, das vorher großteils nur aus einfachen Mitgliedern bestand. Vor allem aber verfügt man über eines: Einigkeit. Vorbei sind die Zeiten, als man den Streit unter einzelnen Mitgliedern des Rates in der Hamburger Presse lesen musste. Heute erfährt man hier nur noch die neuesten Erfolgsmeldungen. Wann gab es das schließlich zuletzt, dass beim HSV jemand entspannt am Saisonende sagen konnte, dass ein gutes Pferd eben nur so hoch springt, wie es muss? Vor dem Vorsitzenden im Frühsommer 2016 fällt uns da keiner ein!

Und so darf man sicherlich gespannt und erwartungsfroh in die Zukunft blicken, denn mittlerweile verfügt der HSV – auch dies dank Klaus-Michael Kühne – mit Reiner »Calli« Calmund über einen erfahrenen Manager (holte zum Beispiel damals die besten DDR-Spieler quasi noch in der Nacht des Mauerfalls nach Westen) und Freund des Investors, der nur über die allerbesten Kontakte zu Spielerberatern verfügt. Somit muss der HSV nur noch wollen, denn der Spediteur mit Sitz in der Schweiz ließ bereits durchblicken, nur in den Erfolg zu investieren, wenn dies der Fall ist.

Somit dürfte dem deutschen Fußball endlich die lang ersehnte Wachablösung bevorstehen. Schon Uli Hoeneß hatte ja bereits dereinst auf dem HSV-Volksparkett geäußert, dass es in seinen Augen nur einen Club gibt, der den Bayern langfristig das Wasser reichen können dürfte, insbesondere, was das Umfeld angeht. Und das zeigt sich seit der Ausgliederung der Profiabteilung in eine Kapitalgesellschaft in Geberlaune.

Hoffen wir, dass es noch mehr großzügige Hanseaten gibt, die dem HSV zukünftig ihr kostenloses Geld zukommen lassen, um den Weg dorthin anzutreten, wo der Club in den Augen der Hamburger und des Münchner Machers hingehört: nach ganz oben!

Die Fans würde es freuen!

75. GRUND

Weil beim HSV sogar Mini-Helden »Horst-Uwe« heißen

Uwe? Horst? Das sind Namen, die bei HSV-Fans Nostalgie und feuchte Augen auslösen. Seeler und Hrubesch verkörpern bis heute jeweils die »gute alte Zeit«, von der die Anhänger der Rothosen so ausgiebig zehren. In diese Reihe sollte sich – zumindest für einen Tag – noch jemand einreihen: Dirk Weetendorf. Nie gehört? Das mag daran liegen, dass sich seine Heldenzeit auf ein Fußballspiel gegen Borussia Dortmund im Volksparkstadion beschränkt.

Aber der Reihe nach: Die Rede ist von der Saison 1996/97. Der HSV, wie eigentlich immer in den 90er-Jahren, mit viel Tristesse und wenig Glanz. Dabei war man als Vorjahres-Fünfter in diesem Jahre sogar im Europapokal aktiv und konnte sich dort immerhin gegen Celtic Glasgow und Spartak Moskau durchsetzen. Erst gegen den AS Monaco war dann nach zwei Niederlagen Feierabend. Im DFB-Pokal stieß der HSV in der besagten Spielzeit bis ins Halbfinale vor. Als krasser Außenseiter gab es dann eine denkbar knappe Niederlage in Stuttgart, dem späteren Titelträger.

In der Bundesliga aber hatte der Dino Probleme. Abstiegskampf. Das »Spielermaterial« setzte sich aus Größen wie Jens Dowe, Paweł Wojtala oder Marek Saganowski zusammen. Und entsprechend eng wurde es dann auch. Auf der Zielgeraden leisteten sich die Kicker zunächst ein 0:5 in Leverkusen und dann ein 0:4 daheim gegen Köln. Damit hing der Klassenerhalt tatsächlich am seidenen Faden. Die bis heute umstrittene Entlassung von Trainer Magath folgte, und böse Zungen behaupten hartnäckig, dass ein Teil der Spieler damals genau dieses Szenario hatten erreichen wollen. Wie auch immer: Nachwuchsleiter Ralf Schehr wurde kurzerhand für den Rest der Spielzeit zum Chefcoach befördert. Ihm blieben nun zwei Spiele, um den Abstieg zu vermeiden.

Schehr fackelte nicht lange und setzte für die verbleibenden 180 Minuten auf Nachwuchsspieler, unter ihnen Dirk Weetendorf, blass, blond, groß. Der Stürmer sollte es richten. Eine weitere Niederlage gegen Dortmund hätte zu einem echten »Abstiegsendspiel« am 34. Spieltag in Düsseldorf führen können. Das aber hat Dirk Weetendorf der HSV-Gemeinde erspart. Dabei war Dortmund mit Trainer Hitzfeld schon damals nicht irgendwer: Amtierender Meister, späterer Champions-League-Sieger, gespickt mit vielen Stars.

Allein Dirk Weetendorf hatte der BVB an jenem 24. Mai 1997 nicht auf der Rechnung. Mit zwei Kopfballtreffern in allerbester Hrubesch-Manier führte Weetendorf den HSV zu einem wichtigen 2:1-Sieg und darüber hinaus zum Klassenerhalt. Derart in Szene setzen konnten sich beim HSV zuvor nur Uwe Seeler und Horst Hrubesch. Und so hatte Weetendorf seinen Spitznamen in Presse und Fanszene rasch weg: »Horst-Uwe«!

Als es nach dem Spiel gegen Dortmund Abend wurde, war es mit der Karriere des Dirk Weetendorf dann wieder vorbei. Er zierte zwar in der kommenden Saison den HSV-Kader, brachte es auch auf ein paar weitere Einsätze, konnte sich aber nie wirklich durchsetzen. Nur ein einziges weiteres Tor konnte er erzielen. Gleich am ersten Spieltag gegen die andere Borussia aus Mönchengladbach. Und nun raten Sie mal mit welchem Körperteil? Mit dem Kopf natürlich! Zur Saison 1998/99 wurde er nach Bremen abgegeben und von dort nach Braunschweig weitergereicht, ehe er seine aktive Laufbahn aus gesundheitlichen Gründen beenden musste. Beim HSV ist »Horst-Uwe« unvergessen! Seine Tore waren es, die den Ligaverbleib in einer äußerst kritischen Phase sicherten. Im abschließenden und dank Weetendorf belanglosen 34. Saisonspiel gab es ein 1:1 in Düsseldorf und die mitgereisten Fans geigten den Spielern anschließend ordentlich die Meinung. Das aber ist eine andere Geschichte …

76. GRUND

Weil der HSV wirklich von Schiedsrichtern verpfiffen wird

Fragen Sie mal nach einem beliebigen Spiel den Fan eines beliebigen Vereins nach der Schiedsrichterleistung. Die Antwort wird sich einpendeln zwischen »eher durchschnittlich« und »absolute Sauerei, der Typ gehört in den Knast«. Einen Fan, der mit den Entscheidungen des Referees einverstanden ist, gibt es nicht. Selbst ein Anhänger der Bayern würde noch mit seinem Schiri-Schicksal hadern – und die werden bekanntlich seit Jahren bevorzugt. In Ausnahmefällen mögen auch schier unglaubliche Verletzungsmiseren oder katastrophale Platzverhältnisse als Erklärung für Niederlagen genannt werden, die Schiedsrichter werden es immer. Die Spielleiterinnen und Spielleiter, die mittlerweile eher Gelb als Schwarz tragen, bieten sich tatsächlich hervorragend als Sündenböcke an. Besonders Trainer und Spieler ziehen den Schiri-Joker bei jeder sich bietenden Gelegenheit. Vor allem deshalb, weil sie so von eigenen Fehlern ablenken können. Auch die Fans schießen sich gern auf die Frau oder den Mann an der Pfeife ein, schließlich kommt man so nicht in die missliche Lage, den eigenen Verein kritisieren zu müssen. Letztlich bliebe ansonsten ja auch nur noch das anerkennende Lob für den Gegner. Auch keine Option.

Grundsätzlich muss man das ewige Genörgel allerdings relativieren. Die bestens ausgebildeten Schiedsrichter stehen in den meisten Fällen völlig zu Unrecht in der Kritik. Prozentual betrachtet ist ihre Fehlerquote verschwindend gering. Die Damen und Herren leisten selbst unter schwierigsten Bedingungen eine hervorragende Arbeit und erkennen oft schon innerhalb von Sekunden, was Millionen Hobby-Schiris erst in der fünften Fernsehzeitlupe im TV erahnen. Der Vorwurf vieler Fanlager, ihr Verein würde systematisch benachteilig, ist haltlos. Eine gezielte Benachteiligung seitens des

Verbandes gegen einen Club ist nichts weiter als eine Fantasie, die dem fanatischen Verfolgungswahn einiger Fans entspringt, die sich nicht damit abfinden wollen, dass ihr Team einfach nur unterer Bundesligadurchschnitt ist.

Lediglich in einem Fall lässt sich eine Verschwörung nicht von der Hand weisen: beim HSV. Denn hier wird ein Verein an Erfolgen gehindert, die er ohne entsprechende Maßnahmen zweifelsohne erringen würde. Wirklich. Es würde schlicht und ergreifend den Rahmen sprengen, all die Beispiele aufzuzählen, die belegen, dass auf Lehrgängen offenbar nicht nur das übliche Regelwerk, sondern auch das Malträtieren des Vereins von der Elbe gelehrt wird.

Was HSV-Fans bereits längst ahnten, wurde am 21. August 2004 zur Gewissheit. In der ersten Runde des DFB-Pokals traf der HSV auf den Regionalligisten SC Paderborn. Im Laufe der Partie sprach der Schiedsrichter Robert Hoyzer dem Underdog zwei äußerst dubiose Strafstöße zu und zückte gegen den zu Recht aufgebrachten Emile Mpenza die rote Karte. Der HSV schied überraschend und zu Unrecht aus. Als die Vorfälle Monate später aufgeklärt wurden, war man allerorten bemüht, den Skandal in Anbetracht der bevorstehenden WM im eigenen Lande klein zu halten. Robert Hoyzer konnte letztlich eine Verstrickung in Wettmanipulationen nachgewiesen werden, er wurde zu einer Gefängnisstrafe verurteilt. Die Betitelung als »Hoyzer« gilt bis heute als Schiedsrichterbeleidigung, die auch als solche sanktioniert wird. Dem HSV wurde lediglich eine Entschädigung in Höhe von zwei Millionen Euro – eine davon durch die Ausrichtung eines Freundschaftsspiels gegen China – zuteil. Ein Witz also in Anbetracht des fast sicheren Gewinns des DFB-Pokals. Wirklich.

77. GRUND

Weil kein Mensch weiß, wie alt Tony Yeboah wirklich ist

Anthony Yeboah ist ein Schlitzohr. Und genau diese Schlitzohrigkeit macht ihn zu einem bei den eigenen Fans geliebten und von den Gegnern gefürchteten Spieler. Der ghanaische Stürmer schafft seinen großen Durchbruch bei der Frankfurter Eintracht. 1993 und 1994 wird er zweimal in Folge Torschützenkönig der Bundesliga. In 123 Partien für die Hessen erzielt Yeboah insgesamt 68 Tore. Er zählt Anfang der 1990er-Jahre zu dem berühmten »Magischen Dreieck« bestehend aus Möller, Bein und eben Yeboah, das unter der Leitung von Dragoslav Stepanović fast den Meistertitel an den Main holen kann. Später gibt es internen Zoff bei der Eintracht. Yeboah, Jay-Jay Okocha und Maurizio Gaudino werden vom damaligen Trainer Heynckes suspendiert. Die Tormaschine steht auf dem Abstellgleis und wechselt 1995 zu Leeds United in die englische Premier League. Auch dort stellt er seine Klasse unter Beweis, in den ersten 16 Spielen trifft er unglaubliche 13 Mal das Tor. Yeboah wird bei Leeds zum Spieler des Jahres gekürt und erfreut sich nicht zuletzt wegen seiner vielen Tore größter Beliebtheit unter den Anhängern.

Nach einigen Verletzungspausen zählt Yeboah in Leeds nicht mehr zum festen Stamm und wechselt 1997 zum Hamburger Sport-Verein. Er kann hier zwar nicht mehr an seine ganz großen Zeiten anknüpfen, stellt aber mit seiner Routine und immer noch vorhandenen Torgefahr trotzdem eine echte Verstärkung dar. Er bringt es letztlich auf 100 Einsätze für die Rothosen, in denen er immerhin 28 Treffer erzielen kann. So zählt er dann auch zu den Spielern, die für das zwischenzeitliche Hoch des HSV um die Jahrtausendwende mitverantwortlich sind und dem Verein ein Stelldichein in der großen Champions League bescheren. Das Ende seiner Karriere als aktiver Sportler verbringt er schließlich wie manch anderer Fußballer in der Qatar Stars League.

Doch Tony Yeboah sorgt nicht nur auf dem Platz für Diskussionen. Nicht besonders gravierend, aber dennoch unterhaltsam, ist das Rätselraten um das richtige Alter des Stürmers. Denn das ist bei Yeboah, wie auch vielen anderen afrikanischen Spielern, gar nicht so einfach festzustellen. Belastbare Geburtsurkunden sucht man häufig vergeblich. Irgendwann kursieren unterschiedliche Altersangaben zu der Personalie Yeboah. Im Profigeschäft nicht ganz unerheblich, besonders hinsichtlich von Ablösesummen, Gehältern und Versicherungen. Als Yeboah selbst dann sein Geburtsdatum festlegt, führt dies bei manchem Anhänger zu einem Schmunzeln: Der 6. Juni 1966 wirkt nach dem Hin und Her doch etwas skurril – ganz unabhängig davon, ob es stimmt oder nicht. Später erklärt Yeboah, dass sein Geburtsdatum zwischenzeitlich verändert worden sei, um ihm das Mitspielen im ghanaischen Herrenfußball zu ermöglichen, für den er formal betrachtet zu jung gewesen sei. Vereinen und Fans war es letztlich egal, denn die Leistung Yeboahs stimmte unabhängig von seinem Geburtsdatum.

Für ein weiteres Schmunzeln sorgte Tony Yeboah in einem Interview mit dem SPIEGEL im Jahre 1992. Auf die Frage: »Sie reden oft von Leistung, fahren einen BMW, wohnen im Reihenhaus mit Schrankwand und Vorgarten. Ist Ihnen bewußt, daß Sie wie ein deutscher Musterbürger wirken?« antwortet er trocken mit einer Gegenfrage: »Soll ich ein Lagerfeuer im Wohnzimmer machen?«*

* *Interview vom 26.10.1992, www.spiegel.de/spiegel/print/d-13680291.html*

78. GRUND

Weil man beim HSV dickhäutig ist

»Komm, wir geh'n zu Hagenbeck, Hagenbeck, Hagenbeck! Da hol'n wir uns 'nen Affen weg, bei Hagenbeck« heißt es in einem bekannten Hamburger Gassenhauer. Gewidmet ist das Lied natürlich dem weit über die Grenzen der Hansestadt hinaus bekannten, gleichnamigen Tierpark im Stadtteil Stellingen. Er war weltweit der erste Zoo, der seine Tiere in gitterlosen Gehegen ausstellte. Durch geschickte Landschaftsarchitektur und Geländemodellierung entstanden zudem offene Blickverbindungen und beeindruckende Panoramaansichten. Gründer Carl Hagenbeck galt zu Recht als ein Visionär und Vorreiter seiner Branche. Heute ist Hagenbeck unter anderem auch bekannt für seine erfolgreiche Elefantenzucht. Die großen Dickhäuter erfreuen sich vor allem bei den jüngeren Besuchern großer Beliebtheit und lassen sich gerne füttern und am Rüssel streicheln. Elefantenköpfe schmücken auch das historische Eingangstor am ehemaligen Haupteingang des Tierparks. Es gehört schon lange zu den Wahrzeichen der Hansestadt Hamburg.

Hagenbecks Tierpark ist also ohne Zweifel eine echte Hamburgensie. So werden allgemein Dinge bezeichnet, die unverwechselbar auf Hamburg bezogen sind und die es nur in der Hansestadt gibt. Wie die Alsterschwäne, den Wasserträger Hans Hummel, die Zitronenjette oder das Franzbrötchen. Und natürlich den HSV. Denn genau wie Hagenbeck ist auch der Hamburger Sport-Verein ein bekannter Werbeträger und Identifikationsfaktor der Stadt. Aber das sind nicht die einzigen Gemeinsamkeiten, die diese beiden hanseatischen Institutionen miteinander verbindet. Bei Hagenbeck wird nämlich auch Fußball gespielt. Regelmäßig lassen die Tierpfleger bei Schautrainings ihre dickhäutigen Riesen Kunststücke vorführen und dabei auch gegen den runden Ball treten. Bis vor einigen Jahren konnten Besucher bei Hagenbeck sogar auf einem Elefanten eine

Runde durch den Park reiten. Diese Attraktion wurde allerdings mittlerweile abgeschafft.

Gleiches gilt auch für den HSV. Nein, gemeint ist hier ausnahmsweise einmal nicht die Tatsache, dass dort Fußball gespielt wird. Es geht um etwas wesentlich Spektakuläreres. Beim HSV konnte man nämlich tatsächlich auch schon einmal Elefanten bestaunen. Glauben Sie nicht? Ist aber so. Der umtriebige Manager Dr. Peter Krohn hatte die Öffentlichkeit ja bereits mit zahlreichen innovativen Ideen überrascht. Besonders in Erinnerung geblieben sind sicherlich de rosa Trikots. Den vielleicht kuriosesten Coup landete allerdings einer seiner Nachfolger. HSV-Generalsekretär und Organisator Dr. Dirk Albrecht präsentierte 1985 den erstaunten HSV-Fans bei einem der bereits bekannten Showtrainings am Rothenbaum einen ausgewachsenen Elefanten namens Sandy. Europas größter Elefant wohlgemerkt, wie Albrecht nicht müde wurde zu betonen. Inspiration hatte er bei einem Besuch in Süddeutschland gefunden. »Sepp Maier ist in München mal auf einem kleinen Elefanten geritten. Da haben wir uns gedacht, das können wir besser. Bei uns ist es der größte«, so Tierfreund Albrecht.

Leidtragender der Aktion war der damalige HSV-Neuzugang Wolfram Wuttke. Dem pummeligen Stürmer wurde die Ehre zuteil, das riesige und mit einer großen HSV-Fahne geschmückte Tier zu besteigen und dann mehrere Runden über den Platz zu drehen. Um das Ganze noch etwas spektakulärer zu gestalten, wurde er bei seinem Ritt von der damaligen Miss Norddeutschland begleitet. Während Wuttke mit der adretten Dame in luftiger Höhe über den Rothenbaum schaukelte, liefen unten bereits die ersten Wetten, wen von den beiden Hauptdarstellern die gute Sandy wohl zuerst abwerfen würde. Letztendlich verlief aber alles reibungslos und sowohl Wuttke als auch die blonde Schönheit überstanden das Abenteuer schadlos. Die 4000 Fans waren jedenfalls begeistert. Auch wenn ein anwesender Gast tatsächlich behauptete, 80 Prozent der Zuschauer seien nur dort gewesen, weil es an diesem Tag Freibier gab.

79. GRUND

Weil zahlreiche Skandale die Boulevardpresse erfreuen

Was wäre Hamburg ohne die Skandale des HSV? Oder besser gefragt: Was wäre die Boulevardpresse ohne die Skandale des HSV? Sie wäre arm dran, denn dann wäre ja quasi nichts los, worüber man berichten könnte. Und wir reden hier nicht über »Spieler XY wird nachts auf dem Rückweg aus der Disco von der Polizei gestoppt«. Beim HSV gibt es richtige Skandale. Skandale für Erwachsene. Beispiel gefällig? Uli Stein! Wer kennt ihn nicht und wer erinnert sich nicht gern an ihn? Nicht nur wegen seiner Glanzparaden im Europapokalfinale der Landesmeister oder aufgrund der Tatsache, dass er den »Kaiser« Franz Beckenbauer einen Suppenkasper genannt haben soll, sondern vor allem auch wegen seines Faustschlags gegen den Bayern-Spieler Jürgen »Cobra« Wegmann im Supercup 1987, einem der wohl unwichtigsten Spiele überhaupt. Der Schlag war sein (vorläufiges) Karriereende beim HSV. Seine Art behielt er sich zum Glück bei.

Oder Timothée Atouba, der einst sämtliche Zuschauer im Volkspark beleidigte, indem er ihnen den Mittelfinger entgegenreckte. Immerhin, es war nur der Mittelfinger.

Wenige Jahre später nämlich war Paolo Guerrero nicht ganz so zimperlich und bewarf einen Zuschauer, der ihn beleidigt haben soll, mit einer gefüllten Trinkflasche. Hierfür erhielt er die höchste Strafe, die der Verein jemals gegen einen Spieler verhängt hat. Die Summe soll zwischen 50.000 und 100.000 Euro gelegen haben.

Nicht ganz so teuer wurde es für Stig Tøfting und Yordan Letchkov, die sich nach einem Testspiel bei Arminia Bielefeld im Februar 1995 eine handfeste Schlägerei in der Kabine lieferten, nachdem Tøfting Letchkov beschimpft hatte, weil dieser einen Fehlpass gespielt hatte, der ein Gegentor einleitete.

Kurios auch die Reaktion von HSV-Vizepräsident Hans Schümann, der die Schlägerei wie folgt kommentierte: »Diese Geschichte zeigt doch eine gesunde Berufsauffassung unserer Spieler.« Diese Liste könnte noch beliebig fortgesetzt werden.

Doch nicht nur die Spieler des Hamburger SV leisten sich schon mal einen Patzer. Auch die Offiziellen der Rothosen verstanden und verstehen es vortrefflich, ins Fettnäpfchen zu treten. Autowachs, Jutebeutel und Ostimmobilien stehen exemplarisch für die Verfehlung der Oberen, blicken wir also in die jüngere Vergangenheit. Das Stichwort hier heißt Aufsichtsrat. Der Aufsichtsrat des HSV ist für die Bestellung und Abberufung des Vorstands zuständig, also auch für die Bestellung und Abberufung des Sportchefs. Und gerade in diesem Bereich offenbart der Rat immer wieder in schöner Regelmäßigkeit Schwächen. Mal wird ein Deal zu früh verkündet, mal wieder aufgelöst und mal kontaktieren gleich mehrere Räte unabhängig voneinander ein und dieselbe Person. Und erstaunlich oft wissen vor allem die Medien schon Bescheid, bevor eine Entscheidung offiziell verkündet wurde.

So zum Beispiel im Falle der Demission von Dietmar Beiersdorfer, als die BILD dessen Abgang bereits online verkündet hatte, als die Aufsichtsräte noch tagten. Und so auch im Fall von Frank Arnesen, dessen Abgang nach Informationen des NDR bereits besiegelt war, bevor man ihn selbst überhaupt darüber informiert hatte. Nicht gerade professionell, dafür aber mit hohem Unterhaltungswert!

80. GRUND

Weil der »Toreaner« vier Tore gegen den Deutschen Meister geschossen hat

Erinnern Sie sich noch an die Spielzeiten 2010/11 und 2011/12? Der HSV spielte nicht wirklich eine Rolle. Anders Borussia Dortmund. Trainer Jürgen Klopp hatte ein junges, hungriges Team zusammengestellt, das einen Fußball spielte, ja zelebrierte, dass einem als Fan der Mund vor Staunen offen stand. Folgerichtig zauberten sich die Borussen zu zwei Meisterschaften nacheinander. Und zwar vollkommen souverän! Der FC Bayern und allen voran Uli Hoeneß mussten machtlos zusehen, wie der Verein aus der Bierstadt seine Gegner nach Belieben dominierte und in der Saison 2011/12 sogar das Double holte, also auch noch den DFB-Pokal gewann, und das ausgerechnet gegen den FC Bayern, der mit sage und schreibe 5:2 Toren bezwungen wurde. Damit nicht genug, der BVB war in jener Saison auch noch so stark, dass er die Möglichkeit hatte, den Bundesligarekord für ungeschlagene Spiele in Folge einzustellen. Dieser liegt bei 36 Begegnungen und stammt aus dem Zeitraum vom 16. Januar 1982 bis 29. Januar 1983. Sie können sich denken, wie der Rekordhalter hieß?

Nun, der FC Bayern war es nicht. Es war der Hamburger SV. Und ausgerechnet gegen die Rothosen sollten die Borussen am 22. September 2012, am 4. Spieltag, die bereits 31 Spiele andauernde Serie des BVB beenden. Dabei sah es gar nicht gut aus für die Mannschaft aus der Hansestadt. Man war denkbar schlecht in die Saison gestartet, hatte sich unter anderem in der ersten Runde des DFB-Pokals bereits beim Regionalligisten Karlsruher SC blamiert und war ausgeschieden. Das große Zittern war wieder einmal angesagt. Und dieser HSV wollte seinen Rekord retten? Er wollte. Und maßgeblichen Anteil daran hatte ein junges Talent aus Südkorea, das der HSV 2008 mit gerade einmal 16 Jahren in sein Fußballinternat geholt hatte: Heung Min Son. Er hatte sich in den Vorjahren bei den Profis geradezu aufgedrängt und war mittlerweile fester Bestandteil der Mannschaft. Und das vollkommen zu Recht.

Bereits in der 2. Minute erzielte Son die Führung für den Außenseiter HSV und legte in der 59. Minute noch einmal nach. Damit erzielte er zwei von drei Toren, die für den 3:2-Heimsieg ausreichten. Die Serie des amtierenden Deutschen Meisters war gerissen, der Bundesligarekord des HSV gerettet. Doch es sollte noch besser kommen! Am 21. Spieltag stand das Rückspiel im Westfalenstadion in Dortmund an. Wieder gingen die Westfalen als Favorit ins Spiel und vor allem in der 17. Minute in Führung, ein Umstand, der jedem HSVer im Stadion den Angstschweiß auf die Stirn trieb. Doch der Schreck dauerte nur kurz an, denn Rudnevs, der heute zwei Tore erzielen sollte, egalisierte die Führung bereits im Gegenzug. 4:1 siegte der HSV am Ende und neben Artjoms Rudnevs war es wieder Heung Min Son, der zwei wichtige Tore erzielte. Der HSV gewann also beide Spiele gegen den BVB und Son avancierte zum »Toreaner«. Er erzielte damit übrigens genau ein Drittel seiner Saisontore gegen die Borussia. Das hätte wohl niemand erwartet.

81. GRUND

Weil Andi und Lumpi Taxi fuhren und auch sonst so einiges abgeht beim angeblich biederen HSV

»Das gibt es nur beim HSV« ist die Aussage, die der geplagte Anhänger der Rothosen entweder fassungslos hervorstammelt oder breit grinsend in die Runde ruft. Gemeint sind Verfehlungen der Spieler. Natürlich, Ansgar Brinkmann, Spitzname »Trinkmann«, ist auch so ein Original. Genau so ein gewisser Breno Vinícius Rodrigues Borges oder Marko Arnautović. Trotz allem hat man jedoch beim HSV das Gefühl, dass sich nur hier die Spieler richtig in die

Fettnäpfchen stürzen, wenn sie sich unbeobachtet wähnen, sprich privat unterwegs sind.

So auch bei Harald »Lumpi« Spörl und Andreas Sassen. Spörl galt seit jeher als der solide Arbeiter im Team des HSV. Solide auch, was seine Freizeit anging. Da gab es wirklich nichts zu meckern, »Lumpi« war ein ganz patenter Mann. Das sollte sich allerdings nach der Verpflichtung Andi Sassens ändern, einem echten »Hansdampf in allen Gassen«. Der war schon mit 20 Jahren als Spieler bei Schwarz-Weiß Essen zum ersten Mal alkoholisiert am Steuer erwischt worden. Damals übrigens mit keinem Geringeren als Mario Basler, dem Enfant terrible der Bundesliga. 1,9 Promille zeigt das Messgerät nach beherztem Pusten. Sassen muss seinen Führerschein abgeben, sagt der Presse aber, er habe den Führerschein nicht verloren, da er niemals einen besessen habe.

Doch zurück zum HSV. In der Saison 1992/93 wechselt Sassen also an die Elbe und trifft dort auf Harald Spörl. Beide sind eines Abends auf der Reeperbahn unterwegs, unter anderem in der Kiez-Kneipe »Zur Ritze«, einem legendären Boxerschuppen. Nachdem sie dem Alkohol vielleicht etwas zu sehr zugesprochen hatten, machten sich Sassen und Spörl alkoholisiert auf den Weg nach Hause. Statt sich selbst hinter das Steuer zu klemmen, rufen die beiden schlauerweise ein Taxi. Doch auch dieses Mal soll Andreas Sassen das Glück nicht hold sein. Seiner Aufforderung »Fahr schneller, Ali!« kommt der türkischstämmige Fahrer nicht nach, was Sassen dazu verleitet, seiner Forderung Nachdruck zu verleihen und dem Chauffeur nervös ins Gesicht zu greifen. Es kommt zu Handgreiflichkeiten, die erst von der Polizei schlichtend beendet werden können.

Das Resultat des Ganzen konnte sich sehen lassen: eine Strafanzeige, eine Abmahnung vom HSV und eine Geldstrafe in Höhe von 12.500 DM konnte Sassen auf der Haben-Seite verbuchen. Die Fans der Rothosen nahmen es mit Humor, und so flatterten am Zaun der Westkurve einige amüsante Grußbotschaften, unter anderem von der vermeintlichen Besatzung der »Ritze« und ihrem Wirt Hanne.

Aus dieser Zeit stammt außerdem der legendäre Gesang »Taxifahr'n mit Sassen«, den die Hamburger Fankurve nur zu gern intonierte, nach dessen Tod jedoch kaum noch anstimmte.

Getoppt wurde diese Eskapade wohl nur noch von einem Alkoholsünder beim HSV. Branko Zebec, der von 1978 bis 1980 auf der Trainerbank des HSV Platz nahm, rutschte während seiner Arbeitszeit, um genau zu sein während des Spiels bei Borussia Dortmund, betrunken von selbiger. Im Gegensatz zu Sassen wurde Zebec allerdings kurz darauf gefeuert. Doch machen wir uns nichts vor. Was beim ersten Lesen komisch erscheinen mag, ist alles andere als das. Die Eskapaden der Stars beim HSV zeigen allerdings eines auf: Auch sie sind nur Menschen mit Schwächen. Wie die Fans in der Kurve.

82. GRUND

Weil 1,8 Millionen Euro Lösegeld im Sonderzug des HSV transportiert wurden

Nahezu jeder Verein freut sich über reiche Anhänger. Denn schaden können die eigentlich nie. Sie verkehren in aller Regel in Kreisen anderer wohlhabender Menschen, pflegen Kontakte zu allerlei wichtigen Personen aus Politik und Wirtschaft und sind potenzielle Unterstützer, wenn der Verein einmal in finanzielle Schieflage geraten sollte. Am 10. Mai 2009 hat der HSV einen sehr reichen Fan, auf den all dies leider nicht zutrifft. Der hat zwar jede Menge Geld, aber er verkehrt weder in entsprechenden Kreisen, noch ist er sonderlich daran interessiert, neue Kontakte zu knüpfen. Und eigentlich ist er auch nur an diesem einen Tag Fan des Hamburger Sport-Vereins.

Thomas Wolf ist ein Krimineller. Und zwar derart kriminell, dass er es zu einem eigenen Eintrag bei Wikipedia geschafft hat. Seine Polizeiakten dürften von beeindruckendem Umfang sein. In seiner Vita tauchen lauter Vokabeln wie Betrug, schwere räuberische Erpressung, Verabredung zur Geiselnahme und Gefängnismeuterei auf. Er befindet sich abwechselnd im Verbrecher-, Flucht- oder Gefängnismodus. Im Rahmen seiner Strafvollzuge nutzt er nahezu jede Gelegenheit, um zu fliehen. Sein Leben gleicht einem Katz-und-Maus-Spiel mit der Polizei. Dabei entwickelt er sich zunehmend zum Künstler der Verwandlung. Er wechselt nicht nur sein Aussehen, sondern auch seine komplette Identität. So kann er sich, wenngleich auch immer nur zeitlich begrenzt, halbwegs frei in deutschen Großstädten wie Frankfurt und Hamburg bewegen.

Im Jahr 2009 soll Wolf die Frau eines leitenden Bankangestellten in Wiesbaden entführt haben und in diesem Zusammenhang erfolgreich 1,8 Millionen Euro Lösegeld erpresst haben. In Anbetracht der Herkunft des Geldes kommen herkömmliche Anlagemöglichkeiten nicht infrage. Wolf trägt die beachtliche Summe stets in bar bei sich. Er schlägt sich durch, kampiert in Stundenhotels, Wäldern und Parkanlagen. Im Mai entschließt er sich, nach Hamburg zurückzukehren. In die Stadt, in der er sich auskennt, wo es vertraute Lokalitäten und Personen gibt. Zu diesem Zeitpunkt hält er sich im deutlich beschaulicheren Bremen auf, das für ihn eine ungleich größere Gefahr der Ergreifung birgt.

Doch wie soll er in die große Nachbarstadt gelangen, ohne an den stets überwachten Bahnhöfen erkannt zu werden? Wolf kommt auf eine dreiste und zugleich geniale Idee: An besagtem 10. Mai 2009 gastiert der HSV im Bremer Weserstadion. Die Stadt ist voller Polizisten. Und voller Fußballfans. Wolf wird zum HSV-Fan für einen Tag. Er kauft einem Fan aus Hamburg ein Trikot ab, streift es über und spaziert zum Bahnhof. Eskortiert von Hunderten Polizisten, die einen der meistgesuchten Verbrecher Deutschlands nicht erkennen, weil sie hier nicht mit ihm rechnen. Thomas Wolf besteigt mit den vielen anderen Fans den Zug, fährt nach Hamburg und passiert dort beim Verlassen des Bahnhofs erneut zahlreiche Beamte, die die Anhängerschaft in Empfang nehmen. Er entkommt unbehelligt – und wird erst zwei Wochen später auf St. Pauli festgenommen.

9. KAPITEL

»ALLES AUSSER HAMBURG IST SCHEISSE!«

Rivalen des HSV

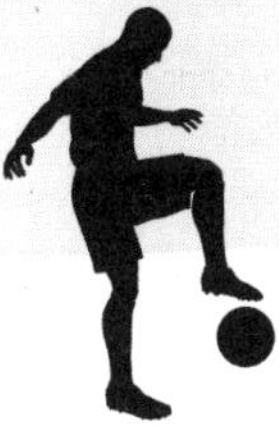

83. GRUND

Weil der HSV den SV Werder mit 9:1 vom Platz fegte

Werder Bremen. Dieser Name sorgt bei vielen HSVern für leichte bis mittelschwere Reizerscheinungen. Denn der Rivale von der Weser hat dem HSV insbesondere in den letzten Jahren des Öfteren in die Suppe gespuckt. Sei es das direkte Duell um den Startplatz in der Champions League am 34. Spieltag der Saison 2005/06, die Duelle im Halbfinale des UEFA Cups im April 2009 oder das kurz zuvor ausgetragene Semifinale im DFB-Pokal: Der SVW hatte stets die Nase vorn und der HSV das Nachsehen. Der Ruf, eine Pokalmannschaft zu sein, eilt den Bremern daher nicht ganz unberechtigt voraus. Das bekam leider auch der HSV in der Vergangenheit das eine oder andere Mal zu spüren. Der letzte Erfolg der Rothosen gegen Werder Bremen in diesem Wettbewerb liegt nämlich bereits über 30 Jahre zurück. Am 16. Oktober 1982 besiegte der HSV den Nordrivalen im Volksparkstadion in der zweiten Runde mit 3:2. In trauriger Erinnerung geblieben ist dieser Tag aber vor allem durch die Ausschreitungen rivalisierender Anhänger vor dem Spiel. Dabei wurde der Bremer Adrian Maleika von einem Stein am Kopf getroffen und erlag seinen schweren Verletzungen einen Tag später im Krankenhaus Altona.

Seitdem konnte der HSV im DFB-Pokal nicht mehr gegen Werder Bremen gewinnen. Egal ob zu Hause oder an der Weser, egal ob Viertelfinale, 2. Runde oder Achtelfinale: Das Los Werder Bremen war für den HSV gleichbedeutend mit dem Ausscheiden. Glücklicherweise für den HSV kam es seit 1982 aber nur noch viermal zu diesem Duell. In der Bundesliga ist die Sache hingegen ziemlich ausgeglichen, auch wenn die Bilanz in den letzten Jahren etwas zu Gunsten der Bremer gekippt ist. Dennoch gab es auch hier einige richtig bittere Klatschen für den HSV. 1993 ging man an der Weser mit 5:0 unter, 2004 sogar mit 6:0. Fast noch schlimmer: Der HSV ebnete mit diesen desaströsen Auftritten den Bremern jeweils den Weg zum Gewinn der Deutschen Meisterschaft. Fünf oder mehr Tore gelangen dem HSV gegen den SVW hingegen zuletzt 1982. Mit 5:0 wurden die Bremer damals nach Hause geschickt und der HSV wurde wenig später Deutscher Meister.

So mancher HSVer dürfte daher wehmütig an die Zeiten vor der Bundesliga zurückdenken. In der Oberliga Nord war der HSV unbestritten die Nummer eins im Norden und vor allem am Rothenbaum kaum zu bezwingen. Der SV Werder war zwar damals eines der ganz wenigen Teams, die überhaupt einmal in Hamburg gewinnen konnten, musste dort aber zum Teil auch herbe Niederlagen hinnehmen. Der eindrucksvollste Sieg gegen die grün-weißen Nachbarn gelang dem HSV 1959. Zum Saisonauftakt trafen die beiden Teams am 5. August im DFB-Pokal auf norddeutscher Ebene aufeinander. Im vorangegangenen Jahr hatte der SVW die Oberliga als Vizemeister zwar mit klarem Rückstand hinter den Rothosen abgeschlossen, in den direkten Duellen aber immerhin ein Unentschieden und einen Sieg errungen. Die Bremer waren also ein durchaus ernst zu nehmender Gegner.

An diesem Tag im Pokal hatten sie gegen eine wie entfesselt aufspielende Hamburger Mannschaft allerdings nicht den Hauch einer Chance. Mit sage und schreibe 9:1 (!!!) wurden die Bremer vom Platz gefegt. Selbst zur damaligen Zeit war das ein Resultat, bei dem sich sowohl die erfolgsverwöhnten Anhänger als auch die Presse verwundert die Augen rieben. Der HSV steigerte sich in dieser Partie »in eine Form, die alle Schönheiten des Fußballs offenbarte«, wie das *Hamburger Abendblatt* in seinem Spielbericht am 6. August 1959 anerkennend bemerkte. Die Tore fielen an diesem Tag wie reife Früchte, nach 13 Minuten lag der HSV bereits mit 3:0 in Führung. Vier Tore von Klaus Neisner, drei von Uwe Seeler sowie jeweils eines von Horst Dehn und Dieter Seeler sorgten für diesen geradezu historischen Erfolg. Kurz vor Schluss wäre Klaus Stürmer fast noch das 10:1 gelungen, aber das zweistellige Ergebnis blieb den Bremern leider erspart. Dennoch war es für den Verein von der Weser damals die höchste Niederlage gegen einen Nordverein seit 30 Jahren.

84. GRUND

Weil der HSV ein Koloß ist!

»Tradition schlägt jeden Trend.« Mit diesem Transparent machten die Anhänger des HSV beim Auswärtsspiel in Sinsheim deutlich, was sie von der Bundesligaexistenz der dort heimisch gemachten TSG Hoffenheim halten. Gar nichts nämlich! Genauso wie von der Ligazugehörigkeit des VfL Wolfsburg, von Bayer 04 Leverkusen und von (demnächst wohl) RB Leipzig. Sogenannte »Plastikvereine« wie diese gehören einfach nicht in die Bundesliga. Weil ihr Aufstieg nicht etwa einer geschickten Transferpolitik, einem cleveren Management oder ganz einfach einem sportlich gesunden Wachstum, sondern fast ausschließlich der (Spendier)Laune eines einzelnen Geldgebers geschuldet ist. Ob nun Dietmar Hopp, Volkswagen, das Bayer Werk oder zuletzt der österreichische Gummibärchenbrauseproduzent Red Bull: Erst mit dem Beginn ihres umfangreichen finanziellen Engagements waren diese Vereine in der Lage, überhaupt in die Bundesliga aufzusteigen und sich dort zu etablieren oder dieses als kurzfristiges Ziel auszugeben wie in Leipzig.

Im Falle von Hoffenheim begann damit sogar der kometenhafte Aufstieg aus der Kreisklasse bis hinauf in die 1. Liga. Und das in einem Dorf, das als eingemeindeter Teil der Kleinstadt Sinsheim gerade einmal knapp 3000 Einwohner hat. In etwas mehr als zehn Jahren wurde hier mit extremem finanziellen Aufwand aus einem gemütlichen Dorfverein ein Bundesligist hochgezüchtet. Künstlich, wie Plastik eben. Kein Wunder, dass das Umfeld des Vereins mit dieser Entwicklung nicht einmal ansatzweise Schritt halten, geschweige denn mitwachsen konnte. Aber das war auch gar nicht nötig. Ein neues Stadion hat der Mäzen Hopp ihnen dort inzwischen hingestellt und auch einige mittlerweile namhafte Spieler wie zum Beispiel Demba Ba, Vedad Ibišević oder den dort besonders erfolgreichen Tim Wiese verpflichtet.

Aber etwas ganz Entscheidendes fehlte. Eine echte, große Fanszene, die mit dem Verein bereits seit Ewigkeiten durch dick und dünn gegangen und auch auswärts immer zahlreich dabei ist, sucht man im Kraichgau bis heute vergeblich. Denn so etwas kann man auch mit allem Reichtum dieser Erde nicht kaufen. Dazu braucht es Zeit. Eine eigene Geschichte mit Höhen und Tiefen. Mit Emotionen. Tradition eben. Genau das ist aber ein Pfund, mit dem kein noch so potenter Investor, sondern nur echte Traditionsvereine wuchern können. Ehemalige Erstligisten wie beispielsweise Rot-Weiss Essen, 1860 München, Alemannia Aachen oder Arminia Bielefeld gehören genauso selbstverständlich dazu wie der FC Bayern, Borussia Dortmund, Schalke 04 und natürlich der Hamburger SV. Solche Traditionsvereine – und zwar nur sie – sind die legitimierten Vertreter des Volkssports Nummer eins.

Kaum vorstellbar also, dass einem etablierten Verein wie dem HSV einmal ähnlich heftig der Wind ins Gesicht wehte wie den heutigen Plastikvereinen. Aber es gab tatsächlich eine Zeit, in der nicht nur die Ligazugehörigkeit, sondern gleich die komplette Existenzberechtigung des HSV grundsätzlich infrage gestellt wurde. Das war 1919, im Jahr des Zusammenschlusses von SC Germania, Hamburg 88 und FC Falke 06 zum Hamburger Sport-Verein. Glücklicherweise ist das also schon fast 100 Jahre her und den Begriff »Plastikverein« gab es damals natürlich noch nicht. Vor allem die Medien standen dem neu gebildeten Großverein HSV zunächst mehr als kritisch gegenüber. Der Fußball war im Deutschland der 1920er-Jahre gerade erst dabei, seinen Kinderschuhen zu entwachsen. Entsprechend war der Ligabetrieb noch sehr regional strukturiert und die teilnehmenden Vereine repräsentierten in erster Linie den Stadtteil oder das Viertel, in dem sie beheimatet waren. Das spiegelte sich auch in den Namen der damaligen Spitzenclubs wider: In Hamburg waren dieses zum Beispiel Altona 93 oder der Eimsbütteler TV.

Ganz anders kam nun auf einmal der HSV daher. Der Name Hamburger Sport-Verein kam ohne lokalen Zusatz aus und die Spielkleidung mit weißem Hemd und roter Hose entsprach den Hamburger Stadtfarben. Die Presse reagierte empört. Es sei schlicht und ergreifend anmaßend, dass der HSV zukünftig als *der* alleinige Repräsentant der Stadt auftreten würde. Diese Rolle stünde den Mannen vom Rothenbaum nicht zu. Darüber hinaus stellten die sogenannten Experten auch die sportliche Wettbewerbsfähigkeit der Rothosen infrage – und lagen damit grandios falsch. Der HSV enteilte bereits kurz nach seiner Gründung nicht nur den Hamburger Konkurrenten. Er wurde mit den Deutschen Meisterschaften 1922, 1923 und 1928 auch auf nationaler Ebene zu einem der bedeutendsten Vereine dieser Dekade. Und zu einem der beliebtesten noch dazu. Mehr als 20.000 Zuschauer kamen regelmäßig zu den Spielen am Rothenbaum, um ihre Mannschaft zu sehen und anzufeuern. Und auch außerhalb der Spieltage sorgten die engagierten HSV-Mitglieder im Clubheim für eine florierende Vereinskultur, großen Zusammenhalt und Identifikation mit dem HSV.

»Der H.S.V., ein auf tönernen Füßen ruhender Koloß, ein richtiges Inflationsgebilde, wird genauso plötzlich, wie er entstanden ist, auch wieder verschwinden«, lästerte die Zeitung *Turnen, Spiel und Sport am 3. September 1919.* Diese Worte wurden damals bereits schnell und eindrucksvoll widerlegt. Der HSV lebte und er entwickelte sich prächtig. Das gilt bis heute. Zugegeben, zuletzt mal etwas mehr und mal etwas weniger erfolgreich, zumindest auf dem Platz. Aber eines ist trotzdem sicher: Sein Wohl und Wehe lässt kaum jemanden kalt. Weil er die Menschen zu Zehntausenden emotional berührt. Weil er zwar ein Koloss ist, aber bestimmt kein »tönerner«. Und schon gar keiner aus Plastik!

85. GRUND

Weil der HSV unsexy ist

Sex sells, das weiß jeder. Und deshalb ist es gut, sexy zu sein. Wer sexy ist, kriegt immer die tollsten Partner ab, Rabatte beim Autokauf und wird von jedem abgefeiert. Der HSV ist nicht sexy. Der HSV ist bieder. Jedenfalls sagen das die Zeitungen. Sexy, das ist der FC St. Pauli. Den mag jeder. Also außer den HSVern natürlich. Deshalb gehen zum FC St. Pauli auch Styler, Werber, zugezogene Sozialpädagogikstudenten aus schwäbischen Kleinstädten und Schanzen-Hipster, die auf der Schulterblatt-Piazza in der Sonne ihren Galão trinken, während gegenüber die Obdachlosen vor der Roten Flora im Müll leben müssen. Und deshalb ist es schön, dass der HSV ein verstaubtes Image hat. Denn mit solchen Leuten möchte man nicht im Stadion stehen. Dann doch lieber auf der Nordtribüne sitzen mit einem Rentner, der noch immer seinen hanseatischen Dreiteiler trägt (dunkelblau, versteht sich), über ssspitze Sssteine ssstolpert und mit seinen alten Weggefährten wöchentlich bei Heinrich Höper im Delta-Bistro bei Bier und Steak sitzt, um über den HSV zu philosophieren.

Als Club der Pfeffersäcke bezeichnet man den HSV abfällig. Ein Pfeffersack, das weiß man außerhalb Hamburgs vielleicht nicht, ist nicht nur eine wohlschmeckende Teewurst mit ganzen grünen Pfefferkörnern, sondern auch eine nicht wirklich freundliche Bezeichnung für Hamburger Kaufleute, die ein ziemlich dickes Portemonnaie haben (Gewürzhandel bringt nämlich Geld). Wie gesagt ist die Bezeichnung »Pfeffersack« also eher etwas abschätzig, aber das ist egal. Hauptsache nicht sexy! Denn sexy ist vergänglich. Tennis beispielsweise war in den 1980ern auch mal sexy. Heute ist Tennis wieder ein Sport für aktive Rentner und Kinder reicher Eltern, der vollkommen zu Recht kaum noch mediale Aufmerksamkeit erhält. Wie damals, als Lendl, Borg und Becker noch keine Stars waren.

Heute ist der Fußball sexy und etwa genau so lange der Lokalrivale. Sie merken, worauf ich hinaus möchte? Darauf, dass Dinge, die sexy sind, eine Halbwertzeit haben, ein Trend sind.

Der HSV ist kein Trend. Er war nie Trend. Der HSV ist eine Institution seit 1887. Da ist es kein Wunder, dass man etwas angestaubt ist. Die Vereinsstrukturen haben sich seitdem (zum Glück!) nicht wesentlich geändert, das Logo (auch zum Glück!) genauso wenig. Es mag verbohrt klingen, aber beim HSV kriegt der Fan schon eine mittelschwere Krise, wenn die Stutzen der Spieler nicht blau mit weißen Karos auf schwarzem Grund sind. Das ist aber nicht spleenig, spießig oder verstaubt, sondern Traditionsbewusstsein. Trends dürfen andere ausleben. Die ruhmreiche Vergangenheit des HSV muss gewürdigt werden. Und wer so was doof findet, der kann ja zu St. Pauli gehen. Oder nach Hoffenheim! Obwohl … da scheint der Trend ja mittlerweile wieder vorbei zu sein. Wie schrieb doch ein Hoffenheim-»Fan« im Internet: »Wenn sie [Anm. d. Red.: die Mannschaft der TSG Hoffenheim] absteigen, werde ich eben wieder Bayern-Fan.« Dann doch lieber unsexy.

86. GRUND

Weil der Postmann manchmal 1887 mal klingelt

Kreativität zählt sicher nicht zu den ersten Eigenschaften, die den Fans des HSV nachgesagt werden. Im Gegenteil. Wer sich in Hamburg nicht für Fußball interessiert oder es sogar mit dem Lokalrivalen hält, wird dem typischen HSVer, sofern es ihn denn gibt, eher ein schlichtes Gemüt unterstellen. Dass die Anhängerinnen und Anhänger allerdings durchaus innovative Ideen entwickeln können, bekam im Jahre 2008 ein Anhänger des VfL Wolfsburg zu spüren, der die Hamburger im Vorwege eines sportlichen Aufeinandertreffens herausforderte.

Grundsätzlich genießt die Fanszene des VfL Wolfsburg in Hamburg keine großen Sympathien. Zu künstlich ist das Vereinsprodukt des örtlichen Autoherstellers, zu traditionslos die Anhängerschaft. Im Großen und Ganzen interessierte man sich in Hamburg einfach nicht für den belanglosen Verein, es gab und gibt einfach wichtigere Feindschaften, die es zu pflegen gilt.

Im Jahre 2008 allerdings horchten Teile der Hamburger Anhängerschaft auf. Was war geschehen? Ein besonders mutiger Fan des VfL hatte eine Internetseite der Hamburger gehackt und dort neben dem eigenen Vereinslogo auch großspurig die Drohung hinterlassen, dass Hamburg es nun mit den Besten aufnehmen würde. Da es sich um eine seit Jahren ungenutzte Seite handelte, fiel der Schaden gering aus und viel mehr als ein mitleidiges Schmunzeln konnte der zunächst unbekannte Täter nicht ernten. Doch je länger sich die Adressaten der Attacke über ebendiese amüsierten, desto deutlicher wurde auch der Entschluss, einen derartigen Schritt der ungeliebten Wolfsburger nicht völlig unkommentiert zu lassen.

So kam es zu der Entscheidung, den neuen »Freund« mit den eigenen Waffen zu schlagen und ihm einen kleinen Denkzettel zu verpassen. Schnell fanden die Computerspezialisten die IP-Adresse des Täters heraus und konnten so Namen und Anschrift ermitteln. Intern wurde diese Adresse dann an zahlreiche HSV-Fans verteilt, die sich sobald an die Arbeit machten: Im Internet bestellten sie Unmengen an kostenlosen Katalogen, Mustern und Proben – um sie direkt an die Adresse des Hackers liefern zu lassen. Dieser konnte sich dann in den folgenden Monaten ein eindrucksvolles Bild davon machen, was es bedeutete, sich mit den Hanseaten anzulegen. Im Gegensatz zu dem berühmten Filmtitel klingelte der Postmann in der Folgezeit jedoch weit mehr als nur zweimal. Kartonweise lieferten unterschiedliche Paketdienste in der Folge Damenbinden, Hautcremes, Faschingsartikel und Prospekte für allerlei Dinge, die eigentlich gern in jedem Haushalt fehlen dürfen. Zu guter Letzt durfte sich der reich beschenkte VfL-Fan beim folgenden Gastspiel des HSV in Wolfsburg über einen besonderen Gruß per Spruchband freuen: »Wenn der Postmann 1887 Mal klingelt …«

87. GRUND

Weil der HSV die Nummer eins im Norden ist

Um den Spöttern hier gleich zu Beginn den Wind aus den Segeln zu nehmen: Natürlich würden wir hier lieber stolz davon berichten, dass der HSV der beste Verein der Welt, zumindest aber Deutschlands ist. Ist er natürlich nicht. Wissen wir. Doch die Tatsache, dass bei Vereinen wie Real Madrid oder dem FC Bayern manches runder läuft, erkennt man mit hanseatischem Understatement neidlos an.

Ein Grund für diese Art der Gelassenheit ist, dass man sich als HSVerin und HSVer einer anderen Sache gewiss sein kann. Nämlich die Nummer eins im Norden zu sein. Und zwar auf fast allen Ebenen. Da gibt es dann auch nichts zu diskutieren. In der oberen Hälfte der deutschen Fußball-Landkarte hat man die (Rot-)Hosen an. Gegenüber den vielen kleinen und durchaus nicht unsympathischen Clubs aus Kiel, Lübeck, Rostock oder Osnabrück sowieso. Aber eben auch und ganz besonders gegenüber den deutlich weniger gern gesehenen Nachbarn vom FC St. Pauli und Werder Bremen. Letztere genießen dabei oftmals besondere Beachtung. In der Tabelle vor den Grün-Weißen zu stehen und die direkten Duelle nach Möglichkeit zu gewinnen, trug sehr intensiv zum Wohlgefühl der Hamburger bei. Wurde ein Gegentor der Werderaner als Zwischenstand bei HSV-Partien verkündet, brandete unter den Fans Applaus auf. Schadenfreude bei Nicht-Erfolg der Konkurrenten aus dem »Fischerdorf im Südwesten Hamburgs« ist immer garantiert. Der Gesang »Wer nicht hüpft, der ist ein Bremer« ist dabei schon fast als Erpressung zu verstehen – und sorgt dafür, dass selbst die trägsten Besucherinnen und Besucher im Stadion in Bewegung geraten.

Läuft es mal nicht zu 100 Prozent rund, was zugegebenermaßen gelegentlich vorkommt, so ist es zumindest ein Trostpflaster, wenn die anderen Vereine aus dem Norden ebenfalls schlecht abschneiden. Zumindest aber Werder und St. Pauli. Das kann dann durchaus mal ein kleines Trostpflaster für das Fan-Herz sein.

Eine besondere Entwicklung lässt sich übrigens beim Verhältnis zu Hannover 96 erkennen. Bis vor nicht allzu langer Zeit waren die Machtverhältnisse derart klar verteilt, dass sich beide Seiten diskussionslos auf die Einteilung »Kleiner HSV« (aus Hannover nämlich) und »Großer HSV« (der aus Hamburg) einigen konnten. Nun allerdings scheint sich dieses Verhältnis schleichend zu verändern. Während der eigentlich Große seit Jahren auf Erfolge verzichten muss, hat sich der ursprünglich Kleine spürbar weiterentwickelt – und ist, das muss man fairerweise anerkennen, sportlich sicher nicht schlechter aufgestellt als die Hamburger. Frech begannen die Hannoveraner, bei den letzten Begegnungen nun mit einem Augenzwinkern den »Kleinen HSV aus Hamburg« zu begrüßen. In diesem Fall ohne den Unmut der HSVer fürchten zu müssen. Denn das Verhältnis zwischen den Vereinen und Anhängerschaften ist äußerst freundschaftlich.

Doch Freundschaft hin oder her, am Ende werden die Hamburger Fans in jedem Fall wieder singen können: »Die Nummer eins im Norden sind wir!«

88. GRUND

Weil beim HSV Fußball nicht nur Mode ist

Der HSV hat es gut. Sportlich ist er in der großen Hansestadt Hamburg ohne Konkurrenz. Frühere Rivalen wie Altona 93, Concordia oder Victoria Hamburg finden sich derzeit in den Amateur-Niederungen wieder. Und dann wäre da nur noch ein Marketing-Gag, mit dem man bemüht ist, einen Totenkopf als Vereinssymbol-Ersatz möglichst gewinnbringend unter die Leute zu bringen. Das gelingt allerdings mit Hilfe der großen Medien bisweilen ganz gut. Viele verkaufte Totenkopf-Toaster oder entsprechende Tannenbaumkugeln haben den Fußballclub vom Hafen in der Merchandising-Tabelle auf einem Platz irgendwo zwischen Bayern München und dem FC Schalke 04 angesiedelt. Es handelt sich also um eine echte Marke!

Den wenigen wirklichen Freunden des Stadtteilvereins St. Pauli dürfte sich längst der Magen umgedreht haben. Denn eigentlich war das alles mal ganz anders gedacht: »Schwarze Spieler werden nicht mehr beleidigt, Nazis sind doof und die Hafenstraße muss bleiben!« – So umriss das braun-weiße Fan-Heftchen »Übersteiger« im November 1998 das, was als »Mythos St. Pauli« bundesweit gefeiert wurde. Schon Ende der 90er-Jahre bröckelte das Gebilde. Der »etwas andere Fußballclub«, den gab und gibt es nur noch in unkritischen Medien.

Der Totenkopf selbst war eigentlich ein Solidarisierungssymbol mit der Hausbesetzer-Szene rund um die berüchtigte Hafenstraße in Hamburg. Heute soll es jeder chic finden. Tim Arndt, Sänger einer Punk-Band, kennt sich aus: »Ich finde es ganz furchtbar, dass auch viele Musik-Bands versuchen, mit dem Totenkopf Geschäfte zu machen. Nach dem Motto des jeweiligen Managers: Macht mal was mit St. Pauli, das zieht immer.« Im Stadion sieht es nicht anders aus: Die große »Paaaadie«, die Massenmedien bei St. Pauli ausgemacht hatten, ist längst beendet. Austauschbarkeit ist auf den neuen Tribünen zu Gast.

Der eigentliche »Erfinder« des Totenkopfsymbols in Verbindung mit dem Fußballverein ist die linke Szenegröße »Doc Mabuse«. Der sagt in *Kinder der Westkurve*: »Der FC St. Pauli zieht immer mehr ›gewöhnliches‹ Fußballpublikum an, mit dem ich nichts mehr anfangen konnte. Unter anderem deswegen habe ich dem Verein 2001 als Stadionbesucher den Rücken gekehrt. Mich hat es immer schon aufgeregt, wenn Ahnungslose nur wegen der Stimmung ins Stadion gekommen sind und vielleicht fünf Spieler aufzählen konnten.« Hier ist die Ausrichtung beim HSV doch in vielen Teilen eine andere. Ganz ähnlich erging es auch einigen anderen ehemaligen Pauli-Fans, die sich vom Verein abgewendet haben, nachdem die große »Retter-Kampagne« gestartet wurde. Dies wurde einigen einfach zu viel: eine Zusammenarbeit mit McDonald's, diese enorme Kommerzialisierung. Nicht umsonst spricht man im HSV-Lager spöttisch von dem »Modelabel mit der angegliederten Fußballabteilung«, wenn man vom Lokalrivalen spricht. Und die Produktlinie wird bis heute ständig erweitert.

Der Erfindungsreichtum erscheint grenzenlos. Mitarbeiter wie Produktchef Hendrik Lüttmer kennen ihre Kunden genau. Er wechselte 2001 vom Posten des Fanbeauftragten ins Merchandising und war maßgeblich beteiligt am wohl größten Coup: das »Weltpokalsiegerbesieger«-Shirt, mit dem ein 2:1 gegen den FC Bayern im Jahre 2002 vermarktet wurde. Als es dem Club 2003 dann finanziell schlecht ging, wurden »Retter«-Leibchen erdacht – und verkauft. Wohl 150.000 Male; erhältlich auch für Frau, Baby und Haustier, rosa, blau und flauschig.

Beim HSV, da würde das wohl nicht passieren. »Der HSV ist keine Marke« stellte die *Hamburger Morgenpost* im Frühjahr 2013 erschüttert fest. Die HSV-Fans hingegen atmeten erleichtert auf, denn nichts wäre für den traditionsbewussten HSVer schlimmer, als zu einem beliebigen Produkt degradiert zu werden. Dann doch lieber ein einzigartiger Verein sein, dessen Marotten dem Image des »Everybody's Darling« in verlässlicher Regelmäßigkeit im Weg stehen.

89. GRUND

Weil der HSV eine Fankneipe auf St. Pauli hat

St. Pauli und der HSV, das steht nicht gerade für ein besonders herzliches Verhältnis zueinander. Ganz im Gegenteil! Die Anhänger der beiden erfolgreichsten Hamburger Fußballmannschaften sind sich spinnefeind, was nicht selten dazu führt, dass man sich gegenseitig an die Wäsche geht und die Rivalität mit den Fäusten austrägt. Umso bemerkenswerter ist es, dass mitten auf dem Kiez bereits seit vielen Jahren eine HSV-Kneipe beheimatet ist, der »Sportpub Tankstelle«, gemeinhin auch nur »Tanke« genannt, was Auswärtige des Öfteren zu der Annahme verleitet, der gemeine HSV-Fan trinke sein Bier nach dem Spiel an der aus Funk und Fernsehen bekannten Esso-Tankstelle am Spielbudenplatz.

Doch warum ausgerechnet auf dem Kiez, mitten im Feindesland? Nun, es ist nun einmal so, dass rund um die Reeperbahn, die im Übrigen früher die beiden eigenständigen Städte Hamburg und Altona verband, das Hamburger Rotlicht- und Vergnügungsviertel entstanden ist. Verruchte Kaschemmen, Busenbars, Bordelle und Diskotheken siedelten sich hier an. Und wer sich in der Fußballszene auskennt, der weiß, dass derartige Etablissements feierfreudige Schlachtenbummler geradezu magisch anziehen. So auch die HSV-Fanszene, die den Kiez nach dessen Befriedung (in den 1980er-Jahren herrschte hier ein raues Klima) für sich entdeckte. Es gab unzählige Kneipen, wie zum Beispiel den legendären Apachenkeller, in denen sich die HSVer, oftmals welche der härteren Sorte, niederließen, doch eine echte HSV-Kneipe war eigentlich nie dabei.

Das sollte sich Mitte der 1990er-Jahre ändern, als mit dem »Kölsch Pub« in der Silbersackstraße eine Kneipe von Szeneleuten für Szeneleute eröffnet wurde. Allerdings, das darf hier kolportiert werden, verkehrten auch hier hauptsächlich Hooligans. Von einer Kneipe, die für jeden HSVer zugänglich war, konnte man wahrlich nicht sprechen. Ändern sollte sich das erst im neuen Jahrtausend. Der »Kölsch Pub« war mittlerweile Geschichte, da es Ärger mit der Polizei gegeben hatte, als im Jahr 2001 ein Lokal an der Gerhardtstraße, schräg gegenüber dem Eingang der berühmten Herbertstraße eröffnete. Hier wandelte sich mit der Zeit das Publikum und es kamen auch immer mehr »normale« HSV-Fans auf ein Bier oder einen Cider vorbei.

Die Kneipe hatte in schnellster Zeit Kultstatus und avancierte zu einem beliebten Anlaufpunkt nationaler und internationaler Gäste, die hier gegen den Lokalrivalen von der anderen Reeperbahn-Seite antraten oder auf der Durchreise zu einem Spiel im Europapokal waren. Auch englische Junggesellenabschiede schauten gern vorbei, wurde hier doch auch Fußball von der Insel gezeigt. Dies führte dazu, dass das Lokal schon bald zu klein für seine Beliebtheit war, und es traf sich gut, dass die Räumlichkeiten der nebenan gelegenen, deutlich größeren »Scandia Bar« frei wurden. So zog die »Tanke« einen Eingang weiter und wurde im Juli 2004, nach dem UI-Cup-Heimspiel gegen den FC Thun, eingeweiht. Heute finden hier Veranstaltungen rund um den HSV statt und trinken HSV-Mitglieder ihr Bier günstiger. Die »Tankstelle« ist der erste offizielle »Supporters Tresen« des HSV und war maßgeblich an den Partymeilen anlässlich der WM 2006 und des 125-jährigen Vereinsjubiläums im Jahr 2012 beteiligt – eine echte Erfolgsgeschichte!

90. GRUND

Weil der HSV sogar Lebensinhalt seiner Rivalen ist

Der Hamburger Sport-Verein ist für seine Fans das Größte. Sie beten ihn an, lieben und leiden. Doch nicht nur für sie ist das Urgestein der Liga Lebensinhalt. Auch für die Fans der größten Rivalen, namentlich Bremen und der Stadtteilverein aus Hamburg, dessen Namen man nicht in den Mund nimmt, ist der ruhmreiche Verein von der Rothenbaumchaussee das Wichtigste, der Lebensmittelpunkt. Das klingt jetzt natürlich bizarr bis skurril, und das ist es auch. Denn eigentlich sollte man ja meinen, dass man als Fan des Vereins, um dessen Stadion selbst die Weser einen Bogen macht, oder als jemand, der sein Selbstwertgefühl daraus schöpft, dass er am Sonntagnachmittag den Rumpelfußballern im Schatten des Hamburger Doms zusieht, seinen Fokus zuallererst einmal auf das eigene Team richtet.

Bei Bremern und Stadtteilbewohnern (wenn sie denn tatsächlich auf dem Kiez wohnen und nicht in Buchholz/Nordheide, Kiel oder Lüneburg) ist das anders. Während HSV-Fans eine ganz klare Priorität haben, nämlich das Wohl des eigenen Vereins, kann man sich bei den beiden oben erwähnten Spezies nicht des Eindrucks erwehren, dass ihnen die aktuelle Tabellensituation des großen und uneinholbaren Rivalen wichtiger ist als das eigene Wohl und Wehe. So lässt man am Millerntor keine Gelegenheit aus, sich mit Aktionen gegen den HSV ins Rampenlicht zu drängen. Ob Aufkleber, Spruchbänder, Graffiti oder stumpfe Provokationen wie das Treten des Vereinsmaskottchens der Rothosen. Es vergeht kaum ein Monat, in dem HSV-Fans nicht amüsiert schmunzeln, weil sich die Braunhemden wieder einmal mit einer Anti-HSV-Aktion selbst entblöden. Vermutlich liegt es daran, dass man selbst wenig hat, worauf man stolz sein kann.

Ähnlich verhält es sich mit den Fans von Werder Bremen. Keine andere Bundesliga-Fanszene legt ein vergleichbares Interesse am HSV an den Tag. Hierbei sind insbesondere die Ultras des Clubs, der seine Vereinsfarben von Grün-Weiß in Grün-Orange umgewandelt hat, sehr aktiv. Neben vielfältigsten Anti-HSV-Artikeln – Gleichartiges gegen den SVW würde den Ultras des HSV im Traum nicht einfallen – sorgt besonders die Internetplattform »Fanszene Bremen« immer wieder für Heiterkeit in Hamburg. Dort scheint der Diskussionsfaden »Dinosauriersterben« (in Anlehnung an die Bezeichnung Bundesliga-Dino) zu den beliebtesten Themen zu gehören.

In Hamburg schüttelt man angesichts derart intensiver Beschäftigung mit dem HSV nur den Kopf. Denn eigentlich sollte ja der eigene Verein im Mittelpunkt stehen. Doch irgendwo ist es ja auch ganz schön, so extrem im Mittelpunkt zu stehen. Schließlich heißt es nicht umsonst »Hass muss man sich erarbeiten, Mitleid gibt's gratis«.

91. GRUND

Weil eigentlich nur fast alles außer Hamburg scheiße ist

»Alles außer Hamburg ist scheiße«. Der Slogan schallt nicht nur bei Spielen aus dem Fanblock, sondern findet sich auch auf manchem Kleidungsstück wieder und lässt auf den ersten Blick wenig Interpretationsspielraum. Doch wir wollen diese Gelegenheit nutzen, um zu erklären, dass dieser Eindruck relativiert werden muss.

Natürlich gibt es zahlreiche Vereine, die (man muss es leider so deutlich sagen) scheiße sind. Und eigentlich ist die Parole »Nur der HSV!« ja auch recht unmissverständlich. Doch trotz aller Liebe und Hingabe für den eigenen Verein, die übrigens grundsätzlich für den Fan über allem anderen steht, bleibt bei den meisten noch ein wenig Platz für weitere Sympathien. Manchmal heimlich, manchmal aber auch ganz offen heraus. Denn allem irrationalen und überbordenden Fanatismus zum Trotz hat fast jeder Anhänger mindestens einen weiteren Verein, dem er die Daumen drückt, sofern er nicht gerade gegen den HSV spielt. Die Gründe dafür können sehr unterschiedlich sein. Manche haben sich von sportlichen Darbietungen begeistern lassen, andere sind aus anderen Städten nach Hamburg gezogen und halten ihrem ursprünglichen Heimatverein weiter die Treue, einigen sind Stadt, Vereinslogo oder Stadion eines anderen Clubs sympathisch. Natürlich nie so sehr wie die Stadt Hamburg, die Raute oder das Volksparkstadion. Aber eben sympathisch.

Darüber hinaus gibt es auch beim HSV zahlreiche Fan-Freundschaften zu den Anhängern anderer Vereine. Denn, um auch das kurz klarzustellen: Entgegen der landläufig verbreiteten Meinung führt nicht zwangsläufig jedes Aufeinandertreffen unterschiedlicher Fangruppen zu kriegsähnlichen Zuständen. In den meisten Fällen stehen sich die Fanszenen eher neutral gegenüber und beschränken die Rivalität auf das sportliche Ringen um die Punkte.

Doch zurück zu den Freundschaften der HSV-Fans. Die sind sehr vielschichtig, ändern sich gelegentlich über die Generationen oder beschränken sich auf bestimmte Fanclubs. Die wohl bekanntesten Verbindungen gibt es dabei zwischen den Fans aus Hamburg, Bielefeld und Hannover. Denn obwohl die Städte vergleichsweise nah beieinanderliegen und somit grundsätzlich auch territoriale Ansprüche kollidieren, verstehen sich die Anhänger aller dreier Vereine hervorragend. Direkte Aufeinandertreffen sind eher vom Familienfestcharakter als Konkurrenzgedanken geprägt. Außerdem besteht seit vielen Jahren eine innige Freundschaft zu den Fans der Glasgow Rangers aus Schottland. Immer wieder besuchen schottische Fans Spiele des HSV und werden im Gegenzug von HSVern zu Spielen auf der Insel begleitet.

Und auch die Ultras des HSV hegen Freundschaften über die Grenzen hinaus. Je nach Gruppenzugehörigkeit bestehen freundschaftliche Kontakte nach Stockholm und Kopenhagen – auch hier finden regelmäßig Besuche untereinander statt. Entgegen ihrem manchmal etwas schlechten Ruf leben die Fußballfans also in vielen Fällen aktiv eine spannende Art der (Fan-) Völkerverständigung und müssen zugeben, dass halt nicht alles außer Hamburg scheiße ist.

10. KAPITEL

»EIN JEDER ABER KANN DAS NICHT, DENN ER MUSS AUS HAMBURG SEIN …«

Besonderheiten des HSV

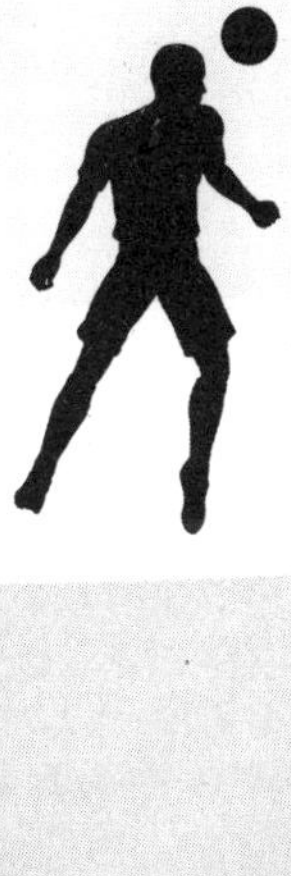

92. GRUND

Weil der HSV als sportlicher Botschafter der Stadt Hamburg fungiert

Zugegeben, das klingt angesichts der sportlichen Magerkost, die der HSV seinen Anhängern in den letzten Spielzeiten geboten hat, etwas seltsam. Fakt ist aber, dass der Verein der erfolgreichste Fußballclub der Hansestadt ist und somit ein sportliches Aushängeschild. Natürlich zehrt der Hamburger SV hauptsächlich von den Erfolgen der Vergangenheit, doch mit seinem Stadion und dem darin integrierten Museum zieht er Besucher aus aller Herren Länder an.

Bereits in den 1970er- und 1980er-Jahren bevölkerten beispielsweise zahlreiche Dänen die Ränge des Volksparkstadions. Sie sahen hochklassigen Fußball, konnten sich teilweise an den Leistungen ihrer Landsleute erfreuen und verbanden den Ausflug ins nahe Hamburg vor allem auch gern mit dem Einkauf alkoholischer Getränke. Seit der Jahrtausendwende, dem damit einhergehenden Stadionumbau und der mehr oder weniger regelmäßigen Teilnahme am Europapokal ist der HSV zudem ein beliebtes Ziel für Fußballfreunde aus ganz Europa. Der HSV war in den internationalen Fußballsendungen ein Thema und gab seine Visitenkarte überall auf dem Kontinent ab. Dem Aufkommen der Billigflieger sei Dank, dass nun vermehrt ausländische Fans nach Hamburg kamen, um den HSV und sein neues Stadion zu sehen.

Insbesondere Engländer und Schotten nutzten die Gelegenheit und verbrachten ein verlängertes Wochenende auf der Reeperbahn und bei einem Heimspiel des HSV, wo sie vergleichsweise günstige Ticketpreise vorfanden, stehen durften und ihr Bierchen zum Fußball konsumieren konnten. Anders als in der Heimat, wo hohe Eintrittspreise einen regelmäßigen Besuch der Spiele nur wohlhabenden Fans erlauben und wo die Getränke nicht auf den (Sitz-) Platz mitgenommen werden dürfen.

Doch auch in West- und Südeuropa hinterließ der Verein einen guten Eindruck. So kann das Museum des HSV auch unter der Woche immer wieder ausländische Gäste begrüßen, die extra für eine Stadionbesichtigung in den Volkspark hinausfahren. Hier dürfte auch das Finale der Europa League nachgeholfen haben, das 2010 in Hamburg ausgetragen wurde. Die sportlichen Leistungen wie auch die Infrastruktur des Clubs sorgen also dafür, dass sich die Menschen im Ausland für Hamburg interessieren und die Stadt besuchen, wovon auch der Tourismus und die Gastronomie der Hansestadt profitieren, ein Fakt, der allerdings in den Amtsstuben leider nur wenig Beachtung geschweige denn Anerkennung findet.

93. GRUND

Weil beim HSV selbst bei einem Abstieg Euphorie herrscht

Es ist ja eigentlich jedem bekannt, dem Hamburger selbst sowieso, aber er spricht aus Gründen hanseatischen Understatements nicht weiter darüber: Wir Hamburger sind eben schon immer etwas ganz Besonderes gewesen. Und so dürfte es Sie, lieber Leser, auch nicht weiter verwundern, dass beim HSV selbst im Worst Case, dem Abstiegsfall nämlich, eine unvergleichliche, ja wohl einmalige Euphorie einsetzt.

Wo anderenorts die Spieler in die Kabinen gejagt und Vorstandsvorsitzende mit gebrochenen Knien, geteert und gefedert aus der Stadt gejagt werden – jedenfalls so ungefähr –, liegt sich beim HSV der Anhang in den Armen und intoniert *Mein Hamburg lieb' ich sehr*.

Das mag jetzt noch nicht allzu bemerkenswert klingen, weshalb wir uns mit den Fakten über die Mitglieder- und Fanclubentwicklung beim Hamburger SV zwischen dem 1. Juli 2017 und dem

1. September 2018 versorgt haben. 880 Offizielle Fanclubs zählte der Verein noch im Sommer 2017, 1048 waren es zum Herbstbeginn Anfang September. Davon fanden diverse Neugründungen im Ausland statt. In Spanien, England, Nordirland und Kanada zum Beispiel – Tendenz stark steigend.

Fast 10.000 Menschen wurden zudem in der Abstiegssaison 2017/18 Mitglied beim Hamburger Sport-Verein. Waren es am 1. Juli 2017 noch 76.160 HSV-Mitglieder, konnte der Verein zum 1. September 2018 bereits 85.509 Mitglieder vorweisen. Im Club macht man sich nicht ganz unberechtigt Hoffnungen, zum Jahresende an der stolzen Marke von 90.000 Mitgliedern kratzen zu können. Und auch die Dauerkartenzahlen lassen sich für die 2. Liga sehen: 23.500 Fans pilgern regelmäßig alle zwei Wochen in den Volkspark – und das bei Gegnern wie Sandhausen, Heidenheim und Konsorten. Wohlgemerkt sind hier die VIP-Logen noch nicht mit eingerechnet. So liegt der HSV hinsichtlich seiner Dauerkarten 10 Prozent über der kalkulierten Zahl. Das ist bemerkenswert für einen Club, dessen Anhängerschaft etwas anderes als Bundesliga einfach schon aus rein historischen Gründen gar nicht kennt!

Oder ist es – neben der hinlänglich bekannten »Jetzt-erst-recht-Mentalität« der HSV-Fans – doch nur die Vorfreude auf etwas Neues, vorher nie da Gewesenes? Machen wir uns doch schließlich mal nichts vor: Megaklatschen im Schlauchboot von München-Fröttmaning, Auswärtsbibbern auf einem Dienstagabend im November in Stuttgart und Polizeischikane bei den Nordderbys in Bremen – das würde Otto-Normalfan ja bereits nach dem ersten Mal davon abhalten, noch einmal dort hinzufahren. Und HSV-Fans hatten diese Horrortrips über Jahrzehnte! Dazu Hoffenheim, Leipzig und Wolfsburg! Für jeden Fan eines Traditionsvereines ist es doch die Höchststrafe, mitansehen zu müssen, wie das eigene Team gegen diese Plastikprodukte verliert.

Wie verlockend klingt da das exotische Wort Heidenheim, Begegnungen mit den ostdeutschen Traditionsclubs aus Magdeburg und Dresden oder die Aussicht auf den berühmten Nudeltopf im Auswärtsblock in Aue? Davon können die Anhänger von Bundesligaclubs jedenfalls nur träumen, und das auch nur vor den ersten beiden Pokalrunden. Währenddessen freut sich der HSV-Fan auf neue Grounds zum Abhaken. Auf freudig erregte süddeutsche Landbevölkerung, für die es das Spiel des Jahres ist, wenn der große HSV vorbeikommt und der Gästeanhang mal eben größer ist als die Einwohnerzahl des gastgebenden Dorfes. Feiertagsstimmung in Sandhausen, Freibier und lachende Gesichter! Suchen Sie so etwas mal bei einer Auswärtsfahrt zu Hertha BSC!

Sie sehen, es gibt gute Gründe für HSV-Fans, euphorisch zu sein, obwohl oder gerade weil der Verein abgestiegen ist.

94. GRUND

Weil HSV-Spieler nicht tanzen können – es aber trotzdem tun

Beim HSV gibt es eine Abteilung Tanzsport, die draußen in Norderstedt ihre Räumlichkeiten hat und auch nicht ganz erfolglos ist. Kicker aus der Bundesligatruppe sucht man hier allerdings vergebens. Nicht einmal Rafael van der Vaart war Mitglied. Und das, obwohl seine (Noch-)Ehefrau Sylvie bereits im Fernsehen bewies, dass sie eine ganz schön kesse Sohle aufs Parkett legen kann. Vielleicht sollten die Tänzer von der Ohechaussee sich allerdings einmal bei den Profis vorstellen, denn der Wille scheint ja vorhanden zu sein, nur in der Umsetzung, da ist noch Luft nach oben.

Mancher Leser kann sich denken, worum es geht. Richtig, es geht um die Showeinlage, die sich beim HSV eingebürgert hat, als der Kameruner Thimothée Atouba 2005 zum Hamburger SV kam. Damals feierten die Fans wichtige Siege mit ihren Lieblingen auf dem grünen Rasen mit der sogenannten »Uffta«. Diese ist eine Abwandlung des vom Mainzer Komponisten Toni Hämmerle für den singenden Dachdeckermeister Ernst Neger geschriebenen »Humba Täterä«. Die »Uffta« entstand in den deutschen Stadien in den 1990er-Jahren. Als »Erfinder« gelten die Fans des BFC Dynamo, deren Beispiel zahlreiche Fangemeinden folgten.

Die »Uffta« (im Süden der Republik »Humba«) verlief nach folgendem Schema: Der gesamte Fanblock kniet sich hin, während eine Person, meist ein allseits bekannter Fan, einen Wellenbrecher oder den Zaun erklimmt. Von hier fordert er die Masse auf, ihm ein »U« zu geben, dann ein »F« und so weiter. Nach dem »A« folgte anfangs noch das beliebte »Auuuuuuuuuuuusrufezeichen«, nach dem sich der gesamte Fanblock erhob und »Uffta Täterä« anstimmte. Meist gab es dieses Szenario nach Siegen, teilweise jedoch auch während eines Spieles.

Beim Hamburger SV hatte es sich zudem so ergeben, dass zwischen den Buchstaben Aussagen wie »Nur der HSV« oder auch »Scheiß XYZ« eingefügt wurden. Zudem gab es beim HSV ab 2005 die Besonderheit, dass sich neben dem Fanblock hinter dem Tor ein zweiter Block unter dem Dach entwickelt hatte. In diesem Block (22C) forderte der Vorsänger die Fans zur »Uffta« auf, die dann ihrerseits den Rest des Stadions dazu animierten, sich zu beteiligen. Anfangs setzte sich die Mannschaft schlichtweg vor die Nordtribüne beziehungsweise auswärts vor den HSV-Block und sprang dann im richtigen Moment auf.

Dies änderte sich mit der Ära Atouba, der für sein elegantes und aufreizendes Spiel beliebt war. Der Mann mit dem Rhythmus im Blut ließ es sich nicht nehmen, vor den Fans einen Solotanz hinzulegen. Seine Mannschaftskollegen schlossen sich nach einiger Zeit mit einigen kuriosen Hüft- und Beinschwüngen an, was allerdings zugegebenermaßen etwas unkoordiniert aussah. Das macht allerdings bis heute nichts, denn die Fans lieben diese Show und manch einer dürfte zu sich selbst sagen: »Gut, dass ich nicht der Einzige bin, der nicht tanzen kann.«

95. GRUND

Weil man neben Fußball noch 27 weitere Sportarten betreibt

Fußball, das ist die wichtigste Nebensache der Welt. Okay, beim HSV natürlich die Hauptsache. Aber eben bei Weitem nicht die einzige Sportart im Verein. Insgesamt 28 Sportarten können Hamburger im HSV betreiben, rechnet man die HSV Blue Devils dazu, eine Kooperation zwischen den Rothosen und dem American Football Team der Hamburg Blue Devils, dann wären es sogar 29.

Diese Sportarten werden alle als Amateursport betrieben und lauten: Badminton, Baseball, Basketball, Bowling, Boxen, Cricket, Darts, Eishockey, Fußball, Golf, Gymnastik, Handball, Herz-Sport, Hockey, Inline-Hockey, Jedermann-/Jederfrau-Sport, Leichtathletik, Rollstuhlsport, Rugby, Schwimmen, Schiedsrichter, Skat, Sport für Kinder, Tanzsport, Tennis, Tischtennis, Triathlon, Volleyball. Dabei wurden einige Abteilungen von Mitgliedern der Förderer erst in jüngerer Vergangenheit gegründet. So zum Beispiel Darts und Skat oder auch Baseball und Rugby (Reanimation einer zwischenzeitlich eingestellten Abteilung). Die erfolgreichste Story der neugegründeten Abteilungen aber haben wohl die Boxer vorzuweisen, die seit ihrer Gründung 2009 mehr als 170 Mitglieder aufgenommen haben und mittlerweile den ersten »neuen« Hamburger Amateurboxer stellen. Das zeigt, dass Fördermitglieder im HSV nicht einfach nur passiv sein müssen, sondern auch durchaus aktive Sportler werden können.

Und diese aktiven Sportler haben schon so manches erreicht: So nahmen die Beachvolleyballerinnen Okka Rau und Stephanie Pohl beispielsweise 2004 und 2008 an den Olympischen Spielen teil und wurden Fünfte beziehungsweise Neunte. Die Leichtathleten nehmen regelmäßig an Weltmeisterschaften teil und die Baseballmannschaft der HSV Stealers spielt in der 1. Bundesliga.

Unterstützt werden die Amateursportler teilweise durch eine beachtliche Anhängerschar, seien es die Fußballer der U23 und der 3. Herren oder auch die Eishockey-Mannschaft, zu deren Spielen auch schon einmal 500 Fans anreisen. Doch nicht nur die akustische und moralische Unterstützung erhalten die Amateursportler von den »Passiven«. Auch finanziell können sie sich auf die Solidarität unter den Vereinsmitgliedern verlassen. So ist es nicht nur der HSV Supporters Club, der schon einmal ein paar Euro springen lässt. Auch die Ultras der »Chosen Few Hamburg« traten bereits als Sponsor auf (beim Eishockey), ebenso wie diverse Einzelmitglieder des Vereins, die beim Amateursport für ihr Unternehmen werben und mit ihrem Sponsoring Geld in die traditionell knappen Kassen der Abteilungen spülen. So hat sich insbesondere in den letzten Jahren eine beinahe schon als familiär zu bezeichnende Atmosphäre zwischen Fans und Aktiven in den Abteilungen jenseits der Profifußballer entwickelt. Und mancherorts werden immer häufiger Förderer zu aktiven Sportlern. Genau davon lebt ein Universalsportverein wie der Hamburger SV.

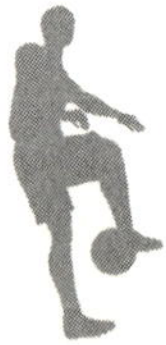

96. GRUND

Weil der »Stellinger« mehr als nur ein Bahnhof ist

Hamburg-Stellingen, dieser Name hat etwas Magisches. Er ist verbunden mit den Erinnerungen an unzählige feuchtkalte Sonnabende unter grau verhangenem Himmel, mit ungemütlicher Atmosphäre und verfallenen Ticketschaltern. Stimmengewirr und Gesänge bilden die Geräuschkulisse hier im Nirgendwo des Hamburger Westens, direkt an den Gleisen der Abstellanlage der Deutschen Bahn, unter den Stelzen der Autobahn A7. »Mordor« nennen die Fans des Lokalrivalen diesen Teil Hamburgs, weil man vorbei muss an Autofriedhöfen und grauen Logistikzentren, an vollgeschmierten Mauern, dunklen Ecken, in denen Urinpfützen stehen, an der Hamburger Müllverbrennungsanlage und ihrem Recyclinghof und über dunkle Waldwege dem beleuchteten Stadion entgegen. Wobei dieses streng genommen bereits im Stadtteil Bahrenfeld liegt.

Als »Brutstätte des Bösen« bezeichnet Wikipedia Mordor, als »eine kahle, mit Schlackenhügeln und Asche bedeckte Industriewüste unter den riesigen Qualmwolken, die der Schicksalsberg ausstieß«, wie es im Herr-der-Ringe-Wiki heißt. Mordor, dieser Name war damals in den 1990er-Jahren sicherlich recht passend, wenn man außerhalb des gefühlt eine Woche anhaltenden Hamburger Sommers hierherkam, immer auf der Hut davor, im Dunkel des Volksparkwaldes von Einheimischen attackiert zu werden, und glücklich, wenn man es wieder heil an den Hauptbahnhof geschafft hatte. Der Bahnhof Stellingen war damals ein heikler Ort für Gäste. Es galt, ungeschoren durch die engen Durchgänge der Kassen zu gelangen und sich schnell aus dem Staub zu machen, denn hier standen sie, die raufsüchtigen Anhänger des HSV, hielten sich an ihrem Dosenbier oder ihrem Jägermeister fest, den sie in dem Baracken-Imbiss an der Bushaltestelle oder bei »Onkel Klaus« gekauft hatten, und warteten auf übermütige Fans aus der Fremde im Schatten des sogenannten Ohrfeigenbaums.

Sie werden sich fragen, warum man wegen dieses Ambientes den HSV lieben muss. Vollkommen zu Recht! Denn es ist nur sehr schwer nachzuvollziehen, was hier in Stellingen liebenswert gewesen sein soll. Nun, es muss wohl die heimelige Atmosphäre am Imbiss gewesen sein, wo »Onkel Klaus« im künstlichen Licht stand und seine Weisheiten durch den Dampf der Fritteuse zum Besten gab, während er eine Palette Holsten Pilsener nach der nächsten auf die Theke wuchtete. Vielleicht war es auch das spießig-schäbige Interieur des Restaurants Pablo im Hochhaus gegenüber dem Bahnhof. Dunkel getäfelt, dazu passende Tische, halb vertrocknete Topfpflanzen und natürlich vom Zigarettenrauch vergilbte Gardinen.

Es muss wohl daran liegen, dass am Stellinger noch der »Arbeitersport Fußball« lebte, als er in den Stadien und Arenen schon längst tot war. Bis der Bahnhof im Vorlauf der Weltmeisterschaft 2006 in Deutschland modernisiert wurde, war er ein Refugium für Fußballnostalgiker, wo Ohrfeigenbäume und Kopfnusshecken wuchsen, wo es nach Bier und Qualm und Frittierfett stank und wo ein vorlauter Gästefan auch schon einmal nonverbal in die Schranken gewiesen wurde. Natürlich ist der Bahnhof Stellingen heute nicht mehr mit damals zu vergleichen. Er ist mittlerweile hell und sauber, es existieren verschiedenste kulinarische Angebote und auch Familien ziehen hier heute ohne Angst entlang, um ihren Sitzplatz im Familienblock einzunehmen und sich vom Dino bespaßen zu lassen. Doch eines ist der »Stellinger« geblieben: der traditionelle Szenetreffpunkt, wo sich vor und nach dem Spiel ausgetauscht und in lustiger Runde ein Bierchen getrunken und über das Spiel philosophiert wird. Ein Ort zur Pflege sozialer Kontakte. Und das ist das Wichtigste.

97. GRUND

Weil der HSV als erster Verein seine NS-Vergangenheit aufarbeitete

Es gibt mit Sicherheit angenehmere Dinge, als sich seiner Verantwortung zu stellen. Insbesondere, wenn es darum geht, seine Vergangenheit in der NS-Zeit aufzuarbeiten, die alles andere als rühmlich war.

Der Hamburger Sport-Verein war der erste Bundesligaclub, der dies tat. Unter dem Museumsleiter Dirk Mansen wurde die Sonderausstellung »Die Raute unter dem Hakenkreuz« erschaffen, die tiefe, teils schockierende Einblicke in die HSV-Welt zwischen 1933 und 1945 ermöglichte.

Der Verein von der Rothenbaumchaussee hatte sowohl Täter als auch Opfer vorzuweisen, unter ihnen Vereinspräsidenten, Spieler und einfache Mitglieder. Schon früh, so brüstete sich zum Beispiel Vereinspräsident Emil Martens im Vereinsblatt, habe der Hamburger Sport-Verein das Führerprinzip der Nationalsozialisten eingeführt, nämlich weit vor der Machtergreifung Hitlers im Jahr 1931. Martens, selbst eines von sieben NSDAP-Mitgliedern unter den acht Präsidenten in der NS-Zeit, sollte später allerdings selbst Opfer des Regimes werden. Aufgrund seiner Homosexualität wurde er erst verhaftet, später dann kastriert oder »freiwillig entmannt«, wie es damals hieß. Die Alternative wäre das Konzentrationslager gewesen.

Auch andere Mitglieder des Vereins waren Parteimitglieder. So auch »Onkel« Paul Hauenschild, der allerdings später durch ein Schreiben des Vereins entlastet wurde, sowie Otto »Tull« Harder, Sturmtank und Idol vieler HSVer. Er war außerdem Mitglied der SS, hatte dort den Rang des Untersturmführers inne und befehligte die Wachmannschaften des Konzentrationslagers Neuengamme. Harder musste dafür bis 1951 nach einer Verurteilung als »Mitläufer« des NS-Regimes eine Gefängnisstrafe verbüßen, die eigentlich 15 Jahre betragen sollte, doch strafmildernd wirkten sich insbesondere wohlmeinende Zeugenaussagen damaliger Häftlinge aus.

Harders ehemaliger Mannschaftskamerad Asbjørn Halvorsen war ebenfalls in Neuengamme, allerdings als Häftling, da er in seiner Heimat Norwegen den deutschen Besatzern Widerstand geleistet hatte. Dafür wurde er im August 1942 von der Gestapo verhaftet. Er kam ins KZ Grini bei Oslo und wurde dann nach Deutschland verschleppt, wo er in den Konzentrationslagern Natzweiler, Neckarelz und Vaihingen einsaß, als Revierschreiber tätig war und beinahe gestorben wäre. Halvorsen verstarb 1956 als Generalsekretär des Norwegischen Fußballverbandes, vermutlich an den Spätfolgen seiner KZ-Inhaftierung.

Der HSV hatte vor 1933 im Vergleich zum Bevölkerungsanteil der Stadt Hamburg prozentual mehr als doppelt so viele jüdische

Mitglieder. Dies lag zum einen am Charakter des großbürgerlichen Clubs, zum anderen an der Heimat Rotherbaum. Hierzu zählten auch die Quartiere Harvestehude, Grindel und Eppendorf, wo die Mehrheit der jüdischen Gemeinde lebte. Auch zahlreiche Sponsoren und Gönner waren jüdischen Glaubens. Der Ausschluss der jüdischen Mitglieder folgte vermutlich nach Inkrafttreten der »Nürnberger Gesetze« am 15. September 1939. Nichtsdestotrotz gab es Vereinsmitglieder, die, wie zum Beispiel Oscar Algner senior, Widerstand gegen die Diskriminierung und Verfolgung leisteten.

So versteckten Mitglieder der Handballabteilung des Vereins über Monate jüdische Mitglieder in ihren Kellern und halfen bei der Emigration. Nichtsdestotrotz wurden auch jüdische Mitglieder des HSV, wie das Ehepaar Norbert und Olga Prenzlau, Harald Tachau und James Lewié deportiert und in den Vernichtungslagern der Nationalsozialisten ermordet oder mussten wie Dr. Walter in Tachau untertauchen und unter falschem Namen leben. Für das Ehepaar Prenzlau setzte Christian Reichert in seiner Zeit als Vorstand des HSV in der Curschmannstraße 6 (Eppendorf) zwei »Stolpersteine«.

2010 folgte das bis dato letzte Kapitel der Aufarbeitung der NS-Vergangenheit des Clubs. Auf der Mitgliederversammlung beschlossen die Anwesenden, dass die Aberkennung der Mitgliedschaft aller jüdischen Mitglieder in der NS-Zeit Unrecht war und zurückzunehmen ist.

98. GRUND

Weil man beim HSV auch modisch über die Schmerzgrenze geht

Man kennt das ja mittlerweile zur Genüge. Sobald eine Mannschaft heutzutage einen großen Titel holt, kommt es auf dem Spielfeld zu ausufernden Feierlichkeiten. Diese sind natürlich immer wieder ganz nett anzuschauen und die beteiligten Spieler, Offizielle und Fans haben sicherlich auch jedes Mal einen Heidenspaß. Schließlich ist dieser Moment für die Beteiligten ein echter Karrierehöhepunkt – wenn es sich nicht gerade um den erfolgsverwöhnten FC Bayern München handelt.

Den Spielern werden dann bereits mit dem Schlusspfiff kartonweise fertig bedruckte »Meister«-, »Pokalsieger«- oder »Finale da und dort«-T-Shirts übergestülpt. Manager und Trainer kommen irgendwann in den unfreiwilligen Genuss einer vom Sponsor in Form eines überdimensionierten Glases bereitgestellten Bierdusche. Obwohl sie natürlich vorher ausdrücklich klargestellt haben, dass sie nach einem eventuellen Triumph auf gar keinen Fall nass gemacht werden wollen. Bei der anschließenden Siegerehrung versammelt sich die Mannschaft dann auf einem Podest, auf Kommando wird der Pokal in die Höhe gereckt und zeitgleich schießen Konfettikanonen so viele glitzernde Schnipsel in die Luft, dass von der feiernden Meute kaum noch etwas zu erkennen ist.

Überraschende Momente oder Abwechslung sucht man bei diesen durchchoreografierten Zeremonien allerdings vergeblich. Für den unbeteiligten Fernsehzuschauer, und das sind wir HSV-Fans seit 1987 bei solchen Anlässen ja leider immer, sind diese Szenen irgendwie beliebig austauschbar.

Als der HSV noch selber im Rampenlicht des Geschehens stand, war das natürlich ganz anders. Ab Mitte der 1970er-Jahre ging es für den im Mittelmaß dümpelnden Verein wieder nach oben. Man erreichte das DFB-Pokalfinale 1974, gewann den Pokal 1976 und triumphierte 1977 schließlich sogar im Europapokal der Pokalsieger. Doch die Hamburger sorgten nicht nur durch ihre sportlichen Leistungen für Aufsehen. Manager Dr. Peter Krohn kam damals mit einigen neuen, spektakulären Ideen um die Ecke, die man heute als visionär bezeichnet. Damals hielten ihn viele Leute wahrscheinlich noch schlicht und ergreifend für übergeschnappt. Krohn begriff den Fußball schon damals als ein Geschäft, dessen emotionale Seite man viel stärker in den Fokus rücken und vermarkten müsse. Er führte als erster Show-Trainings am Rothenbaum durch, ließ während eines Trainingsspielchens eine Blaskapelle auf dem Feld aufmarschieren und lud attraktive Gegner zu Freundschaftsspielen nach Hamburg ein. Sein Motto: Nicht kleckern, sondern klotzen. Hautsache, der HSV blieb ständig im Gespräch.

Sein wohl bekanntester Coup waren allerdings die von ihm eingeführten neuen Trikots. Anstelle der traditionellen weißen Hemden ließ Krohn den HSV plötzlich in pinken, bonbonblauen oder magentafarbenen Jerseys auflaufen. Die extrem auffälligen Farben sollten vermehrt auch die Damenwelt ansprechen. Krohn erhoffte sich, auf diese Weise neue Publikumskreise zu erschließen.

Bei Spielen, in denen keine Trikotwerbung zugelassen ist, ließ Krohn die Buchstaben »HSV« auf die ansonsten blanke Brust drucken. So auch am 11. Mai 1977. Im Finale des Europapokals der Pokalsieger schlagen die Rothosen den belgischen Vertreter RSC Anderlecht mit 2:0. Es ist der bis dato größte Triumph in der Vereinsgeschichte des Hamburger Sport-Vereins. Als die Mannschaft schließlich die Ehrentribüne erklimmt, um den Pokal entgegenzunehmen, glaubt man, seinen Augen kaum zu trauen. Von den schicken und europaweit bekannten »HSV-Trikots« ist nichts mehr zu sehen. Stattdessen sind Kapitän Peter Nogly und seine Mitspieler in helle und bei einigen Akteuren nicht einmal knielange Frotteebademäntel gehüllt. Was damals als Schutz gegen das Auskühlen vielleicht einfach nur gut gemeint war, mutet aus heutiger Sicht eher an wie ein modischer Super-GAU.

Zu dieser Erkenntnis kommen dann scheinbar auch die Spieler. Als sich die Mannschaft auf den Weg hinunter von der Tribüne zum Rasen begibt, werden die skurrilen Kleidungsstücke jedenfalls eiligst abgestreift und von einigen Offiziellen wieder eingesammelt. Auf der Ehrenrunde präsentieren sich Nogly, Volkert und Co. dann wieder in »normaler« HSV-Aufmachung. Das kann man von den HSV-Fans wiederum nicht gerade behaupten. Beim Blick in die

Kurve der 20.000 mitgereisten hanseatischen Schlachtenbummler sind nämlich auffällig viele quietschgelb gekleidete Personen zu erkennen. Zurückzuführen ist das aber nicht auf die damals gerade aufkeimende Fanfreundschaft zu den Anhängern von Borussia Dortmund, sondern auf das Amsterdamer Regenwetter. Viele HSVer hatten sich gegen die widrigen Witterungsverhältnisse in der unüberdachten Kurve schlicht und ergreifend mit dem damals obligatorischen gelben Ostfriesennerz gewappnet. Sowohl Spieler als auch Fans hatten an diesem Abend jedenfalls eine modische Duftmarke gesetzt, die dauerhaft in Erinnerung bleiben sollte.

99. GRUND

Weil beim HSV die Mitglieder sehr großes Mitspracherecht haben

»Eure Scheiß-Stimmung – da seid ihr doch dafür verantwortlich und nicht wir« und »Was glaubt ihr eigentlich, was wir das ganze Jahr über machen, damit wir euch für sieben Euro in die Südkurve gehen lassen können« sowie »Was glaubt ihr eigentlich, wer euch alle finanziert?« sind Auszüge aus der Wutrede des Uli Hoeneß auf der Mitgliederversammlung des FC Bayern im November 2007. Gerichtet waren diese und andere markige Worte an die anwesende Mitgliedschaft, aus deren Reihen der Vorstand des FC Bayern kritisiert worden war.

Beim HSV wäre das sicherlich nicht passiert. Denn die Offiziellen des Vereins hätten damit wohl ihren eigenen Abgang in die Wege geleitet. Weshalb? Weil die Mitglieder des Vereins am Ende die Entscheidungsgewalt besitzen. Ein solcher Aussetzer wie der von Hoeneß wäre wohl zeitnah bestraft worden. Denn die Mitglieder wählen sowohl die Mitglieder des Kontrollgremiums Aufsichtsrat als auch die Mitglieder der jeweiligen Abteilungsleitung, in der sie organisiert sind. Diese sind in der Lage, außerordentliche Mitgliederversammlungen anzuberaumen, um beispielsweise Vorstände abzuberufen oder ihnen direkt zu kündigen (im Falle des Aufsichtsrates). Selbstredend ist jedes dieser Gremienmitglieder darauf bedacht, es sich nicht mit den potenziellen Wählern zu verscherzen, weshalb hier eine indirekte Kontrolle durch die Mitglieder des HSV gegeben ist.

Ihre Mitgliedschaft erlaubt ihnen eine aktive Partizipation am Vereinsleben – sowohl als aktive Sportler als eben auch auf den Mitgliederversammlungen. Hier dürfen die Mitglieder ihr Rede- und Stimmrecht ausüben sowie das Recht, Anträge zur Satzungsänderung zu stellen und über diese Satzungsänderungen abzustimmen. Dieses zweite Druckmittel neben dem Wahlrecht gibt den Mitgliedern die Möglichkeit, mitzuentscheiden und mitzugestalten oder auch einmal eine Veränderung, die sie als negativ betrachten, zu verhindern. So geschehen zum Beispiel bei den Anträgen auf Durchführung einer Fernwahl beim HSV oder einige Jahre zuvor bei der Verkleinerung des Aufsichtsrates. Nicht zuletzt führte die Stimmmacht der Mitglieder einst dazu, die Ausgliederungspläne des Vorstandes zu blockieren.

Für dieses Stimmrecht werden die Mitglieder des HSV nicht nur deutschlandweit, sondern sogar in ganz Europa beneidet. So ist es keine Seltenheit, dass Vertreter der Abteilung Fördernde Mitglieder/HSV Supporters Club kreuz und quer durch Europa reisten oder auch einfach nur einmal nach Nordrhein-Westfalen, um vom Vereinssystem des HSV und seinen Vorteilen zu berichten. Insbesondere in England, wo schon vor Jahrzehnten Investoren die Fußballclubs übernommen haben, sind die Fans sehr interessiert am Hamburger Vereinsmodell, denn sie mussten in all den Jahren erleben, wie ein Verein nach dem anderen in Richtung Insolvenz gewirtschaftet wurde, während sich die Besitzer einfach absetzten. Und auch in Deutschland haben viele Fans erkannt, dass sie ihren jeweiligen Club besser beeinflussen können, wenn sie Mitglied in selbigem sind und die Geschicke mit in die Hand nehmen können. Hierfür gilt der HSV als Vorbild.

Interessanterweise nur nicht unter den eigenen Anhängern, die zum Teil sogar danach rufen, das Mitspracherecht der Mitgliedschaft zu beschneiden. Vermutlich lässt sich dies nur mit einem alten Sprichwort erklären: Der Prophet gilt nichts im eigenen Land.

100. GRUND

Weil alle auf dem HSV-Karussell mitfahren wollen

Es ist schon verrückt. Während anderenorts auf der Playstation gespielt wird, Leute dem Geocaching nachgehen oder Flashmobs organisiert werden, scheint die Zeit in Hamburg stillzustehen. Denn hier steht das gute alte Karussell immer noch hoch im Kurs. Das dreht sich in Hamburg seit Jahren ohne Unterbrechung. In einer rasenden Geschwindigkeit. Da bleibt kein Auge trocken. Immer neue Adrenalin-Junkies stehen bereit, um Platz zu nehmen und eine kurze Runde zu drehen. Für mehr reicht die Zeit in aller Regel leider nicht. Extra-Runden bleiben die Ausnahme, unabhängig davon, wie sehr sich die Betroffenen auch an ihren Platz klammern.

Gemeint ist, den HSV-Fans dürfte es längst klar sein, das berühmt-berüchtigte Hamburger Trainerkarussell. Und das braucht sich mit seinen Besucherzahlen vor keinem noch so erfolgreichen Fahrgeschäft auf dem Hamburger DOM zu verstecken. Obwohl es sich nie an die Trends der Freizeit- und Unterhaltungsindustrie angepasst hat. Im Gegenteil: Stur bewegt es sich seit Jahren nach demselben Schema. Das scheint den Menschen, speziell Männern im mittleren Alter, viel Freude zu bereiten. Sie sparen sich die Reise in den Heidepark oder ins Disneyland und stellen sich einfach vor die Geschäftsstelle des HSV und warten, bis sie an der Reihe sind. Eine Runde auf dem HSV-Karussell ist sicher nicht weniger aufregend als eine gemeinsame Fahrt mit Goofy im Freifallturm. Da die Fahrtzeit streng begrenzt ist, müssen sie sich gar nicht allzu sehr gedulden. Das lockt zusätzliche Interessenten. Die kommen mittlerweile von nah und fern. Und versuchen sich mit den abenteuerlichsten Geschichten vorzudrängeln, teilweise sogar mit Erfolg.

Andere Vereine haben sich für ein anderes Karussellkonzept entschieden. Sie lassen die Fahrgäste zahllose Runden drehen. Das ist schön für diejenigen, die Platz nehmen konnten, verärgert aber die Wartenden. Die Kehrseite der Medaille. Volker Finke, Thomas Schaaf und Otto Rehhagel zum Beispiel drehten sich in einen wahren Rausch – und machten sich bei allen unbeliebt, die sich währenddessen die Beine in den Bauch stehen mussten. Das muss in Hamburg niemand. Ganz im Gegenteil. Hier muss man auf die nächste Runde nicht viel länger warten als auf einen Termin beim Hautarzt. Ein großer Verein zeigt hier jede Menge Nachsicht in Zeiten zunehmender Rücksichtslosigkeit. Vorbildlich!

Langeweile kommt beim HSV sicher nicht auf. Wir holen uns jedenfalls nur noch schnell eine Tüte gebrannte Mandeln, lehnen uns zurück und schauen, wer als Nächstes kommt, wenn es wieder heißt: »Wer hat noch nicht, wer will noch mal?«

101. GRUND

Weil Hamburg die schönste Stadt der Welt ist

Herrje, natürlich klingt es abgedroschen. Aber was sollen wir machen?! Wir kommen halt aus der schönsten Stadt der Welt. Wirklich. Und auch wenn so ziemlich alle Fußballfans zugleich auch Lokalpatrioten sind und auf Nachfrage immer dreist behaupten würden, dass sie aus der schönsten Stadt kommen, ist das niemals ganz richtig – es sei denn, sie kommen aus Hamburg.

Der HSV und Hamburg. Der geilste Club und die schönste Stadt der Welt. Eine wahnsinnige Symbiose. Mehr geht nicht. Dabei ist Hamburg auch, aber eben nicht nur die schönste Stadt, weil in ihr dieser großartige Verein beheimatet ist. Hamburg ist viel mehr. Es sind bereits unzählige Bücher über diesen herrlichen Fleck Erde direkt an der Elbe geschrieben worden. An dieser Stelle nur einen Bruchteil dessen, was unsere Stadt so besonders macht, aufzuzählen ist schlicht unmöglich. Ann-Christin Zilling und Torsten Lindner haben in *111 Gründe, Hamburg zu lieben* eine Auswahl getroffen und werden dabei keine Probleme gehabt haben, die 256 Seiten zu füllen. Selbst wenn 1111 Gründe gesucht worden wären: Eine kurze Umfrage unter den Menschen, die hier wohnen, hätte gereicht, um die Liste zu vervollständigen. Versuchen Sie das mal in Duisburg! Keine Chance. Was die Hamburger sowieso schon immer wussten, wird regelmäßig von Studien belegt. In keiner anderen deutschen Großstadt fühlen sich die Menschen derart wohl, in keine andere Stadt würden die Menschen lieber umziehen, keine andere Stadt in Deutschland wird von Architekten häufiger angeführt, wenn nach der schönsten Stadt des Landes gefragt wird. Architekten! Die müssen es ja wohl wissen!

Hamburg. Diese Stadt vereint alles. Moderne Großstadt und maritimes Flair. Weltoffenheit und hanseatische Zurückhaltung. Action und Erholung. Heidi Kabel und Scooter. Sonne und Regen. Wer nach Hamburg kommt, bekommt alles geboten. Über vier Millionen Touristen besuchen jährlich die Hansestadt – und werden nicht enttäuscht. Egal, ob beim größten Hafengeburtstag der Welt oder auf der Reeperbahn nachts um halb eins. Rund um den berühmten Michel ist für jeden etwas dabei. Apropos Michel. Von dessen Spitze aus, so erzählen es die Stadtführer den Gästen gern, kann man angeblich gleich drei Meere sehen: tagsüber das Häusermeer, abends das Lichtermeer und nachts gar nichts mehr.

Ob das stimmt, muss jeder selbst rausfinden. Beim nächsten Besuch in Hamburg. Eine Stadt, die ihre Bewohnerinnen und Bewohner mit Stolz erfüllt. Oder um es einfach mit den Worten Lotto King Karls zu sagen: »Hamburg, meine Perle, du wunderschöne Stadt. Du bist mein Zuhaus, du bist mein Leben, du bist die Stadt, auf die ich kann.«

11. KAPITEL

»WIR SIND SCHLAU, WIR SIND FANS VOM HSV …«

Pseudo-philosophische Erkenntnisse rund um den HSV

102. GRUND

Weil HSV-Fans so herrlich verbissen sind!

Die Verbissenheit der HSV-Fans, sie amüsiert nicht nur Fans des Lokalrivalen und Fußballlaien immer wieder. Denn dieser Wesenszug des HSVers treibt mitunter höchst skurrile Blüten und macht ihn grundsympathisch. Mag man noch Mitleid empfinden, wenn für den Anhänger der Hanseaten der Tag, ja teilweise sogar eine halbe Woche nach einer Niederlage seines Clubs gelaufen ist, bringen andere Dinge den Beobachter mindestens zum Schmunzeln, wenn nicht sogar zum Kopfschütteln!

Die Liebe des HSV-Anhängers beziehungsweise des HSV-Mitgliedes – immerhin zählt der Verein mit mehr als 70.000 Mitgliedern zu den ganz großen seiner Zunft in Deutschland – führt weit über den Tod hinaus, sodass es nicht verwundert, dass der HSV ein eigenes Grabfeld auf dem neben dem Stadion befindlichen Friedhof hat. Übrigens als einer von nur zwei Vereinen auf der ganzen Welt. Sein wirklich ausgeprägter Lokalpatriotismus führt beim HSV-Fan dazu, dass Hamburger Bier getrunken wird, wann immer dies möglich ist. HSV-Bier, um genau zu sein. Etwas anderes findet nur in absoluten Ausnahmefällen den Weg in die durstige Rothosenkehle.

Aber Obacht: »Bremer Bier?! Nur über meine Leiche!« Diese Aussage aus dem HSV-Fan-Theaterstück »Hinter euren Zäunen« lässt schon erahnen, wie so mancher HSVer gestrickt ist, wenn es um Rivalitäten geht: Produkte, die mit dem jeweils am meisten abgelehnten Fußballverein in Verbindung stehen, werden im Allgemeinen boykottiert. Der Konsum von Bier aus Bremen und solchem, das beim Lokalrivalen ausgeschenkt wird, gilt ebenso als Fauxpas, wie der Kauf von Bratwürsten aus der Wurstfabrik des Präsidenten des FC Bayern München, Uli Hoeneß.

Mancher sieht es sogar noch enger. Die ARD-Vorabendserie *Großstadtrevier* wird ebenso strikt boykottiert wie der *Tatort* aus

Münster, weil die jeweiligen Hauptdarsteller mindestens laut Drehbuch dem Verein vom Millerntor zugeneigt sind. Und kommen Sie bitte nicht auf die Idee, einem glühenden HSV-Anhänger ein Jahres-LOS der ARD-Fernsehlotterie zu schenken. Er wird alles andere als dankbar sein, dass er beim Trikotsponsor des verhassten Nachbarn Kunde ist.

Doch das ist noch längst nicht alles: Lokalrivale, Braunhemd, Zecke, Verein vom Flakbunker – es gibt viele Bezeichnungen für den Stadtteilverein aus Hamburg. Der offizielle Name, der auch im Vereinsregister steht, wird einem glühenden HSV-Fan allerdings nicht über die Lippen kommen.

Ihren Höhepunkt fand die Verbissenheit der Hamburger Anhänger übrigens nicht auf dem Stadtgebiet der Freien und Hansestadt Hamburg, sondern in Posthausen, kurz vor den Toren Bremens, wo sich die Einzugsgebiete der beiden Bundesligaclubs HSV und Werder vermischen. Hier sah sich ein großes norddeutsches Einrichtungshaus dazu genötigt, in der Vorweihnachtszeit die Ladung Werder-Weihnachtsmänner durch eine Videokamera überwachen zu lassen, nachdem unbekannte Täter einer Vielzahl von ihnen die Köpfe eingedrückt hatten. Die direkt daneben platzierten HSV-Weihnachtsmänner blieben hingegen verschont. Ein Schelm, der Böses dabei denkt!

103. GRUND

Weil beim HSV alles schlecht ist. Immer.

Zumindest kann man sich dieses Eindrucks nicht erwehren, wenn man sich in der großen HSV-Familie umhört. Zufriedene Menschen sucht man in der Regel vergeblich. Egal, wen man rund um den Verein fragt: Eine chronische Unzufriedenheit zieht sich durch alle Schichten.

Die Offiziellen sind unzufrieden, weil das Team trotz horrender Investitionen erfolglos Fußball spielt. Das Team ist unzufrieden, weil es Vertrauen, Geduld und Rückendeckung der Offiziellen vermisst. Die Reaktion der Medien auf derlei Unruhe im Verein äußert sich, na klar, in Form einer stetigen Unzufriedenheit. Dass die treuen Fans des HSV in Anbetracht dieser Konstellation unzufrieden sind, erscheint letztlich wenig überraschend.

Seit wann diese unüberseh- und -hörbare Unzufriedenheit den Verein beherrscht, lässt sich kaum mehr nachvollziehen. Ihren Ursprung findet sie schon kurz nach den großen Erfolgen des Vereins. Mindestens. Und allein das ist bekanntlich eine verdammt lange Zeit. Gegenseitige Schuldzuweisungen gehören seither zum guten Ton. Auch diese ziehen sich wie ein roter Faden durch den Verein. Das Trainerkarussell, das sich nach der Jahrtausendwende geradezu schwindelerregend drehte, ist nur eines der prominenteren Beispiele. Egal, was auch passiert: Beim HSV findet sich immer ein Haar in der Suppe. Auf der Suche nach Beispielen ist nicht das Finden, sondern die Auswahl das Problem. Im Grunde könnte der HSV über eine Sonderausgabe dieser Buchreihe nachdenken: *111 Gründe, mit dem HSV unzufrieden zu sein*. Auch ein zweiter und dritter Band würde für die Autoren keine wirkliche Herausforderung darstellen, wenn sie sich nur halbwegs engagiert auf die Suche begäben.

Zugegeben, beim HSV ist nicht alles perfekt. Doch selbst in Momenten, in denen sich jeder Mensch, der sich mit dem Club verbunden fühlt, freuen sollte, finden sich in Hamburg vermeintliche Kehrseiten der Medaille. Selbst ein Sieg gegen den FC Bayern München kann kaum jemand genießen. »Das ist doch nichts wert, wenn wir nächste Woche wieder gegen Freiburg verlieren!«, hört man die Ersten sagen, bevor die Mannschaft zum Feiern in der Fankurve angekommen ist. Fänge ein Fan dann das Trikot, welches René Adler als Dank auf die Tribüne wirft, würde er vermutlich darüber trauern, dass es nicht das Shirt von Rafael van der Vaart ist, und noch wochenlang mit seinem Schicksal hadern.

All das mag auf Außenstehende eigenartig wirken. Doch für HSVer ist das negative Karma des Vereins Normalität. Vielleicht sogar mehr. Auf eine sonderbare Weise scheint es alle Beteiligten zusammenzuschweißen. Die notorische Nörgelei ist der konstanteste gemeinsame Nenner aller Beteiligten. Die Unzufriedenheit hält den Verein zusammen wie eine Klebemasse. In guten wie in schlechten Zeiten. Meistens in schlechten.

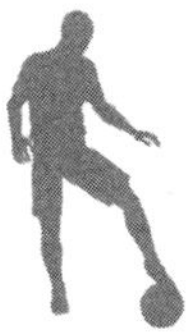

104. GRUND

Weil es wahre Liebe ist

»Liebe ist der Wunsch, etwas zu geben, nicht zu erhalten.« Das behauptete zumindest Bertolt Brecht. Und er hatte recht. Wie so oft. Dass er dabei an die zuweilen etwas einbahnstraßenartige Liebe der Fans des HSV dachte, darf hingegen bezweifelt werden. Passend ist die Aussage trotzdem. Denn die bedingungslose Hingabe beruht nur allzu oft auf Einseitigkeit. Während die einen auf den Tribünen Woche für Woche alles geben, ihr Team nicht nur körperlich und seelisch bei den Spielen unterstützen, sondern sich dann auch noch im Büroalltag stets tapfer vor ihren Club stellen, tatsächlich ihren Urlaub nach dem Rahmenterminkalender planen und den HSV sogar heimlich in ihr Sonntagsgebet einschließen, erhalten sie von den Vertretern auf dem Rasen meistens: nichts.

Das klingt zwar fürchterlich ernüchternd und unromantisch, lässt sich aber leider nicht von der Hand weisen. Besonders in den vergangenen 20 Jahren blieb es auf dem Feld meistens bei einem »stets bemüht« – und selbst diese Mühe ließ sich bei manchen Akteuren nur mit äußerst viel Wohlwollen erkennen. Im Laufe der Zeit ist der Wunsch nach schönem Fußball nahezu komplett im Sand verlaufen. Dem größten Teil der treuen Anhängerschaft reicht es längst schon, wenn der Einsatz stimmt. »Wenn sie wenigstens kämpfen würden …« und »Gegen Leverkusen kann man ja verlieren, aber …« sind nur zwei von vielen Floskeln, die mit erschreckender Häufigkeit zu hören sind und genau diese stetig gesunkene Erwartungshaltung widerspiegeln.

Doch dem Verein beleidigt den Rücken zu kehren kommt nicht infrage! Im Gegenteil. Die Fans des HSV haben sich mehr oder weniger in ihr (vorläufiges) Schicksal ergeben, das sich mit »Mittelklasse« umschreiben lässt. Trotzig kontert die Fankurve Schmähgesänge der Gegner mit einem lauten »Wir sind das Urgestein«. Wohl wissend, dass es zurzeit aus sportlicher Sicht nicht viel mehr gibt, was dem HSV als Alleinstellungsmerkmal dient. Der Leidenschaft, mit der die Hamburger ihrem Verein folgen, tut dies sowieso keinen Abbruch. Selbst nach Jahren ohne Titel und einem irrelevanten Spiel bei Nieselregen gegen Cottbus pilgern Tausende in den Volkspark und summen dabei *Trotzdem HSV* von »Norbert und den Feiglingen«. Dort heißt es: »Und wir geh'n immer noch zum HSV. / Warum wissen wir selber nicht so ganz genau.« Passender könnte ein Refrain wohl kaum ausfallen.

Warum das so ist? Weil es wahre Liebe ist! Ewig anhaltende, irrationale und unerschütterliche Liebe. Und die nimmt zuweilen wunderliche Formen an. So zum Beispiel am 14. Februar 2008, als zahlreiche Fans zum UEFA-Cup-Spiel nach Zürich reisten. Valentinstag, den Tag der Liebenden hatten sie dabei nicht vergessen. Im Gegenteil. Die Fans reckten Tausende roter Herz-Luftballons in die Höhe und zum Einlaufen der Teams regneten Hunderte rote Rosen in den Innenraum des Stadions. Ein unmissverständliches Liebesbekenntnis brachte die Gefühle mittels eines großen Transparentes auf den Punkt: »Mein HSV, ich liebe dich«.

105. GRUND

Weil HSV-Fans auch Selbstironie beweisen können!

Wer Grund Nummer 102 gelesen hat, der mag es kaum glauben. Trotz ihrer nahezu chronischen Verbissenheit zeigen die Fans des Hamburger SV doch auch das eine um das andere Mal wieder ein durchaus feines Gespür für Selbstironie.

Insbesondere in den 1980er- und 1990er-Jahren schor man die Fanszene des Clubs vom Rothenbaum gern einmal über einen Kamm. Chaoten, Randalierer, rechte Hooligans – das waren die Bezeichnungen in den Medien, wenn von den Anhängern der Rothosen damals die Rede war. Sicher, da war schon etwas dran. Beim HSV gab es eine große Hooliganszene und auch rechtes Gedankengut war durchaus verbreitet. Eine Pauschalisierung jedoch, wie sie von Teilen der Medien und leider auch der Fanszene des Lokalrivalen vorgenommen wurde, war vollkommen übertrieben.

Dessen waren sich die Fans des HSV natürlich bewusst. Allerdings auch der Tatsache, dass alles Argumentieren hier nicht helfen würde. So reagierte man mit Ironie. Mal begrüßte man die Anhänger des Clubs vom Millerntor mit dem Spruchband »Willkommen im Reich des Bösen«, mal besangen Dutzende Leute ihre angebliche Nähe zum ehemaligen irakischen Diktator Hussein mit »Saddam und der HSV«, was gewiss nicht feinsinnig, sondern eher arg überzeichnet war.

Doch nicht nur das eigene Image nehmen die Anhänger des traditionsreichsten Bundesligisten zuweilen aufs Korn. Auch die aktuelle Lage der Nation kann schon einmal Anlass sein, sich zu Wort zu melden. So war es auch in der Bundesligasaison 2008/09, als wieder einmal der SV Werder Bremen im Volkspark gastierte. Es gehört zur Rivalität der Vereine, dass sich die Fangruppen beider Lager mittels Spruchbändern die Meinung sagen, und so war es auch bei diesem Spiel, in dessen Vorfeld die aktuelle PISA-Studie zur Untersuchung der internationalen Schulleistungen veröffentlicht worden war. Das Bundesland Hamburg hatte wie immer denkbar schlecht abgeschnitten. Kein Grund also, stolz zu sein. Allerdings hatte ein Bundesland noch miserablere Ergebnisse erreicht: Bremen. Dies nahmen die Anhänger des HSV dankbar auf und schrieben in krakeliger Schreibschrift auf ein Spruchband »In Liga und Pisa: Brämen = miesa ...!«, wohl wissend, dass es wirklich keine große Leistung der Hamburger war, besser abzuschneiden als der Nordrivale.

Es kann allerdings auch schon einmal vorkommen, dass sich die Fans des HSV selbst auf die Schippe nehmen müssen. So geschehen im Jahr 2004, als halb Deutschland sich darüber amüsierte, dass gerade bei der Abschiedschoreografie für Kultkneter Hermann Rieger etwas schiefging und die Blockfahne, auf der das »N« des Wortes »DANKE« um 90 Grad gedreht über die Köpfe der Fans gezogen wurde. Der Spott der Rivalen war den HSV-Fans gewiss, doch sie machten aus der Not eine Tugend: Noch heute sagt man im Volkspark artig »Dazke«, wenn die Fans des Gegners, insbesondere die mit dem größten Mundwerk und der größten Schadenfreude, ohne Punkte den Heimweg antreten müssen.

106. GRUND

Weil der HSV verlässlicher ist als der Ehering

Kinder brauchen einen geregelten Tagesablauf. Klare Strukturen geben ihnen Halt und Sicherheit – aber nicht nur ihnen. Auch für Erwachsene sind Vertrauen und Verlässlichkeit wichtig im Leben, nicht nur für eine sorgenfreie Kindheit. Während die Welt um uns herum sich immer schneller zu drehen scheint, die Weiterentwicklungen und technischen Neuerungen uns fast überrumpeln, sehnen sich auch Erwachsene nach etwas Verlässlichem. Frei nach der Silbermond-Ballade: »Gib mir ein kleines bisschen Sicherheit, / in einer Welt, in der nichts sicher scheint. / Gib mir in dieser schweren Zeit irgendwas, das bleibt. / Gib mir einfach nur ein bisschen Halt. / Und wieg mich einfach nur in Sicherheit. / Hol mich aus dieser schnellen Zeit. / Nimm mir ein bisschen Geschwindigkeit.«

Viele Ehen scheitern schon nach kurzer Dauer, obwohl doch alle in Liebe, mit Träumen und Plänen so hoffnungsvoll begonnen haben. Ständig zerbrechen auch im Bekanntenkreis immer wieder junge Familien. Fakt ist, dass sich der Trend zur Trennung in Deutschland verstärkt hat: Der Bundesdurchschnitt liegt bei mehr als 50 Prozent. Hamburg liegt sogar noch darüber.

Und damit kommen wir nun endlich zum Hamburger Sport-Verein, denn er bietet – ganz unzeitgemäß – eine ganze Menge Verlässlichkeit: Am nächsten Wochenende ist das nächste Spiel. Du weißt, wo dein Platz ist. Lotto King Karl singt vor dem Anpfiff *Hamburg, meine Perle*. Und 22 Kicker, elf auf jeder Seite, rennen 90 Minuten dem runden Leder hinterher. In der Halbzeitpause gibt's 'ne Wurst und ein kühles Blondes. Gespielt wird in roten Hosen und weißen Trikots. Und Abseits ist, wenn der Schiri pfeift.

Und das seit 121 Jahren. Erstklassig. Immer 1. Liga. Gibt es irgendwo eine ähnliche Beständigkeit und Zuverlässigkeit?

Die durchschnittliche Ehe dauert gerade einmal noch 14,5 Jahre, und heutige Fußballprofis wechseln in diesem Zeitraum mehrfach den Verein. Im Rahmen der Themenwoche »Vereins-Ikonen« hat Transfermarkt.de die durchschnittliche Vereinstreue in der Fußball-Bundesliga unter die Lupe genommen. Diese Statistik zeigt, wie lange die Spieler des aktuellen Kaders einer Mannschaft durchschnittlich und ohne Unterbrechungen im Kader des Teams stehen. Die 26 Hamburger Profis 2013 waren im Durchschnitt 671 Tage im Amt. Mit 1950 Tagen war Marcell Jansen bereits der »Oldie« im Team (Stand: Dezember 2013). Zum Vergleich: Uwe Seeler spielte 18 Jahre lang für die erste Mannschaft, das sind 6570 Tage.

Aber wenn sogar die Spieler alle naselang den Verein wechseln, was genau macht den Hamburger SV dann so verlässlich? So beständig? Die Antwort: der Verein, seine Mitglieder und die Fans. Diese halten ihm nämlich – im Gegensatz zu einer Durchschnittsehe – zumeist wirklich lebenslange Treue. Hier trifft die Floskel »Von der Wiege bis zur Bahre« noch zu. Fans sind immer da, in guten wie in schlechten Zeiten. Sie haben Siege gesehen, Niederlagen kassiert und – zumindest die älteren Semester – Triumphe miterlebt. Nun gut, das Thema mit der Erstklassigkeit ist leider durch. Aber jede Beziehung durchlebt mal Turbulenzen, und trotz Abstieg halten die Fans dem HSV die Treue. Wie schon gesagt: Der HSV ist verlässlicher als jeder Ehering.

107. GRUND

Weil sich in schöner Regelmäßigkeit hochgepriesene Neueinkäufe als Transfer-Flops herausstellen

Michael Gravgaard, Albert Streit, Marcus Berg: Sie alle eint, dass sie von Verantwortlichen und Medienvertretern vor ihrem Engagement beim Hamburger SV in den Himmel gelobt wurden. Vollkommen berechtigt übrigens, denn bevor es diese und zahllose andere Fußballer an die Elbe zog, waren sie wer in den jeweiligen Ligen und Ländern, von wo man sie verpflichtete.

Wie bereits gesagt, die drei Herren waren nicht die einzigen Spieler, von denen man sich beim HSV mehr erhofft hatte. Eine ganze Reihe an Fehleinkäufen leistete sich der HSV in der Vergangenheit. Zwar war Markus Berg 2009 der bis dato teuerste Neueinkauf (zehn Millionen Euro blätterte der damalige Vorstandsvorsitzende Bernd Hoffmann auf den Tisch), mit Sicherheit aber nicht der, bei dem der Anhang am meisten den Kopf schüttelte. Auswahl gefällig? Zum Beispiel gab es da mal einen Spieler namens Boubacar Sanogo, der beim 1. FC Kaiserslautern nach Belieben traf. In Hamburg machte er vier Buden in 31 Spielen und wechselte dann nach Bremen. Sein mangelnder Torinstinkt bemüßigte einige Fans, zur Melodie von Harry Belafontes *Banana Boat Song* folgenden Gesang zu texten: »Hey Mr. Boubacar, Boubacar Sanogo! Schieß uns bitte aus der Champions League!«

Von »kleines dickes Aílton« und der vergebenen Großchance gegen Werder Bremen ist bereits an anderer Stelle die Rede. Der Brasilianer steht allerdings stellvertretend für eine ganze Reihe von Südamerikanern, die im hohen Norden Deutschlands wenig bis gar nichts auf die Kette bekommen hatten. Cristian Raúl Ledesma, Thiago Neves, Juan Pablo Sorín, Waldomir Pacheco Buca (der erste Brasilianer in Hamburg spielte eine ganze Halbzeit für den HSV) und Sergio Zárate waren auch nicht viel erfolgreicher. Immerhin schoss Letzterer, auch genannt »die Zaubermaus«, ein wichtiges Tor für den HSV beim Auswärtssieg in Bremen. Das war am 24. Spieltag der Saison 1994/95. Zárate netzte zum 4:1-Endstand. Okay, zugegeben: So wichtig war das nun auch nicht.

Skurril war auch die Verpflichtung von Frank »Otze« Ordenewitz und Niclas Kindvall. Ordenewitz, lange Jahre beim SV Werder unter Vertrag, war eigentlich schon Fußballrentner. Fast jedenfalls, denn als er 1994 nach Hamburg kam, war seine vorherige Station Japan das, was heute die USA oder die Vereinigten Arabischen Emirate für Fußballer sind: die letzte Möglichkeit vor dem Ruhestand, noch einmal richtig abzusahnen. Ordenewitz kam zum HSV und dieser hatte vollkommen euphorisiert schon mal gefühlte 10.000 T-Shirts mit dem legendären Spruch von dessen Ex-Trainer Erich Rutemöller (»Mach et' Otze!«) produziert. Otze machte aber nicht viel und Gerüchten zufolge liegen die 9999 nicht verkauften Shirts immer noch in den Katakomben des Stadions. Von Niclas Kindvall gab es solche Shirts nicht, denn er war »nur« Torschützenkönig in Schweden gewesen, bevor sich der HSV 1995 seine Dienste sicherte. Die Bilanz war äußerst dürftig. Zwei Tore machte er in den ersten drei

Spielen, danach kam nicht mehr sonderlich viel von ihm. Vielleicht hätte man sich Kindvall tatsächlich mal live ansehen sollen, anstatt ihn nach der Studie diverser Videoaufnahmen zu verpflichten …

Wen gab es noch? Paweł Wojtala, den Unsicherheitsfaktor in der Abwehr, dessen Spitzname »Zauberaaa« alles andere als ernst gemeint war oder auch Mladen Pralija, der 1987 in 14 Spielen ganze 35 Gegentore kassierte. Auch Martin Dahlin war so einer, der gefühlt immer traf, wenn er für Borussia Mönchengladbach gegen den HSV spielte, nur eben nicht mehr, als er dann FÜR die Rothosen auflief. Den Vogel schoss man allerdings mit der Verpflichtung von Martin Zafirov im Sommer 1997 ab. Der Bulgare stand 42 Minuten gegen den VfL Wolfsburg auf dem Feld, ehe er die Rote Karte sah und nie wieder zum Einsatz kam.

108. GRUND

Weil Tradition verpflichtet

HSV-Raute, Rothenbaum, Uwe Seeler, Volksparkstadion: Mehr Tradition geht ja wohl gar nicht! Der Stolz eines jeden HSVers ist die gewaltige Geschichte des eigenen Vereins, die Kultur drum herum, das Blau, das Weiß, das Schwarz. Und so unterschiedlich die HSV-Fanszene auch ist – wohl hinter jedem steckt ein Traditionalist. Mal weniger, mal mehr. Aber keinen HSVer lässt sie kalt, die Tradition des Hamburger Sport-Vereins e. V. von 1887.

131 Jahre HSV. Deutsche Meisterschaften. Pokalsiege. Europapokal-Triumphe. Unvergessliche Spiele. Bittere Niederlagen. Freude und Tränen. Schweiß und Sorge. Hoffnung und Glaube. HSV. Erschwerend kommt hinzu: Der HSV war der letzte Verein, der von Beginn an der Bundesliga angehörte. Unabsteigbar! Das Urgestein! »Es kann nur einen geben«, sangen die Fans bis 2018.

Nur der HSV hat alle bisherigen Bundesligisten tatsächlich auch besiegt. 36 Bundesliga-Spiele in Folge war der HSV in den 80er-Jahren ungeschlagen. Unnachahmlich! Der Fußball-Krimi von 1922 gegen den 1. FC Nürnberg um die Deutsche Meisterschaft, die Sensations-Truppe von 1960, Kopfball-Ungeheuer und Bananenflanke, Hermann Rieger und Ernst Happel, Charly Dörfel, Uli Stein, das einzige Vereinsemblem, das ohne Buchstaben und Zahlen auskommt: Was der HSV zu bieten hat, ist wahrhaftig einzigartig.

Bemerkenswerterweise sind es die Fans, die ein waches Auge darauf haben, dass HSV-Tradition nicht verloren geht. Und nicht umsonst war der Club lange ein eingetragener Verein, anstatt eine andere, vielleicht modernere Gesellschaftsform zu nutzen. Der Rothenbaum wurde abgerissen, der Stadionname verkauft, die HSV-Spielkleidung wird immer wieder verändert und auch sonst der Charakter des Vereins in mancher Hinsicht verfremdet, im Wesentlichen aber ist der HSV noch als der große, hanseatische und traditionelle Club erkennbar. Noch.

»Lieber erfolglos als traditionslos« stand auf einem großen Transparent, das HSV-Anhänger auf einer Demonstration gegen den Verkauf des Stadionnamens vor sich hertrugen. Und nicht wenigen HSV-Anhängern ist der spürbare Charakter des Vereins tatsächlich wichtiger als der kurzfristige Erfolg – mag auch die Sehnsucht nach einem Titelgewinn noch so groß sein. In erster Linie zählt der HSV als Traditionsverein.

Der vielleicht sinnvollste Schachzug der letzten HSV-Jahrzehnte war daher auch die Eröffnung des HSV-Museums. Ob altes Rothenbaum-Kassenhäuschen, eine original Südtribünen-Sitzbank aus dem Volksparkstadion, die Trainingsjacke von Ernst Happel, der Medizinkoffer von Hermann Rieger oder das Toupet von Charly Dörfel: HSV-Geschichten und -Geschichte in Hülle und Fülle. Dazu Pokale, Pokale, Pokale und Erinnerungen an die faszinierendsten Fußballschlachten der Vergangenheit. Dunkle Epochen der Vereinsgeschichte werden ebenso beleuchtet wie Sternstunden.

So funktioniert ehrlicher Umgang mit der eigenen Vergangenheit, ohne die es keine Zukunft geben kann.

Es gilt: Wer zum HSV kommt, ob als Trainer, Offizieller, Sponsor, Spieler oder Fan – der bekommt den Hauch einer ganz großen HSV-Tradition zu spüren und hat sich ihr zu stellen. So jedenfalls sollte es sein. Auch heute noch.

109. GRUND

Weil der HSV 2015 Meister wurde. Statistisch.

An der Waterkant wünscht man sich nichts sehnlicher als einen »echten« Titel. Also keinen Liga-Pokal, UI-Cup oder, wie im Sommer 2012, den Peace-Cup. Es ist zwar schön, wenn der klamme Verein für eine solche »Trophäe« 1,23 Millionen Euro Erfolgsgage kassiert, aber einen Meistertitel oder Pokalerfolg kann das natürlich nicht ersetzen. Gut, dass wir wissen, was in den nächsten Jahren passieren wird …

4. Juni 1983, Parkstadion Gelsenkirchen. Schiedsrichter Dellwing aus Trier pfeift das Spiel zwischen Schalke und dem HSV ab. Die Rothosen sind durch einen 2:1-Erfolg zum siebten Mal deutscher Fußball-Meister. Niemand ahnt, dass es das letzte Mal für Jahrzehnte sein wird. 30 Jahre ist das nun her. So eine lange Leidenszeit gab es aber schon einmal, nämlich zwischen 1928 und 1960. 32 Jahre lang musste der HSV damals auf einen Meistertitel warten. Nun ist es fast schon wieder genauso lange her.

Rein rechnerisch macht diese lange Pause allerdings auch Mut, denn wenn wir uns das ganze Drama mal näher anschauen, dann ergibt sich, dass wir bald wieder ganz oben stehen müssten. Der Reihe nach: Der HSV gewann in den Zwanzigern drei Titel knapp hintereinander (1922, 1923 und 1928), musste dann unendlich lange 32 Jahre warten, um 1960 erneut einen Meistertitel einzufahren. Weitere 19 Jahre später begann dann Ende der Siebziger erneut eine »Hochphase« des Hamburger SV, in der man innerhalb kürzester Zeit erneut drei Meistertitel (1979, 1982 und 1983) an die Elbe holte.

Nun zum Pokalwettbewerb. Hier konnte der HSV seine Titel stets drei beziehungsweise vier Jahre vor oder nach einer Meisterschaft gewinnen: 1960 Meister, drei Jahre später Pokalsieger. 1976 Pokalsieger, drei Jahre später Meister. Und schließlich: 1983 Meister, vier Jahre später Pokalsieger.

Da steckt doch System dahinter?! Wenn man die zeitliche Abfolge der Titel vergangener Jahre auf die heutige Zeit umlegt, dann ergibt sich, dass der HSV im Jahre 2015 Deutscher Meister wurde und drei Jahre später – also 2018 – auch wieder Pokalsieger. Darauf folgt dann erneut eine Durststrecke von 16 Jahren. Aber jetzt! In den Jahren um 2030 wird der HSV dreimal kurz nacheinander Deutscher Meister werden! Logisch, oder? Wenn das keine Aussichten sind?!

Einziges Problem: Wir haben schon das Jahr 2018 und die Statistik stimmt offenbar nicht. Oder jemand hat sie gefälscht. Gegebenenfalls kennt die Statistik allerdings auch den Unterschied zwischen Pokal und Meisterschaft nicht. In dem Fall könnte dem HSV 2019 der Pokalsieg ins Haus stehen, weil dies 32 Jahre nach dem letzten Pokalsieg wären. Und Meister ist ja eher schwierig. Es sei denn, Zweitliga-Meisterschaften zählen.

Bleibt also: Warten! Das aber sind HSV-Fans ja gewohnt. Motto: Bierchen auf, Füße auf den Tisch und auf den Pokal im Mai 2019 freuen! Nun hofft der HSV-Fan an sich, dass sich die Zeit bis zum Jahre 2019 oder gar 2030 nicht zu rasch weiterdreht. Einer hat das neulich im Bus auf dem Weg zu einem Auswärtsspiel so zusammengefasst: »Ich will den Titel. Als wir das letzte Mal Meister wurden, durfte ich noch kein Bier trinken. Wenn's blöd läuft, darf ich beim nächsten Titel kein Bier mehr trinken. Magenprobleme im Alter oder so was!«

110. GRUND

~~Weil~~ Obwohl der HSV mit Pleiten, Pech und Pannen glänzt. Immer wenn es wichtig wird.

Zugegeben, die Gründe in diesem Buch sollen eigentlich alle mit dem Wörtchen »weil« anfangen. Aber irgendwie funktioniert das nicht. »Obwohl« passt ganz einfach besser. Zumindest, wenn man sich die letzten Jahre ansieht. Denn immer, wenn sich der HSV in der Liga einmal absetzen konnte, die Konkurrenz also »für« die Hamburger spielte, versagte die Elf auf dem Platz kläglich. Wirklich dramatisch allerdings ging es zu, wenn der HSV wirklich um Qualifikationen oder sogar Titel spielte, und gemeint ist nicht der Ligapokal! Doch lesen Sie selbst von den erschütterndsten Momenten der letzten 15 Jahre, in denen die Rothosen dem Himmel so nah waren, sich aber trotzdem am Ende auf dem Boden der Tatsachen wiederfanden.

Angefangen hat es wohl in der Saison 2005/06. Der HSV befand sich auf Kurs Champions League und reiste mit breiter Brust zur ollen Hertha. Die Anhänger, von 18.000 war die Rede, machten vor dem Spiel im Olympiastadion klar, wen die Hauptstadt da zu Gast hatte, nämlich den »Auswärtsmeister« der Saison. Leider beeindruckte das die Berliner ganz und gar nicht. Mit 2:4 kamen die Hanseaten unter die Räder und mussten um den direkten Einzug in die Königsklasse bangen, denn zeitgleich hatte Bremen mit 6:0 gegen Köln gewonnen. Der HSV durfte gegen die Grün-Weißen am nächsten Spieltag nicht verlieren, wenn diese nicht noch vorbeiziehen sollten. Sie vermuten es schon, lieber Leser: So kam es natürlich. Der HSV verlor tatsächlich zu Hause mit 1:2, und das, weil der ehemalige Bremer Aílton, der mittlerweile beim HSV kickte, kurz vor Spielschluss die Chance zum Ausgleich nicht nutzte. Ironie des Schicksals. So ging es für die Hanseaten über die Qualifikationsrunde in die Champions League. Doch ausgerechnet gegen Werder die direkte Qualifikation zu verpassen … Sie können es sich denken.

Werder … dieser Name ist mit traumatischen Erlebnissen verbunden, die im Frühjahr 2009 stattfanden. Der HSV war im DFB-Pokal und in der Europa League vertreten im Halbfinale. Sie ahnen vielleicht, gegen wen es ging? Richtig, gegen den SV Werder. Zusätzlich gab es auch noch ein Aufeinandertreffen in der Liga. Vier Aufeinandertreffen, die innerhalb von nur 19 Tagen über die Bühne gehen sollten. Beim Pokalspiel hatte man Heimvorteil, doch es war das Elfmeterschießen, das den HSV stoppte. Besser sollte es in der Europa League werden. Dachten alle, als man auswärts den Rivalen mit 1:0 in die Schranken wies. Doch wie sollte es anders sein: Im Rückspiel siegte Bremen 3:2. Aufregung gab es um eine Papierkugel, die angeblich zum späten Siegtreffer geführt haben soll. Das ist Quatsch, wie wir alle wissen. Trotzdem zog Werder ins Finale ein und statt 20.000 Hamburgern flogen 5000 Bremer nach Istanbul. Die Papierkugel liegt heute im Museum des SV Werder. Oder besser gesagt: eine Papierkugel. Das Original war nämlich längst von einem Balljungen entsorgt worden, als ein Mitarbeiter des übertragenden Fernsehsenders sie einsammeln wollte. Es ist überflüssig zu erwähnen, dass das Ligaspiel in Bremen ebenfalls verloren ging. Die HSV-Gemeinde trug jedenfalls Trauer.

Dass es noch schlimmer kommen könnte, hatte wohl niemand geglaubt. In der Folgesaison spielte der HSV überraschend in der Europa League und schaffte es wieder ins Halbfinale. Zwei Spiele gegen Fulham FC trennten den HSV vom Finale. Und zwar nicht irgendwo, sondern im heiligen Volkspark, auf geweihtem Boden! Die Briten mauerten im Hinspiel bis zum Erbrechen. Keine Chance, da ein Tor zu machen. Aber immerhin auch kein Gegentor bekommen, weshalb sich der Anhang der Rothosen erwartungsfroh aufmachte, um im Craven Cottage den Einzug ins Finale zu feiern. Und es ging gut los! Bereits nach 22 Minuten erzielte Mladen Petrić das 1:0 für die Hanseaten, deren Anhang natürlich aus dem Häuschen war.

Aber was ist das? – Was machen die denn da?! – Mit fortlaufender Spieldauer verlegte sich der HSV in diesem Spiel darauf, lediglich das Ergebnis zu halten, und ließ sich mehr und mehr einschnüren. Fulham wurde immer stärker und es kam, wie es kommen musste: Ausgleich und Führung für die Hausherren! Dem hatten die Rothosen nichts mehr entgegenzusetzen. Nichts gelang mehr und die Zeit verrann viel zu schnell! Das Ende vom Lied ist bekannt. Fulham zog ins Finale ein, der Hamburger Anhang wie geprügelte Hunde hinaus in die dunklen Gassen Londons, um sich irgendwie zu betäuben. Bei der Finalbegegnung zwischen Fulham und Atlético Madrid brach der Schwarzmarkt mangels Interessenten zusammen, das letzte Heimspiel in der Bundesliga gegen den 1. FC Nürnberg verfolgten die meisten Fans des HSV geistesabwesend und schweigend.

Kann man so einen Club hassen? Niemals! Man muss diese Unglücksraben einfach gernhaben. Seien Sie ehrlich: Sie möchten doch jetzt auch gerade den nächstbesten HSV-Fan in den Arm nehmen.

111. GRUND

Weil man beim HSV das hanseatische Understatement pflegt

Kommen wir zum letzten und vielleicht kuriosesten Grund, den HSV zu lieben. Das hanseatische Understatement. Sicher, das klingt nach den 110, mal mehr, mal weniger ernst gemeinten Lobhudeleien ein wenig bizarr, doch es ist wahr. Die Fans des HSV lieben ihren Verein dafür, dass man hier bescheiden und zurückhaltend ist. Das liegt an unseren norddeutschen Wurzeln. Lautsprecher und Angeber sind uns von Geburt an zuwider. »So was macht man nicht«, haben uns unsere Eltern schon eingetrichtert, als wir noch mit Oldesloer Korn gesäugt wurden und statt HiPP-Babynahrung einen Teller Labskaus vorgesetzt bekamen. Das »Mia san mia« der Bayern würde uns im Traum nicht einfallen, denn »so was macht man nicht«. Wir würden auch niemals Totenkopfpullis tragen und der ganzen Welt mitteilen, dass wir ein ganz besonderer, ein anderer Verein sind, denn »so was macht man nicht«. Das können natürlich die Münchner nicht verstehen, denn der Bayer an sich macht ja gern mal einen auf dicke Hose. Das war schon unter Franz-Josef Strauß so, das ist unter Uli Hoeneß so und das wird auch unter wem auch immer so sein (falls die Bayern keinen Weg finden, Hoeneß mit ewigem Leben auszustatten). Und auch die Lokalrivalen, die nun wirklich keine Möglichkeit auslassen, ach so lustig und öffentlichkeitswirksam ihren ganz besonderen Status in Deutschland zu vermarkten, werden nicht dahinterkommen, warum ein HSVer ob ihres Verhaltens Ekel verspürt. Sie sind halt Zugezogene aus Schwaben und Berlin. Offenbar muss man dann so sein.

Wir hingegen sind anders. Ruhiger. Zurückhaltender. Quasi der dunkelblaue hanseatische Dreiteiler von Policke unter den Anzügen von Gucci und Prada, Helmut Schmidts Elbsegler zwischen den hippen Baseball-Caps. Wir lieben unseren Verein dafür, dass er nicht total abgefahrene Marketingideen hat, sondern über das Standardrepertoire hinaus höchstens auf seltsame Merchandise-Artikel wie bodenständige Strandkörbe kommt. Uns geht das Herz auf, wenn eine Band die alte Vereinshymne aus den 1920er-Jahren neu vertont, anstatt in einem oberkrassen Gangster-Rap-Video zu verkünden, wer die härtesten Typen sind. Mit Profis, die sich wie Filmdiven benehmen, können wir nichts anfangen, aber wir lieben unspektakuläre Spieler, die sich ordentlich reinhauen, von denen jedoch nie jemand etwas gehört hat. Oder kennen Sie Waldemar Matysik, Harald Spörl und Carsten »Master of Grätsche« Kober?

Natürlich wissen wir, dass wir etwas ganz Besonderes sind. Zum Beispiel weil wir in der schönsten Stadt der Welt zu Hause sind und das Urgestein der Liga sind. Oder weil wir den Bundesliga-Rekord an ungeschlagenen Spielen in Serie halten und Europapokalsieger der Landesmeister waren. Das binden wir aber niemandem ungefragt auf die Nase. Ihnen übrigens auch nicht, denn Sie haben ja schließlich für diese Informationen bezahlt. Danke übrigens dafür!

12. KAPITEL

DIE BONUSGRÜNDE

Was seitdem geschah

BONUSGRUND 1

Weil der HSV sogar Champione Relegatione ist

Wer das Museum des HSV besucht (was an dieser Stelle übrigens dringendst empfohlen wird), merkt schnell, dass es sich beim Hamburger Sport-Verein um einen ruhmreichen Club handelt. Pokale, Trophäen und Urkunden, wohin das Auge reicht! Auch wenn einige der ausgestellten Stücke zugegebenermaßen schon eine kleine Staubschicht aufweisen: Es gibt in den Regalen nicht besonders viel, was der HSV noch nicht gewonnen hat. Vom Europapokal der Landesmeister bis zum Ligapokal, der HSV tanzte nachweislich auf den unterschiedlichsten Hochzeiten.

Und gerade als sich der Eindruck verfestigte, dass es sich für den HSV in Sachen Rekorde erst mal ausgetanzt haben könnte, schlagen die Hanseaten zurück und werden wieder Rekordhalter, ja fast sogar Triple-Sieger. Was sonst nur an der Isar gelingt – also am anderen Ende der Tabelle –, wird nun auch an der Elbe Realität. Mit Kontinuität gewinnt der HSV zwei Jahre in Folge die neu eingeführte Relegation zwischen Oberhaus und 2. Liga. Nur knapp verpassten die Rothosen die dritte Relegation in Folge und mussten der Frankfurter Eintracht das »Saisonfinale des kleines Mannes« überlassen. Trotzdem: Vorerst darf sich der HSV »Champione Relegatione« schimpfen.

Das entsprechende Banner hielten die HSV-Fans übrigens tatsächlich augenzwinkernd in den verregneten Hamburger Himmel. Einerseits, weil es derzeit einfach verdammt wenige Alternativen zum Feiern gibt. Andererseits, weil man sich zunehmend in der Rolle des eher ungeliebten Fast-Absteigers wohlzufühlen scheint. »No one likes us – we don't care« stand schließlich schon in den 1990ern auf den Schals, die hinter der Westkurve verkauft wurden: Keiner mag uns, aber uns ist das egal. Heute scheint dieser ursprünglich aus England stammende Spruch wie maßgeschneidert für den Verein und seine Fans. Und besonders Letztere kosten diese spürbar gewachsene Ablehnung spürbar aus.

Klar, die tapferen Fast-Aufsteiger können einem leidtun. Und klar, das Modell der Relegation ist zumindest bedenkenswert, weil hier im Zweifel die Arbeit einer ganzen Saison in nur 180 Minuten zunichte gemacht wird, nur damit der Fußball- und Fernseh-Zirkus sich noch mal schön die Taschen vollstopfen können. Aber in Hamburg sieht man das inzwischen ganz pragmatisch. Gezwungenermaßen, quasi.

Allerdings, da dürften sich selbst die größten Adrenalinjunkies im Volkspark einig sein, darf es bis auf Weiteres bei dem »Double« bleiben. Denn die Dramen in Fürth und Karlsruhe mögen sicher als Anekdoten für viele kommende Auswärtsfahrten und Stammtischabende dienen, aber allein aus gesundheitlichen Gesichtspunkten wäre allen Fans des HSV zu wünschen, dass die Bonusspiele vorerst nur im TV verfolgt werden. Das Museum findet sicher auch andere Geschichten, um die Vitrinen zu füllen.

BONUSGRUND 2

Weil für HSV-Fans Fußball manchmal nur zweitrangig ist

Dass die Welt kalt ist und dunkel, dass weiß man in Hamburg nicht erst seit dem Abstieg in die 2. Bundesliga. In ihrem Song »City Blues« brachten es die Beginner, eine nicht ganz unbekannte Band aus Hamburg-Eimsbüttel 2003 recht treffend auf den Punkt: »Der Wind peitscht; Kragen hoch, Kopf runter, Tunnelblick, die Pullis und Jacken machen Magersüchtige pummelig.«

Diese Weisheit hatte auch 2015 Bestand, dem Jahr, als sich zahlreiche Menschen auf den Weg nach Deutschland machten, um vor Krieg, Hunger und Not zu fliehen. Ein paar davon – wobei es sich eigentlich um eine recht stattliche Zahl handelte – wurden auch im

Hamburger Volkspark in einer Erstaufnahmeeinrichtung untergebracht, in direkter Nachbarschaft zum Volksparkstadion des HSV.

Das Problem: Es gab nur Zelte für die Geflüchteten. Das ist schon im Hamburger Sommer nicht zwingend von Vorteil, im Winter jedoch eindeutig zu wenig.

Das bekamen natürlich auch die Fans des HSV mit, und insbesondere die Ultras der Gruppe »Poptown« wollten Abhilfe schaffen. Schon vorher hatten HSV-Fans immer wieder mobilgemacht, um kranken Menschen oder solchen, die generell notleidend sind, zu helfen. In diesem Fall war es ihre Idee, Kleiderspenden zu sammeln, um das Leben in den Zelten an der Autobahn 7 zumindest minimal zu verbessern. Die Aktion war ein voller Erfolg, und bei den Ultras als auch im Fanprojekt des HSV wurden Hunderte Winterjacken und ähnliche Kleidungsstücke abgegeben.

Doch es blieb nicht nur bei dieser Aktion. Vielmehr gab sie den Anstoß für nachhaltige Hilfsarbeit. So entstand hieraus auch das Flüchtlingscafé im Fanhaus an der Stresemannstraße, in dem wöchentlich gemeinsam gekocht, gegessen und gelacht wird. Und auch ganz praktische Hilfe gibt es. So lernen mittlerweile geflüchtete Menschen neben Fahrradfahren auch das Reparieren selbiger und sollen weiterhin auch mit den Drahteseln ausgestattet werden, um mobil zu sein.

Auch der Verein HSV selbst war angesichts der Flüchtlinge in der Nachbarschaft nicht untätig und lud beispielsweise Kinder aus der Erstaufnahmeeinrichtung ein, mit den Profis zu kicken und so den in einem Flüchtlingslager sicher noch deutlich graueren Hamburger Alltag zu vergessen.

BONUSGRUND 3

Weil der HSV abendfüllend ist

Der HSV ist ja wohl das weltbeste Gesprächsthema. Immer! Da können Lottozahlen oder das Wetter von morgen nun wirklich nicht mithalten. Der blau-weiß-schwarze Fan an sich schwelgt natürlich immer ein bisschen im Gestern. Die schönsten Geschichten drehen sich um Stein, Hrubesch, Kaltz und Seeler. Klar, dass auch Kevin Keegan nie fehlt. Es wird dann geschwärmt von frühen Meisterschaften oder davon, wie es war, als der HSV im Jahre 1982 glanzvoll mit 4:3 in München gewann. Zum x-ten Male schießt Felix Magath dann im weiteren Verlauf der Gespräche in der 9. Spielminute sein Tor gegen Juve und holt den Henkelpott nach Hamburg. Unvergessen natürlich auch das 5:1 gegen Real Madrid aus dem Jahre 1980 und Happels Abschied mit dem DFB-Pokalsieg 1987. Sieben Meisterschaften, drei Pokalsiege, zwei Europapokaltriumphe sind dann irgendwann erzählt.

Wenn man zu deutlich späterer Stunde etwas tiefer einsteigt in die HSV-Materie, so kommen plötzlich auch Phänomene wie Mladen Pralija, Frank Ordenewitz, Martin Dahlin oder Richard Kitzbichler zum Vorschein. Wohl jeder HSVer trägt verschüttete Erinnerungen in sich, die nur gelegentlich geweckt werden. Jan Sandmann! Auweia! Wann hatte man zuletzt an diesen Spieler gedacht?! Und wer war es noch, der um Mauerfall-Zeiten herum bei einer trostlosen 0:4-Pleite im Nieselregen in den Graben des Münchner Olympiastadions stürzte und damit für die aufregendste Szene eines tristen Dienstag- oder Mittwochabends sorgte? Experten vor! Oliver Möller vielleicht? Oder war es Fred Klaus?

Wer waren die Spieler, die 2011 das Derby gegen den Stadtrivalen verloren haben? War Marcell Jansen dabei? Wer hatte gegen Bremen die Papierkugel am Fuß? Und wer erinnert sich an glanzvolle Namen wie Saša Ilić, Paweł Wojtala, Thomas Vogel, David

Rozehnal, Michael Gravgaard, Martin Zafirov, Michael Molata, Alexander Kurtijan, Michael Baur, Albert Streit, Richard Cyron, Danijel Ljuboja; eine Reihe an Recken, die nach Ergänzung bettelt. Und wer schafft es eigentlich, gleich zwei Mal in der Bundesliga mit 2:9 unterzugehen, und zwar in einer Stadt (nämlich München), jedoch gegen zwei unterschiedliche Gegner? Das sind doch wohl Rekorde für die Ewigkeit!

Zudem ist eindeutig, dass die Mutter aller Fußball-Blamagen nichts mit Vestenbergsgreuth zu tun hat, sondern bitteschön mit Eppingen verbunden ist. Erstens klingt das viel melodischer, und zweitens kann Bayern nun ja auch nicht jeden Titel einkassieren. Am 26. Oktober 1974 besiegte der VfB aus Eppingen den HSV im Kraichgaustadion vor 15.000 Zuschauern mit 2:1 durch zwei Treffer von Gerd Störzer, der sich damit direkt ins *ZDF-Sportstudio* am Abend des Spieltags schoss. Die Bayern-Niederlage beim TSV Vestenbergsgreuth erfolgte erst zwanzig Jahre später.

Ganz groß wäre es natürlich, könnte der HSV heute alle drei Europapokale in seiner Vitrine präsentieren. Die Champions League beziehungsweise den Pokal der Landesmeister konnte man ja einst in Athen gegen Juventus gewinnen, und der Europapokal der Pokalsieger wurde 1977 aus Amsterdam nach einem 2:0-Sieg gegen den RSC Anderlecht von der Mannschaft um Trainer Klötzer mitgebracht. Aber dieser vermaledeite UEFA-Cup! Im Jahre 1982 hatte es der HSV auch in diesem Wettbewerb bis ins Finale gegen IFK Göteborg geschafft. Das Endspiel wurde damals noch mit Hin- und Rückspiel ausgetragen. In Göteborg gab es eine knappe 0:1-Niederlage. Im Rückspiel rechnete nun wirklich die gesamte Fachwelt damit, dass sich Kaltz & Co. auch diese Trophäe sichern würden. Der berühmte Satz mit X folgte: 0:3 zog der HSV im Heimspiel vor ausverkauftem Haus den Kürzeren. 2010 war man nochmals ganz nah dran, scheiterte aber im Halbfinale gegen den FC Fulham. Im Hinspiel langte es noch zu einem 0:0, doch auf der Insel war es Pitroipa, Guerrero und Sportsfreunden nicht möglich, eine 1:0-Halbzeitführung zu verteidigen. Fulham drehte die Partie und beendete alle damaligen Träume von einem Finale im eigenen Stadion. Hamburg war nämlich Austragungsort des Endspiels 2010, was das Ausscheiden gefühlsmäßig nochmals verschlimmerte.

Es gibt also kaum eine Geschichte, die der HSV nicht geschrieben hätte. Darüber zu sprechen, kann sehr lange dauern. Wenn das nicht eine liebevolle Note hat!

BONUSGRUND 4

Weil man in Hamburg wieder Sirtaki tanzt

Die Zeiten, in denen der Fußball ein netter Zeitvertreib nebenbei war, sind längst vorbei. Nicht nur Weltmeisterschaften und Champions League sind mittlerweile bis ins kleinste Detail durchorganisierte Hochglanzprodukte, bei denen es neben sportlichem Erfolg eben auch darum geht, auf und neben den Plätzen sehr viel Geld zu verdienen. Da werden Flächen für Fan-Banner durch Werbebanden ersetzt, Sitzschalen in Stadien so eingefärbt, dass sie statt des Vereinslogos lieber das des Werbepartners darstellen und Menschen in weiße Säcke gesteckt, um während des Spiels das Sponsorenlogo ins Publikum zu zaubern. Nicht wenige Fans fühlen sich schon lange abgehängt und fordern immer wieder, die Lawine des Kommerzes aufzuhalten. Weltkonzerne gegen Fans, ein ungleicher Kampf. Firmen, die bereit sind, Millionenbeträge zu zahlen, auf der einen, Fans, die sich ihre Stehplatzdauerkarte vom Mund absparen, auf der anderen Seite. Unschwer zu erraten, wer sich in aller Regel mit seinen Wünschen durchsetzt. Die Auswirkungen sind, zumindest für diejenigen Anhänger, die regelmäßig ins Stadion gehen, gravierend. Während die Partien früher regelmäßig am Samstag um 15:30 Uhr stattfanden, ist die Planung heute um ein Vielfaches komplizierter. Kurzfristige Terminierungen der Spiele, die dann irgendwann zwischen Freitag und Montag angepfiffen werden, kosten die Anhänger neben Nerven eben auch viel Zeit und Geld. In Anbetracht der fußballbedingten Urlaubstage dürfte da mancher Familien-Sommerurlaub bei einigen deutlich kürzer ausfallen, als noch vor ein paar Jahren. Doch die zusätzlichen Einnahmen durch TV-Übertragungen scheinen wichtiger. Wer es trotzdem zu den Spielen ins Stadion schafft, muss sich dort inzwischen mit einer Flut von Produktplatzierungen arrangieren. Rund um das Spielfeld flimmern die digitalisierten Werbebanden inzwischen nicht mehr ausschließlich in Richtung der Fernsehkameras, sondern häufig auch hoch zu den Tribünen. Eine wichtige Regel der Kommerzialisierung des Fußballevents scheint dabei zu sein, dass eigentlich alles am Spieltag von irgendwem präsentiert wird. Wer früher im Volkspark noch darüber schmunzeln konnte, dass Spiel für Spiel die (überschaubare) Zuschauerzahl absurd lang und holprig vom Fuhrmann Büro-Center präsentiert wurde, muss sich heute ein deutlich dickeres Fell zulegen. Eckenverhältnisse, Stadionshows, ja ganze Spieltage werden stets mit Partnern des jeweiligen Vereins in Verbindung gebracht. Ebenfalls ungeschriebenes Gesetz scheint zu sein, dass die Dauerbeschallung aus Werbung, Musik und Wortbeiträgen in zuweilen absurder Lautstärke ins Rund geschallt wird. Wer dachte, dass die anwesenden Kinder ihre Ohrenschützer tragen, weil die Stimmung von den Tribünen bleibende Schäden bei den Kleinen hinterlassen könnte, täuscht. Längst strömen die Menschen in den Halbzeitpausen oder vor und nach den Spielen nicht nur in die Umläufe, um Bier zu holen oder eben wegzubringen, sondern auch, um sich schlicht miteinander unterhalten zu können.

Immer wieder gab es in Hamburg und anderswo hilflose Versuche der Fans, zumindest kleinen Einfluss auf das Programm am Spieltag zu nehmen. So werden die Lautsprecher heute immerhin unmittelbar vor und nach dem Spiel wieder ausgestellt, um ein wenig Raum für das zu bieten, was einen Besuch im Stadion so besonders macht, nämlich die Atmosphäre auf den Rängen. Inhaltlich schien die Stadionshow lange Zeit unverhandelbar. Statt alter Klassiker dudelte aktuelle Popmusik durch das Rund und wenig erinnerte an die Zeiten, die auch beim HSV stets als gut und alt betitelt werden. Dass das Fan-Volk entgegen aller Erwartungen immer noch ein Wörtchen mitredet, bewies allerdings die Initiative »Wir wollen den Sirtaki bei HSV-Heimspielen zurück«. Der griechische Tanz, der in früheren Jahren fester Bestandteil im weiten Rund des alten Stadions war, wurde Jahre nach seiner Streichung derart hartnäckig eingefordert, dass den Verantwortlichen wohl kaum etwas anderes übrig blieb, als sich wieder damit auseinanderzusetzen. Eine eigens eingerichtete Seite in den sozialen Netzwerken wuchs tatsächlich schnell auf eine vierstellige Mitgliederzahl. Und spätestens, als der Verein seine Fans in Form einer Umfrage zur Stadionshow befragte, war der vergessen geglaubte Klassiker wieder präsent. Man tat also, was man wohl tun muss, wenn aus der scheinbar fixen Idee einiger Nostalgiker ein Schneeball wird: der langsam beginnende Tanz, der dann auf allseits bekannte Art Fahrt aufnimmt, wurde versuchsweise im Stadion gespielt. Das Ergebnis war belustigend und überraschend zu gleich. Besonders der Teil der Nordtribünenbesucher, der ansonsten ablehnend gegen sämtliche Teile der Show ansingt, tanzte sich förmlich in Ekstase und die Stehplätze wirkten, als hätte man zuvor Gratis-Ouzo verteilt. Seither ist das Vorprogramm der HSV-Heimspiele wieder um ein Highlight reicher, und den Fans ist es gelungen, zumindest an einem ganz kleinen Rädchen der großen Fußballmaschinerie erfolgreich zu drehen.

BONUSGRUND 5

Weil selbst das Abstiegsspiel noch für einen Gänsehautmoment sorgte

Was ist alles geschrieben worden über den Abstieg des Dinos. Das Urgestein, das ab sofort keines mehr ist. Die letzte Mannschaft, die bis ins Jahr 2018 immer erstklassig war. Die Uhr, die aufgehört hat zu zählen, wie lange der HSV ganz oben dabei war. In den Medien begann ein wahres Festival der Phrasen, und kaum ein Spiel verging, in dem die gegnerischen Fans nicht einen weiteren feixenden Seitenhieb platzierten. Die Saison 2017/18 war für die Anhänger des HSV auf vielen Ebenen ermüdend. Mögen sich diejenigen, die dem HSV so sehnlich den Abstieg aus dem Fußballoberhaus wünschten, nun halt an Leckerbissen gegen Leipzig und Hoffenheim erfreuen. Aber auch vereinsintern hinterließ der anhaltende sportliche Misserfolg deutliche Spuren. Ungenügendes Geschick bei Transfers, fehlende Integration eigener Jugendspieler, mangelhafte Einstellung der überbezahlten Altprofis und die falschen Protagonisten in der Chefetage – das Übel des Abstiegs schien viele Wurzeln zu haben. Vermutlich ließen sich 111 weitere Gründe finden, warum nach stolzen 54 Jahren und 261 Tagen Schluss war mit der Herrlichkeit der 1. Bundesliga. Wochenlang dominierte der HSV ungewollt somit die Sportpresse, die den Untergang fasziniert und zuweilen schadenfroh begleitete. Den Gefallen, die berühmte Bundesligauhr noch am 12.5.2018 direkt nach dem Schlusspfiff der Partie gegen Gladbach öffentlich abzustellen, tat der HSV den Medien zum Glück nicht.

Und trotzdem, dieser Tag wird für immer in Erinnerung bleiben. Kein Fan des HSV wird je vergessen, wo er das Spiel verfolgte, das unweigerlich in die Geschichtsbücher des deutschen Fußballs eingetragen wird. Natürlich saß der Schmerz tief und tut es noch immer. Möglich, dass mit dem Abstieg endlich eine schwere Last abfällt und denkbar auch, dass ein Abstieg für gewisse notwendige Umbrüche sorgt. Aber letztlich hätte sich wohl auch niemand beschwert, wenn es am Ende den nicht ganz so traditionsreichen Verein in Wolfsburg erwischt hätte. Mühselig, die üblichen »hätte, wenn und aber« zu bewegen. An diesem sommerlichen Samstag war es soweit. Und ja, die meisten werden den Abstieg auch mit den Bildern in Erinnerung behalten, die der Verein einer überschaubaren Gruppe zu verdanken hat, die mit reichlich Pyrotechnik dafür sorgte, dass die Zugehörigkeit zur 1. Liga unfreiwillig einige Minuten hinausgezögert wurde. Schade, denn diese Minuten sollten nicht davon ablenken, was wenige Augenblicke zuvor geschehen war und das eigentlich Bemerkenswerte an diesem Nachmittag war. Denn als die letzten Minuten des Spiels anbrachen und klar wurde, dass es kein erneutes Wunder geben würde, sorgten die Fans im ausverkauften Rund für den wohl emotionalsten Moment des Jahres: Denn anstatt das Stadion frühzeitig mit hängenden Köpfen zu verlassen, die Spieler auf dem Feld auszupfeifen oder den Abgang der Vereinsführung zu fordern, zeigte sich die ganze Größe der Fans. Denn was zunächst nur als letzter trotziger Gesang auf den Stehplätzen die merkwürdige Stille durchbrach, wurde schnell zur gesungenen Liebeserklärung der über 50.000 Hamburger. Sie alle erhoben sich von ihren Plätzen und schmetterten die Hymne der Fan-Kapelle namens Abschlach!: Mein Hamburg lieb ich sehr, sind die Zeiten auch oft schwer, weiß ich doch, hier gehör ich her – hier, wo ich geboren bin, wo ich spielte schon als Kind, in den Straßen, die mein Zuhause sind!

BONUSGRUND 6

Weil selbst Spieler dem HSV lebenslange Treue schwören

Es gibt Dinge, die eingefleischten Fans schnell die Halsschlagadern anschwellen lassen. Lustlose Millionäre auf dem Rasen, Montagsspiele oder steigende Bierpreise sind nur eine kleine Auswahl der naheliegenden Gründe. Klar, ein gut bezahlter Stareinkauf, der sich offenbar zu schade ist, einem etwas ungenau gespielten Pass hinterherzulaufen, zieht natürlich schnell den Zorn der Anhänger auf sich. Doch Fußballfans haben auch für die etwas subtileren Fehltritte ein durchaus feines Gespür. Und so wundern sich eben jene Stars oft, wenn sich die Fans naserümpfend abwenden, wenn sie nach einem erzielten Treffer stolz in die Fankurve laufen, um demonstrativ das Vereinslogo auf dem Trikot zu küssen.

Warum sich die Fans darüber nicht uneingeschränkt freuen? Weil sie sich nicht für blöd verkaufen lassen. Denn sie alle sind vielleicht fanatisch und zuweilen blind vor Liebe. Doch sie wissen eben trotzdem nur allzu gut, dass dieses dahingeküsste Vereinsbekenntnis im Zweifel genauso lange andauert, bis ein etwas besser betuchter Club anruft und fragt, ob jener Spieler nicht ab der nächsten Saison ein anderes Trikot küssen möchte. Ähnlich verhält es sich mit den verbalen Lobpreisungen, mit denen die Spieler nicht selten wie ferngesteuert um sich werfen. Ok, wer für den HSV spielt und behauptet, dass er hier in der schönsten Stadt der Welt lebt, der schleimt nicht, sondern hat recht. Bei anderen Floskeln verhält es sich jedoch anders. Ja, der HSV hat ein tolles Stadion und ja, die Fans sind super. Aber Superlativen von den besten Fans der Welt will auch hier niemand hören. So verblendet und selbstverliebt ist der Hamburger dann auch wieder nicht, sorry. Deutlich beliebter sind da Spieler, die im Zweifel einfach mal die Klappe halten und das tun, wofür sie bezahlt werden: ehrlichen Fußball spielen und immer 100% abliefern. Und wenn die Herrschaften Profis dann unbedingt ihre Meinung verkünden müssen, dann bitte ehrlich und gerade heraus. Ein Frank Rost verkündete in Hamburg einst ganz unverhohlen, dass er noch immer große Sympathien für die Fanszene seines Vorgängerclubs Schalke hege und verteidigte in Gesprächsrunden entgegen aller Kritik die Etablierung eines unbeliebten Plastikvereins aus Leipzig. Inhaltlich passte das den wenigsten. Doch die Tatsache, dass der Keeper in seiner Freizeit ein Bierchen mit den Fans trank und ihnen dabei keineswegs nach dem Mund redete, war allen deutlich lieber, als jeder phrasendreschende Ballkünstler, der angeblich schon als Kind davon träumte, einmal das Trikot mit der Raute zu tragen.

Und sowieso, es gibt so Typen, denen kauft man unabhängig von ihren sportlichen Leistungen ab, dass sie mit Leidenschaft dabei sind; und anderen eben nicht. Bei Fans ist das grundlegend anders, zumindest bei dem ganz überwiegenden Teil. Ein HSV-Fan wird nicht nach einer erfolglosen Hinrunde zum Tabellenführer wechseln. Einmal HSV, immer HSV. Ist halt so. Der Fan kommt ja auch nicht nur zu den drei Topspielen der Saison ins Stadion, sondern guckt sich auch den vorhersehbaren Grottenkick gegen den zukünftigen Zweitligaabsteiger an. Nicht wenigen reicht die Dauerkarte nicht aus, sie werden auch noch Mitglied des HSV. Steigerungsform: Lebenslange Mitgliedschaft. Da muss man schon (positiv) verrückt sein und es ziemlich ernst meinen. Denn schließlich ist hier beim HSV gar nichts ausgeschlossen. Wenn es ganz blöd läuft, ist man dann in 25 Jahren Mitglied eines Clubs, der in der Kreisklasse gegen die dritte Mannschaft des VfL Pinneberg antreten muss. Diesen, zugegeben, sehr pessimistischen Eventualitäten zum Trotz gibt es diese Verrückten, die sich für 1887 Euro für den Rest ihres Lebens bekennen. Besonders bemerkenswert wird es allerdings dann, wenn es Profis des Vereins sind, die dieses Angebot nutzen. So geschehen bei Lewis Holtby, der sich analog zu seiner Rückennummer das achte Paket dieses Angebotes sicherte. Das wirkt dann schon mehr nach einem ehrlichen Bekenntnis als ein Kuss auf das Trikot vor den besten Fans der Welt, oder?

BONUSGRUND 7

Weil der HSV mehr leistet als mancher Erdkundelehrer

Kennen Sie Lehrer? Wenn Sie die mal in Wallung bringen wollen, behaupten Sie einfach, dass die sowieso immer nur bis zum Mittag arbeiten und danach Zeitung lesend oder Arte guckend auf dem Sofa rumliegen und auf die nächsten Schulferien warten würden. Oder sie fragen, wie es um das Lernverhalten der heutigen Schüler bestellt ist. Wenn man den Lehrern und Pisa-Studien Glauben schenken kann, herrschen in den Klassenräumen wahrlich schreckliche Zustände, und die Jugend ist selbst mit der Frage nach Deutschlands Hauptstadt heillos überfordert. Da scheinen sämtliche Schulreformen gescheitert und guter Rat teuer, wenn nach Lösungen gesucht wird. In einigen Bereichen jedoch kommt jetzt überraschende Unterstützung aus dem schönen Volkspark in Hamburgs Nord-Westen (für die Schüler, die das hier lesen: so schräg links oben auf der Hamburg-Karte, Digga!). Denn mal ohne Spaß: Zumindest die regelmäßigen Auswärtsfahrer haben im Durchschnitt sicher deutlich bessere Geografiekenntnisse als ihre Playstation spielenden Mitschüler. Und seit dem Jahr 2018 können die jungen Anhänger dann sogar mit regelrechtem Expertenwissen auftrumpfen. Oder glaubt ernsthaft jemand, dass der Durchschnittsdeutsche auf einer Blankokarte zeigen könnte, wo sich Städte wie Sandhausen oder Regensburg befinden? Eben! Junge Menschen lernen dank dieses Hamburger SV ganz praktisch, wie sie zum Beispiel von Hamburg nach Aue oder Paderborn reisen können. Toll, oder?

Aber nicht nur die Jugend profitiert vom Abstieg. Auch die älteren Semester, die bereits über ein fundiertes Grundwissen hinsichtlich der üblichen Bundesligastandorte verfügten, erweitern aktuell erfolgreich ihren geografischen Horizont. Klar, es gab Zeiten, da machte das irgendwie noch mehr Spaß. Man denke nur an die grandiosen Fahrten im Rahmen internationaler Wettbewerbe. Wer den Rothosen schon vor ein paar Jahren hinterher reiste, durfte dabei exotische Länder wie Moldawien, Rumänien oder Bulgarien kennen- und lieben lernen. Oder war sonst jemand aus dem Bekanntenkreis schon mal in Städten wie Chişinău, Urziceni und Sofia? Eher nicht. Aber auch Fahrten nach Fürth oder Darmstadt dürften sich von den gängigen Städtereisen, die innerhalb der Bundesrepublik an der Tagesordnung stehen, unterscheiden. Der treue HSVer kann so in nahezu jeder Gesprächsrunde auftrumpfen. Die Arbeitskollegin kommt ursprünglich aus Heidenheim? Schon dort gewesen! Die Firma verlagert ihre Produktion zukünftig nach Ingolstadt? Kenne ich! Der *Tatort* am Sonntag kommt aus Magdeburg? War ich schon! Und so weiter und so fort. Wer dann noch aus dem Stegreif die lokalen Sehenswürdigkeiten und Bierspezialitäten parat hat, kann sich jederzeit der anerkennenden Blicke seiner Mitmenschen gewiss sein. Wer jemals das Glück hat, bei *Wer wird Millionär?* dabei zu sein, sollte mindestens einen seiner drei Telefonjoker im Umfeld des HSV suchen.

Der Verein hat mit seiner Zweitligasaison also bei manchem nachhaltigeres Wissen erzeugt als einige Erdkunde-Leistungskurse. Und somit ganz nebenbei auch noch das philosophische Denken angeregt: Im Kern jeder Niederlage steckt ein Saatkorn des Erfolgs.

BONUSGRUND 8

Weil das Volksparkstadion grenzenlose Freude bereitet

Gemeinhin gilt Sport als ein Element, das die Menschen verbindet. Sportvereine werben mit großen Worten wie Integration und Inklusion, häufig vollkommen zu Recht. Sport verbindet die unterschiedlichsten Menschen. Herkunft, Hautfarbe, Religion und andere Dinge spielen nun mal keine Rolle, wenn sich Jungs und Mädchen auf den Bolzplätzen dieser Welt begegnen. Und auch auf den Tribünen verbindet der Sport die Menschen. Wer in der Fankurve steht und den eigenen Verein zum nächsten Tor schreit, schert sich in der Regel wenig darum, ob Nebenmann oder Nebenfrau nach dem Spiel in eine Limousine steigt oder mit dem rostigen Drahtesel nach Hause fährt. Und das ist gut so. Der Manager flucht nicht weniger über die Schiedsrichter als der Malermeister neben ihm. Die Bankkauffrau jubelt über den späten Ausgleich genauso intensiv wie die Krankenpflegerin. Das ist ja das Schöne am Fan-Sein.

Während der 90 Minuten sind alle gleich, werden keine Fragen nach sozialer Herkunft gestellt – einfach mal bei Bier und Bratwurst alles andere vergessen, das gilt hier für alle Beteiligten. Wer seinen Verein regelmäßig zu Spielen begleitet, wird Menschen kennenlernen, die er ansonsten höchstens flüchtig im Vorbeigehen zu Gesicht bekäme. Der größte und manchmal auch einzige gemeinsame Nenner ist dann eben der HSV. Und das reicht nachweislich problemlos, um stundenlang über die Aufstellung zu fachsimpeln, die Vereinsführung zu meckern oder Anekdoten von längst vergangenen Spielen auszutauschen. Vergessen Sie die zahlreichen Studien darüber, dass sich Menschen ein Leben lang in den selben Milieus bewegen – gucken Sie mal in einen Bus zum Auswärtsspiel und fragen Sie so unwichtige Dinge wie Schul- und Berufsabschlüsse ab. Es wird mit ziemlicher Sicherheit vom Hauptschüler bis zum Akademiker alles dabei sein. Da lauscht der 16-jährige Heißspund andächtig dem Rentner nebenan, wenn der von Zeiten erzählt, als der HSV noch Titel gewann. Und der spießige Familienvater freut sich diebisch, wenn er an der Autobahnraststätte den Aufkleber eines Konkurrenten mit der Raute überklebt, bevor er sich mit Bierdose in der Hand zum kollektiven Wildpinkeln einreiht. Fußball macht es möglich.

Apropos Konkurrenten. Da wird die Sache natürlich etwas komplizierter. Denn bei all der Harmonie in den eigenen Reihen darf nicht außer Acht gelassen werden, dass es auch Menschen gibt, die, der Himmel weiß warum, anderen Clubs die Daumen drücken. Da ist es dann natürlich schnell vorbei mit Friede, Freude und Eierkuchen. Ok, soziale Herkunft und solche Dinge spielen noch immer keine Rolle. Ob der blöde Werder-Fan nun im Bremer Villenviertel oder einer Sozialwohnung in der Vahr wohnt, ist ja auch herzlich egal. Er ist Werder-Fan, das reicht. Für die Menschen, die sich um die Organisation und Sicherheit der Partien kümmern, ist es also eine Herausforderung, dafür zu sorgen, dass sich möglichst niemand an die Wäsche geht. In einem Großteil der Stadien in Deutschland und anderswo hat man dafür eine einfache Lösung gefunden: Man trennt die Fangruppen. Auf den Anfahrtswegen, beim Betreten der Arenen und im Inneren sowieso. Kein Kontakt, keine Probleme. Klingt einfach, oder? Ist es vielleicht auch, sorgt aber leider dafür, dass die Veranstaltungen viel von ihrem netten Charakter einbüßen, besonders für die Fans der Gastmannschaften, die oft unfreiwillig erleben, was Käfighaltung bedeutet. Doch entgegen der verbreiteten Meinung ist es eigentlich gar nicht so, dass 90% der Fans unvermittelt und wahllos auf jeden einschlagen, der des Gegners Farben trägt. Im Gegenteil. Und erst dann, wenn sich die Rivalen mal bei einem Klönschnack kennenlernen, werden mögliche Vorurteile abgebaut. Man lässt sie halt nur so selten. Beim HSV hat man also nach dem Neubau des Stadions etwas getan, was zunächst irgendwo zwischen naiv und gefährlich eingestuft wurde: Man hat die Fantrennung einfach weggelassen. Einfach so. HSV-Fans können zum Gästeblock gehen und die Gäste eine Runde durch das Stadion drehen, wenn sie denn wollen. Verrückt, oder? Und siehe da, es funktioniert. Wider Erwarten fallen die Fangruppen nicht alle zwei Wochen übereinander her. Die anonyme Masse des Gästeblockes bekommt beim Anstehen an der Wurstbude oder vor den Klos plötzlich ein Gesicht. Und das scheint sich sehr beruhigend auszuwirken. »Keine Grenzen, keine Zäune. Einfach Freude, einfach Spaß« singt schließlich auch Lotto King Karl. Und Spaß macht es den mutigen Verantwortlichen des Konzeptes nun bereits seit ein paar Jahren. Nur bei besonders brisanten Spielen werden mobile Trennungen eingerichtet. Aber mal ehrlich, mit Fans von Werder oder den Braun-Weißen will sich am Spieltag ja sowieso niemand unterhalten.

BONUSGRUND 9

Weil Kühne immer seinen Senf dazu gibt

Klaus-Michael Kühne hat eine große Firma und einen entsprechend dicken Geldbeutel. Der Logistik-Milliardär, dessen Privatvermögen bei rund 13 Milliarden Euro liegen soll, gefällt sich beim Hamburger SV in der Rolle des launischen Investors. Sein Fußballsachverstand ist allerdings nur wenig ausgeprägt, umso gewaltiger jedoch sein Mitteilungs- und Geltungsbedürfnis. Über 100 Millionen Euro habe er seit 2010 in den HSV gepumpt, erzählt er gerne. Kühnes Verdienst besteht in Wahrheit vor allen Dingen darin, die alte Fußballweisheit, nach der Geld keine Tore schießt, mit neuem Leben gefüllt zu haben. Viele Freunde des runden Leders hatten mit Blick auf Bayern München, Paris oder auch Leipzig und Hoffenheim den Glauben an diese schöne Faustregel fast schon verloren. Kühne rückte die Dinge in der Vergangenheit wieder gerade. Denn zumindest sein Geld trifft nicht ins Tor des Gegners.

Mittlerweile gehört »KlauMi« gut ein Fünftel der 2014 auf sein Drängen aus dem HSV ausgegliederten Fußball AG. Als Anteilseigner geht er offenbar davon aus, auch ein üppiges Mitsprache- und Entscheidungsrecht erkauft zu haben. Gern drischt er also – mal beleidigt, mal beleidigend – auf Spieler und eigentliche Entscheidungsträger ein und sorgt damit regelmäßig für reichlich Unruhe.

Dabei sitzt er zumeist weit, weit weg vom Volksparkstadion (seinen Wohnsitz hat er in der Schweiz) und diktiert Journalisten Boshaftigkeiten in die Notizbücher. Da wird dann schon mal HSV-Verantwortlichen öffentlich Drittklassigkeit bescheinigt. Gegenüber dem *SPIEGEL* knurrte Kühne, dass der HSV ein Phänomen sei, weil von den Spielern »immer die Luschen hängen bleiben«. Ein gutes Beispiel sei Pierre-Michel Lasogga, den er kurzerhand als »Flop des Jahrhunderts« titulierte. Selbst der Herr der Getränkedosen in Leipzig oder der so oft geschmähte Macher in Hoffenheim kämen nicht auf die Idee, sich derart ein- und auszulassen wie HSV-Kühne.

Im Gegensatz zu Mateschitz und Hopp greift Kühne nämlich aktiv ins operative Fußballgeschäft ein, beispielsweise, als er sich 2012 in den Kopf setzte, Rafael van der Vaart zurück an die Elbe zu holen. Der Niederländer hatte zwischen 2005 und 2008 fußballerisch in Hamburg überzeugen können, wurde dann nach Madrid verkauft. Dort konnte er sich dann nicht dauerhaft durchsetzen und war bei Tottenham gelandet. Würde er Jahre später tatsächlich erneut beim HSV einschlagen? Als die HSV-Verantwortlichen zögern, prescht der Milliardär am 13. Juli 2012 ungeniert mit einer Pressemitteilung der Kühne Holding AG vor: »Mit van der Vaart an die Spitze« heißt es da. Und: »Unter diesem Motto möchte Klaus-Michael Kühne seiner Heimatstadt und insbesondere seinem Lieblingsverein HSV dazu verhelfen, dass Rafael und Sylvie van der Vaart bald in die Hansestadt zurückkehren.« Am Ende gelingt der Deal, der allerdings den HSV nicht an die Spitze führt. Im Gegenteil. Ein verletzungsanfälliger Rafael van der Vaart war für manche Beobachter eine Art Symbolfigur des HSV-Niedergangs.

Nach dem Abstieg in die 2. Bundesliga ließ Kühne – selbstverständlich abermals in aller Öffentlichkeit – durchblicken, sein Engagement einzustellen. Ohne einen Bundesligisten HSV habe Hamburg nun eben »nur noch zwei Perlen«, womit er die Elbphilharmonie und sein eigenes Bonzen-Hotel an der Hamburger Außenalster meinte. Kühne gegenüber der *Süddeutschen Zeitung*:

»Rein wirtschaftlich betrachtet, ist der HSV die schlechteste Investitionsentscheidung meines Lebens.«

Kurios ist, dass nicht wenige HSV-Fans das »Kühne + Nagel«-Imperium des Investors stets mit der Gurken und Senf produzierenden Carl Kühne KG verwechseln, die ihren Sitz in Hamburg hat. Es handelt sich allerdings um ganz unterschiedliche Formate: Hier wird Senf hergestellt, dort wird er verbal dazugegeben. Der Lebensmittelhersteller hat mittlerweile tatsächlich mit dem HSV zu tun, weil frustrierte Fans oftmals ihren Ärger unter der falschen Adresse abladen. So erhält die Carl Kühne KG regelmäßig E-Mails und Anrufe von Verbitterten und Schimpfenden, die glauben, unter dieser Leitung dem HSV-Investor den Marsch blasen zu können. Eine Sprecherin der Carl Kühne KG gegenüber dem *Hamburger Abendblatt*: »Auch Empfehlungen für Spielerverpflichtungen waren bereits dabei.« Meistens aber drohten die Absender damit, »unsere Produkte in Zukunft zu boykottieren«. Das muss Liebe sein!

BONUSGRUND 10

Weil Lasogga uns zurück in die 1. Liga schießt!

Pierre-Michel Lasogga ist ein klassischer Strafraumstürmer. Einer, der eine Wucht entwickeln kann, ähnlich einer galoppierenden Elefantenherde. Und er ist äußerst abschlussstark; das Spiel reduziert er zugegebenermaßen auf das Wesentliche: »Ball, rund, muss ins Eckige, Tooor!« Ob mit dem Fuß, dem Hinterkopf, dem Knie oder der Hacke. Egal wie. Das gelingt ihm erstaunlich oft. Gleich in seinem ersten Pflichtspiel für den HSV traf er das Tor. Anschließend ließ er acht weitere Buden in sechs Bundesligaspielen folgen. Quoten, wie man sie hier in Hamburg seit Uwe Seeler nicht mehr kennt - mindestens. Dass er sich dann in den darauffolgenden Jahren den Ruf erarbeitete, aus zwei Metern das leere Tor nicht zu treffen, lag gewiss auch an seinen doch eher limitierten technischen Fähigkeiten. Aber seine lang anhaltende Ladehemmung gründete eben auch auf einem Team, das nur ganz selten in der Lage war, überhaupt Chancen zu kreieren.

Schon in der Saison 2013/14 lief beim Hamburger SV nicht viel zusammen. Ob Thorsten Fink, Bert van Marwijk oder Mirko Slomka. Keinem Trainer gelang es, den Bundesliga-Dino zu stabilisieren. Mit einem Negativrekord von nur 27 Punkten retteten sich die Rothosen auf den Relegationsplatz. Großen Anteil hatte daran Pierre-Michel Lasogga. In 20 Liga-Spielen traf Lasogga 13 Mal. Ohne ihn wäre der HSV wohl in der regulären Saison abgestiegen und hätte nicht einmal »nachsitzen« dürfen. Auch in der Relegation musste es Lasogga alleine richten. Nach dem 0:0 im Hinspiel war er es, der beim 1:1 in Fürth traf und damit den Klassenerhalt sicherte.

In der darauffolgenden Saison hatten sowohl der Stürmer als auch der Verein kein gutes Jahr. Aber einmal tritt der bullige Angreifer dann doch entscheidend in Erscheinung. Am 30. Spieltag ist der HSV bereits acht Spiele ohne Sieg. Der Abstieg droht mal wieder am Firmament. Dann das Spiel gegen Augsburg: Ein Doppelpack inklusive Siegtor von Lasogga bringt wichtige drei Punkte. Mit insgesamt sieben Punkten aus den letzten vier Spielen gelingt erneut der Sprung in die Relegation, in der dieses Mal allerdings ein anderer die Rettung bringen wird.

Die Geschichte geht in der folgenden Saison 2015/16 weiter. Am 31. Spieltag steht im Volksparkstadion das Nordderby gegen Bremen an. Werder liegt drei Zähler hinter den Rothosen auf dem Relegationsplatz. Wieder ist Lasogga zur Stelle. Zwar ist er zu dem Zeitpunkt seit 14 Ligaspielen ohne Treffer, doch mit seinen zwei entscheidenden Toren schickt er den ewigen Rivalen wieder nach Hause und sorgt damit für einen riesigen Schritt Richtung Klassenerhalt.

Fast genau ein Jahr später markiert Lasogga seinen einzigen Saisontreffer für den Dino. Am 33. Spieltag geht es als Tabellensechzehnter zum FC Schalke. In der Nachspielzeit schiebt er den Ball zum überlebenswichtigen Punktgewinn über die Linie. Ohne dieses Tor hätte sein Team keine Chance mehr auf den direkten Klassenerhalt am letzten Spieltag gehabt. Durch das 2:1 im Abstiegskrimi-Endspiel am letzten Spieltag gegen Wolfsburg schickt der HSV die Wölfe auf den Relegationsplatz.

Den erstmaligen Abstieg des HSV erlebt der bullige Stürmer hingegen nur aus der Ferne mit. Die Spielzeit 2017/18 verbringt Lasogga auf Leihbasis bei Leeds United in der 2. englischen Liga. Irgendwie symptomatisch, dass der HSV ohne ihn absteigt. Als er vor dieser Saison an die Elbe zurückkehrte, sollte es eigentlich nur eine Stippvisite sein. Aber es fand sich kein Interessent, der das Gehalt bezahlen wollte. Lasogga spielt nämlich zwar bei einem Zweitligisten, aber sein Gehalt ist erstklassig. 3,4 Millionen Euro erhält der 26-Jährige, aufgestockt um Prämien von 15.000 Euro pro Punkt und 45.000 Euro je Tor. Gelingt dem HSV dank einiger Lasogga-Tore die direkte Rückkehr in die Bundesliga, würde der Angreifer mehr als fünf Millionen Euro einstreichen. So viel kassierte nicht einmal Lukas Podolski mit dem 1. FC Köln während seiner Ehrenrunde durch die 2. Liga. Lasogga wird also erst einmal der teuerste Zweitligakicker aller Zeiten sein.

In Hamburg stört das niemanden. Die Fans halten ihm zugute, dass er sich nie schlecht über den Klub geäußert hat. Er blieb loyal, wenn ihn einer der vielen Trainer mal wieder aussortierte. Er verkniff sich eine Antwort, als Mäzen Klaus-Michael Kühne ihn als »Flop des Jahrhunderts« beleidigte. Vor allem aber hoffen sie auf die sportlichen Qualitäten des Strafraumwühlers.

Jetzt ist er wieder zurück. Und wie! Sieben Tore schoss er in den ersten fünf Spielen der Zweitligasaison 2018/19. Den 1. FC Heidenheim schoss er quasi im Alleingang ab. Seine Geschichte ist beeindruckend. Eingewechselt in der Halbzeit, dreht er mit einem lupenreinen Hattrick zwischen der 74. und 83. Minute einen Rückstand um. Dreimal steht er genau dort, wo ein Torjäger stehen muss.

Endstand 3:2. Unbequeme Spiele wird es in dieser Spielzeit der 2. Bundesliga noch zuhauf geben. Dafür braucht es Männer, die unbequeme Situationen lösen können. Pierre-Michel Lasogga ist so einer. Das hat er schon oft bewiesen.

BONUSGRUND 11

Weil Fiete Arp dem HSV treu bleibt

Steuerhinterzieher, Selbstdarsteller, Egomanen: In den vergangenen Jahren haben Fußball-Profis alles dafür getan, einem den Fußballzirkus zu vermiesen. Dazu dann auch noch die stetig steigenden Ticketpreise. Absurd teure Trikots. Wofür das alles? Damit sich Funktionäre und kickendes Personal am Ende noch ein bisschen mehr die Taschen füllen können? Das ist traurige Realität in der Branche. Und das ist der Grund, warum die Vertrags-Verlängerung von Fiete Arp beim HSV bei so manchem HSVer für feuchte Augen gesorgt haben dürfte.

Man muss sich das mal auf der Zunge zergehen lassen: Die Interessenten stehen Schlange. Der FC Bayern. Die Topclubs der englischen Premier League und die Crème de la Crème der spanischen Primera Division. Die randvollen Geldkoffer unter dem Arm. Sie umgarnen den jungen Überflieger, versprechen ihm Ruhm, Ehre und Reichtum. Alles für eine kleine Unterschrift. »Zweite Liga? Da verkaufst du dich unter Wert, Junge!« »Denk doch an deine Zukunft, Fiete!« »So eine Chance kommt so schnell nicht wieder, sei nicht dumm!« Neun von zehn Fußballprofis hätten bei Bayern und Co. unterschrieben.

Fiete Arp bleibt. Und der 18 Jahre alte Stürmer sagt dazu Sätze, die dem traditionalistisch-romantisch veranlagten HSV-Fan Gänsehaut bescheren: »Mit dem Abstieg diesen Klub zu verlassen, war für mich nie eine Option. Gerade in so einer harten Zeit kann und will man sich nicht vom HSV trennen, sondern dem Klub das zurückgeben, was er verdient hat.«

Nachdem zunächst alles auf einen Wechsel zu Bayern München hingedeutet hatte, gab es am Ende die große Überraschung. Statt spätestens 2019 ablösefrei zum Rekordmeister zu gehen, verlängerte das Top-Talent seinen Vertrag beim (kurzfristig) zweitklassigen HSV bis 2020. Ein Bekenntnis, das bei den Hamburger Anhängern für Erleichterung sorgte: »Am Ende war es mehr eine Entscheidung für den HSV als gegen andere.« Dafür verzichtete der gebürtige Bad Segeberger auf eine ganze Menge Geld. Zwar wird sein Gehalt auch beim HSV künftig deutlich angehoben. Rund fünf Millionen Euro, wie von den Bayern in Aussicht gestellt, wird er aber nicht verdienen. HSV-Manager Ralf Becker freute sich in den Medien dann auch darüber »wie Fiete trotz der Möglichkeiten, die sich ihm jetzt geboten haben, bei uns ein ganz großes Zeichen für uns alle, dass so eine Identifikationsfigur bleibt«. Der HSV – das kommt noch hinzu – kann einen guten Stürmer in der ersten Zweitliga-Saison seiner Geschichte sehr gut gebrauchen. »Er möchte alles dafür tun, dass sein Club wieder aufsteigt«, ist sich Becker sicher.

Nach dem Absturz in die Zweitklassigkeit fühlt sich Arp dazu berufen, den sportlichen Betriebsunfall umgehend zu reparieren. Die Tageszeitung *Die Welt* zitierte ihn so: »Ich werde alles dafür tun, um wieder aufzusteigen und den Weg beim HSV weiterzugehen. Wir haben mit dem Abstieg eine ganz schlechte Erfahrung gemacht. Das war auch für die Fans die Hölle. Das lässt sich nur irgendwie mit dem Gewissen ausgleichen, wenn man versucht, es wieder gutzumachen und zum Erfolg beizutragen. Ich könnte es mir nicht verzeihen, wenn ich nicht dabei wäre.«

Fiete Arp war bereits als lütter Buttje Balljunge beim HSV. Wenn er von dem Klub spricht, dann nimmt man ihm jede Liebeserklärung an diesen so oft so wankelmütigen Ex-Dino ab. Sein Bleiben ist ein Versprechen von Einsatz und Identifikation. Nichts hat dieser Verein so dringend nötig wie das. Der HSV braucht keine zusätzlichen Millionen. Er braucht auch nicht den sofortigen Wiederaufstieg in die Bundesliga um jeden Preis. Er braucht Botschaften, die zu Herzen gehen. Fiete hat bei der Vertragsverlängerung geliefert und tut das auch weiterhin: vor dem Hamburger Derby zierte eine »Fuck FCSP«-Fahne seinen Instagram-Account. Die nächste Aktion, die ihm die Herzen der Anhängerschaft zufliegen ließ.

Weil jetzt Schluss ist mit dem Hamburger Trainerkarussell!

Nachwort

Ende Oktober, Abgabetermin für die vierte Auflage dieses kleinen Juwels deutscher Buchgeschichte: Der Verlag meldet sich, weil man ja auch noch auf die neuesten Entwicklungen auf der Hamburger Trainerposition eingehen muss. Der HSV hatte nämlich mal wieder den Übungsleiter (in diesem Fall Christian Titz) entlassen und durch Hannes Wolf ersetzt.

Natürlich unkten sie in der Berliner Verlagszentrale etwas über die vielen noch folgenden Trainer, bis es wieder Felix Magath machen würde, aber das lässt einen Hamburger natürlich kalt. Berlin! Mal ehrlich: Das sportliche Aushängeschild heißt wie eine Uroma und zieht zu europäischen Begegnungen keine 20.000 Zuschauer an. Die anderen »Großclubs« (wir würden darüber lachen, wenn unser hanseatisches Understatement es nicht verböte) spielen in der 2. Liga unter ferner liefen und weit darunter. Und so ist es natürlich kein Wunder, dass die Hauptstädter mit ihrer Prognose – fast möchte man sagen: mit ihrem Wunschdenken – nicht weiter entfernt von der Realität liegen könnten als in diesem Fall. Und dazu muss man nur mal eben die Weltpolitik als Argumentationsgrundlage heranziehen.

Richtig gelesen: Weltpolitik. Während die Bayern aus München in ihrem provinziellen Brast das deutsche Grundgesetz, Artikel 1 heranziehen, muss es in der Weltstadt Hamburg eben ein paar Nummern größer sein. Um genau zu sein, geht es um die mächtigste Frau der Welt, Noch-Bundeskanzlerin Angela Merkel. Sie darf man wohl mit Fug und Recht als Konstante des Weltgeschehens bezeichnen. Seit ihrem Amtsantritt im Jahr 2005 »überlebte« sie unter anderem drei US-Präsidenten, jeweils vier britische und französische Premierminister sowie sechs italienische Staatschefs. Außerdem 17 HSV-Trainer in 19 Amtszeiten (weil Cardoso und Labbadia sich gleich jeweils zwei Mal versuchen durften).

Jetzt werden Sie sich fragen, wie daraus zu schlussfolgern ist, dass es vorbei ist mit dem Trainerkarussell beim HSV. Ganz einfach: Zeitenwende und Schicksal! Angela Merkels letzte Tage als Kanzlerin und Vorsitzende der Union sind nämlich angebrochen. Und den Verzicht auf diese Ämter kündigte sie kurz nach dem Trainerwechsel beim HSV sowie einer längeren Zeit parteiinterner Querelen an. Wenn Ihnen das nicht ausreicht, um die Schicksalsbindung des HSV und der Kanzlerin zu erkennen: Merkel wurde zudem in Hamburg geboren. Außerdem: Haben Sie sich mal angesehen, wer da zur Nachfolge ansteht? Es ist erkennbar, dass das interne Hauen und Stechen vom HSV auf die Union übergegangen ist. So dürfen Sie, lieber Leser, wie auch das Verlagspersonal, also an unsere Worte denken, wenn Sie zukünftig einmal jährlich zur Bundestagswahl tapern und Hannes Wolf im Jahr 2048, im Rentenalter von 67 Jahren, seinen Ruhestand ankündigt und seinen Nachfolger Jann-Fiete Arp vorstellt. Hand drauf!

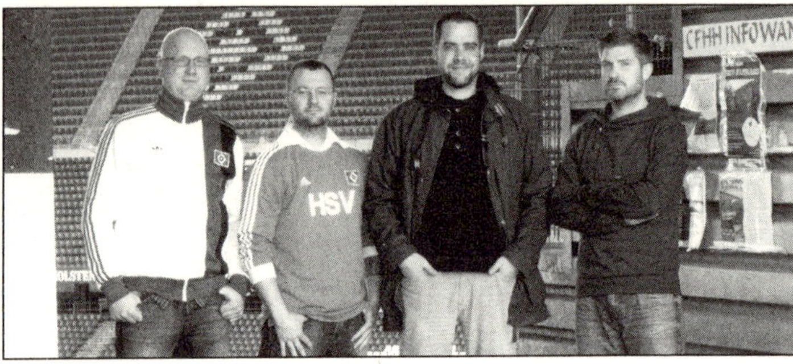

v.l.n.r.: Jörn von Ahn, Malte Laband, Philipp Markhardt, Thorsten Eikmeier

MALTE LABAND wurde 1983 geboren, einem besonders erfolgreichen Jahr seines heutigen Lieblingsvereins. An der Hand seines Vaters erklomm er am 9. April 1994 erstmals die Stufen des Volksparkstadions, und damit war es um ihn geschehen. Kuttenfan, Hooligan, Ultra – Malte durchlebte diverse Phasen des Fandaseins. Laband hat zwei Bildbände über Fußball-Tätowierungen verfasst, war federführender Mitautor des 600-Seiten-Werkes »Kinder der Westkurve« (Hamburger Schriftmanufaktur 2012) und verfasste nun mit drei langjährigen Weggefährten das Buch »111 Gründe, den HSV zu lieben«. Heute blickt er als zweifacher Familienvater wehmütig auf die »guten alten Zeiten« zurück. Ein Fußballromantiker. Den verkörpert er mit viel Leidenschaft. Seit zwei Jahren wird er regelmäßig von seinen Kindern Lasse und Helina ins Volksparkstadion begleitet, die inzwischen ebenfalls glühende HSV-Fans sind.

PHILIPP MARKHARDT, Jahrgang 1980, besuchte die Spiele seines HSV erstmals 1991, als der Verein gegen Wattenscheid 09 verlor. Seit 1996 unterstützte er seinen Club auch in der Fremde und war seit den Gründungstagen Mitglied der Ultragruppe Chosen Few Hamburg. Der Fachmann für Öffentlichkeitsarbeit und Autor aus Hamburg veröffentlichte bereits Artikel im *Hamburger Abendblatt*, bei *Fußball in Hamburg*, auf *SPIEGEL Online* und *11Freunde.de*.

Er arbeitete als freier Autor für Stadionwelt und war Mitautor des WM Fanguide der Stadt Hamburg sowie der Bücher »Faszination Fankurve 3«, »HSV-Tattoos – Für's Leben gezeichnet« und »Kinder der Westkurve«. Markhardt ist zudem langjähriger Autor von Fanzines und der HSV Supporters News, für die er von 2003 bis 2005 federführend verantwortlich war. Er ist zudem einer der Autoren des Buches »111 Gründe, den FC Bayern zu hassen« und verfasste das Buch »How to survive … ohne Fußball«, die beide ebenfalls im Verlag Schwarzkopf & Schwarzkopf erschienen sind.

THORSTEN EIKMEIER ist ebenfalls 1980 zur Welt gekommen und den meisten eher als »Todde« bekannt. Im Jahre 1989 nahm ihn sein Vater das erste Mal mit in das Volksparkstadion. In der Saison 1994/95 nannte er stolz die erste Dauerkarte sein Eigen, in der Folge begleitete er den HSV zu Heim- und Auswärtsspielen im In- und Ausland. Eikmeier engagierte sich ehrenamtlich beim HSV Supporters Club und arbeitete in seiner Studienzeit mehrere Jahre beim Hamburger Fanprojekt. Er war außerdem insgesamt fünf Jahre Moderator der alternativen Stadionshow »Volksparkett«, das vor den Heimspielen im Umlauf des Stadions stattfindet. Bis 2014 war Eikmeier hauptamtlicher Fanbeauftragter des HSV und beschäftigte sich täglich mit Verein und Anhängerschaft. Auch er ist Mitautor des Buches »Kinder der Westkurve«.

JÖRN VON AHN wurde 1975 geboren und verpasste somit die große Ära des HSV um ein paar Jahre. Sein erstes Spiel war demzufolge auch eher trostlos: Der HSV trennte sich im Oktober 1985 im Volksparkstadion mit 0:0 vom 1. FC Köln. Das tat der Begeisterung aber keinen Abbruch. Im Gegenteil. Einige Jahre später folgte die erste Dauerkarte, und seit 1992 ist Jörn als Allesfahrer auch auswärts ein ständiger Begleiter seiner Rothosen. Nebenbei gab er das Fanzine »Back to the roots« heraus und gehörte zum Redaktionsteam der Magazine *Chosen View* und *Nordtribüne*. Außerdem engagierte sich Jörn ehrenamtlich in der damaligen »Orga« des HSV Supporters Clubs, als HSV-Ansprechpartner der Faninitiative »Pro 15:30« und als einer der Hauptdarsteller beim Theaterstück »Hinter euren Zäunen«. Im September 2012 war er ebenfalls stolzer Autor und Mitherausgeber des Buches »Kinder der Westkurve«.

LITERATUR

- 111 Gründe, Hamburg zu lieben, Ann-Christin Zilling und Torsten Lindner, Schwarzkopf & Schwarzkopf, Berlin (2011)
- Die Ersten Elf, Volker Keidel, URGESTEIN-Shop, Puchheim (2006)
- Die goldene Ära des Hamburger SV, Hans Vinke, AGON Sportverlag, Kassel (2008)
- HSV 1979. Der Weg zur Meisterschaft, Hamburger Abendblatt, Axel Springer Verlag AG, Hamburg (1979)
- Hundert Jahre HSV 1887 – 1987, Horst Frese, Dieter Genske, Manfred Heun, Horst Wisser, G.W.E. Partner, Hamburg (1987)
- Hamburg Away, Mirko Beyer, Trolsen Communicate, Hamburg (2009)
- HSV Tattoos – Fürs Leben gezeichnet, Malte Laband und Philipp Markhardt, HSV Supporters Club, Hamburg (2008)
- HSV. Portrait eines Fußballvereins, Gerhard Krug, Droste Verlag, Düsseldorf (1975)
- Immer erste Klasse, Werner Skrentny und Jens R. Prüß, Verlag die Werkstatt, Göttingen (1998)
- In Hamburg sagt man Tschüss!, Hermann Rieger, Gerd Krall, Paul Albrechts Verlag, Lütjensee (2004)
- In kleinen Gruppen, ohne Gesänge, Alexander Hoh, Trolsen Communicate, Hamburg (2009)

- Kinder der Westkurve, Thorsten Eikmeier, Jörn von Ahn, Philipp Markhardt, Thomas Reifschläger, Jan Möller, Malte Laband und Thorsten Ewert, Hamburger Schriftmanufaktur, Hamburg (2012)
- Orte der Leidenschaft. Der HSV und seine Stadien, Werner Skrentny, Verlag die Werkstatt, Göttingen (2006)
- Mit der Raute im Herzen: Die große Geschichte des HSV, Werner Skrentny und Jens R. Prüß, Verlag die Werkstatt, Göttingen (2008)
- Tull Harder stürmt für Deutschlands Fußballruhm, Fritz Peters, Falken Verlag, Hamburg (1942)
- Unser HSV, Axel Formeseyn, Edition Temmen, Bremen (2008)
- Zweite Mannschaft, Volker Keidel, URGESTEIN-Shop, Puchheim (2010)

DANKSAGUNG

111 Gründe! Das klingt auf den ersten Blick nach ganz schön viel und ist bei genauerer Betrachtung doch nur ein Bruchteil von dem großen Ganzen, das den Hamburger SV und seine Anhänger so einzigartig macht. Denn wer erst mal sein Herz an den HSV verloren hat, der findet nahezu täglich neue Gründe, diesen großartigen Verein zu lieben.

Bei dieser Fülle an potenziellen Gründen bestand die Schwierigkeit nicht darin, sich irgendwelche 111 Gründe aus den Fingern zu saugen, sondern vielmehr eine abwechslungsreiche, unterhaltsame Mischung aus Tausenden Gründen zu präsentieren. Daher waren wir vier beim Schreiben immer wieder froh, dass wir Familien und Freunde haben, die uns bei der Auswahl der Gründe unterstützt haben.

Unser besonderer Dank geht daher an Kerstin, Lasse und Helina. Lisa, Britta, Anton und Anne. Außerdem »den Verteiler« sowie Oli Peters.

Jörn von Ahn, Thorsten Eikmeier, Malte Laband, Philipp Markhardt
111 GRÜNDE, DEN HAMBURGER SV ZU LIEBEN
Eine Liebeserklärung an den großartigsten Fußballverein der Welt
Aktualisierte und erweiterte Neuausgabe mit elf Bonusgründen

ISBN 978-3-86265-419-2
ZWÖLFTER MANN – Das Programm für Fußballfans von Schwarzkopf & Schwarzkopf | Die Reihe ZWÖLFTER MANN wird von Martin Brinkmann und Oliver Schwarzkopf herausgegeben | Aktualisierte und erweiterte Neuausgabe |

VERLAG
Schwarzkopf & Schwarzkopf Verlag GmbH
Kastanienallee 32, 10435 Berlin
Telefon: 030 – 44 33 63 00
Fax: 030 – 44 33 63 044

INTERNET | E-MAIL
www.zwoelftermann.de
www.schwarzkopf-schwarzkopf.de
www.facebook.com/schwarzkopfverlag
info@schwarzkopf-schwarzkopf.de